예능의 전설

예능의 전설

지은이 | 오명환
펴낸이 | 一庚 張少任
펴낸곳 | 돌샘 답게
초판 인쇄 | 2020년 7월 20일
초판 발행 | 2020년 7월 25일
등 록 | 1990년 2월 28일, 제 21-140호
주 소 | 04994 서울시 광진구 면목로 29(2층)
전 화 | (편집) 02)469-0464, 02)462-0464
        (영업) 02)463-0464, 02)498-0464
팩 스 | 02) 498-0463
홈페이지 | www.dapgae.co.kr
e-mail | dapgae@gmail.com, dapgae@korea.com
ISBN 978-89-7574-320-7

나답게·우리답게·책답게

- 예능 60년사의 주요 발자취 -

예능의 전설

지은이 **오명환**

도서
출판 **답게**

예능의 전설

얘깃거리, 읽을거리로 불러낸 '핫 예능'의 추억들

이 책은 예능 60년사의 주요 발자취를 회고의 관점에서 평설한다. 한 시대를 풍미하고 포토라인을 점했던 '빅 예능, 핫 예능'의 리뷰와 분석을 통해 대중문화 현상, 사회규범과 가치관, 시청자 파급효과까지 속 얘기, 뒷얘기의 마당을 펼치고자 한다.

30개에 이르는 아이템의 선정기준은 화제를 모은 콘텐츠를 비롯, 세상을 바꾼 이벤트, 연예인 사건·사고, 당대의 스타들, 20년 이상 장수한 예능 프로그램, 그리고 각종 방송 예능 통제 정책에서 최근 한류 파워와 트로트 열풍까지를 재조명했다.

모두가 사회와 상황이 배태한 예능의 주요사(史 또는 事)로서 하나하나 스토리가 되고 전설이 되었다. 그 실체를 기억의 창고에서 불러내어 온고지신을 통한 '재미와 의미'를 함께 실은 읽을거리로 엮었다.

'웰 메이드' 예능은 정신재이자 문화재로서 새기고 기려야 한다. 그렇지 않으면 망각의 땅으로 묻혀버린다. 시대의 부산물로서 '기억에서 기록'으로 옮길 만한 가치는 충분하다. 한마디로 예능 판도를 조감할 수 있는 '작은 역사의 창구'가 되는 것은 물론 예능의 사회변천사라는 부가가치도 동반할 것으로 기대한다.

-2020년 여름날에

오 명 환

| 목차 |

〈서론〉

예능 만능, 예능 천하… 왜 예능 대세인가?

요즘 TV 예능을 보면 화전민(火田民) 같다는 느낌이다. 한 곳에 불을 놓아 한 철 거두어 먹고 휑하니 떠나버리는 행각이 연상되어서다. 2020년 1월~3월에만 예능프로 일곱 개가 사라지고 열두 개가 첫선을 보였다. 예능은 기획에서 제작까지 사이클이 짧고 기민하다. 드라마나 다큐멘터리와는 달리 순발력과 기동성이 좋다. 회차를 거듭하면서 문제점과 약점을 보완할 수 있고 내용과 틀을 변경할 수 있는 탄력이 크다. 안되면 보따리 싸고 잘 되면 연장하거나 시즌제로 보전한다.

예능은 단순 간편한 아이디어와 아이템에서 비롯된 만큼 제작과정도 복잡하지 않다. 약속된 루틴과 루트를 따라간다. 포맷과 스토리에 얽매지 않는다. 정치, 경제, 사건·사고, 의료건강 등 무거운 주제를 마다하지 않는다. 스포츠, 다큐멘터리, 토크, 여행, 탐험 등 형식에 낯가림 없이 섭렵한다. 예능이 뉴스와 만나면 매거진 쇼가 되고 다큐멘터리와 만나면 리얼 버라이어티가 된다. 드라마와 만나면 시트콤으로 거듭난다. 환경 적응형 또는 생존 맞춤형으로 전환하여 일정 기간 맥동하면서 가망성을 타진한다.

여행을 떠나라, 군대에 가라, 아이와 함께 놀아라, 가짜 결혼을 해라, 민박해라, 낚시해라, 느닷없는 곳에서 한 끼 얻어먹어라, 이국땅에서 한식을 팔아라 등 예능 속의 신자유주의가 가속화될수록 시청자는 연예인들의 각가지 행태를 보면서, 자신의 정서를 투사하고 때로는 체험을 대신한다. 그뿐이 아니다. 예능프로그램은 콘텐츠를 창출하는 트렌드 세터로서 대중문화를 선도하고 있다. 여가생활은 물론이고 삶의 양식과 처세 기법을 가르치는 거울 역할도 수행한다. 그 속에 문화가 작동하고, 사람들이 살아가고, 세상이 굴러가는 공식이 보인다.

픽션보다 실제를 선호하는 시대다. 실물주의에 의한 실황정보가 아니면 시선을 끌기 어렵다. 〈복잡, 심각, 엄숙〉주의를 기피하는 시청심리와 맞물린다. 딱딱하고 어려운 내용도 연예인을 투입하면 부드럽고 친근해진다.

■ 종합편성 채널이 주도-장르 파괴와 통합 전략으로 예능 대세 장악

2000년대에 들어 예능은 전통적인 3대 장르인 가요, 퀴즈게임, 코미디에서 벗어나 리얼 버라이어티를 개발했다. 잘 짜인 약속에 의한 이벤트도 한물갔다. 이젠 대본 밖에서 실제로 부딪치는 리얼리티와 해프닝이 대세다.

2011년 출범한 종합편성 채널들은 기존의 지상파와의 대응 전략으로 예능에 치중했다. 제작비가 많이 든 드라마보다는 가성비 좋은 예능을 통해 고정한계를 극복하고 차별화를 꾀했다. 발상의 자유와 다변화를 앞세워 타 장르와의 끊임없는 합종연횡을 통해 지평을 넓혔다.

최근엔 예능에서 먼 거리에 있는 전문인, 노인, 어린이, 군인, 외국인, 새터민, 동물까지를 끌어당기고 있다.

이런 '예능 잡식'의 본능은 예능과 비예능의 장르 경계, 지상파와 비지상파의 채널 경계, 연예인과 일반인의 출연 경계마저 무너뜨렸다. 더불어 대중문화의 새 물결과 사회 패션을 만들어 냈다.

- '우리 결혼 했어요', '관찰카메라 24', '모던 패밀리'같은 엿보기 심리를 건드린 관찰예능이 인기를 몰았고, '진짜 사나이'처럼 군대와 병영이라는 폐쇄적인 지역에 집단체험을 공개함으로써 여성 시청자의 눈길을 끄는 데 성공했다.

- '아빠 어디가', '슈퍼맨이 돌아왔다', '아빠본색', '아빠를 부탁해', '난생처음'은 어린애를 끌어들여 아빠 중심의 '육아일기'에서 업그레이드된 가족 예능으로 거듭났다. '오 마이 베이비', '나 혼자 산다'처럼 독신 남녀와 1인 가구가 늘어나는 요즈음 세태를 반영하는 소위 불혼 사회, 불임 남녀의 심각한 현상도 예능의 땅으로 건너왔다. 1인 방송 포맷을 창출하여 인터넷과 지상파 TV를 결합한 '마이 리틀 텔레비전'은 시청자와 새로운 만남이라는 독특한 윈도우를 창출했다.

- 예능의 동선은 해외로 부쩍 늘었다. 김병만을 앞세운 '정글의 법칙'은 세계 오지와 정글 속의 생존 투쟁으로 원시예능의 모델을 제시했다. 그 발길은 정글을 넘어 사막과 남극까지 두루 미치고 있다. '오지 GO' 역시 김병만, 윤택, 김승수가 원주민과 삶을 같이하는 극한체험을 담았다.

'꽃보다 할배' 시리즈는 노인들을 낯선 여행길에 세워 착오와 실수를 연발하는 이방인을 만들었고 '짠내투어'는 연예인 여섯 명이 낯선 외국에 가서 단돈 십만 원으로 관광, 숙식을 해결하는 실속여행 과정을 담고 있다. '트래블러'는 배낭여행이다. 2019년 쿠바에 이어 강하늘, 안재홍이 아르헨티나를 싸다니면서 오감을 가동한다. '걸어보고서'는 다큐멘터리 〈걸어서 세계 속으로〉의 예능판으로 정해인이 뉴욕을 구석구석 돌면서 갖은 착오와 돌발을 겪는다. '시베리아 선발대'는 기나긴 철도 여정이다. 이선균, 김남길 등 5명이 블라디보스토크에서 모스크바까지를 횡단한다.

- 애견을 비롯한 반려동물이 카메라의 중심축을 점령했다. '동물 농장', '마리와 나', '개밥 주는 남자', '세상에 나쁜 개는 없다', '개는 훌륭하다'는 모조리 '개판'세상이다. '고양이를 부탁해', '냐옹은 페이크다'는 고양이가 주연이다. 모두 인간과 교감을 통해서 동물사랑을 함께 한다. 이처럼 동물예능이 쏟아진 배경은 반려 애호인이 일천만을 넘어서다.

- '우리 동네 예체능'은 스포츠와 예능을 교합시킨 것으로 역시 장르의 경계를 무너뜨린 시도다. 2010년 MBC의 추석, 설날 특집으로 120명의 아이돌이 코트에 출동하여 노래 아닌 게임을 치렀다. 연중 두 차례의 '아이돌 체육대회'는 육상과 구기 등 15개 종목을 선보였고 2020년 20회를 넘어섰다. 스포츠 예능도 종목별로 분화된다. 축구는 안정환과 이동국을 각각 감독으로 내세운 '뭉쳐야 찬다'와 '날아라 슛돌이'를 탄생시켰고 서장훈이 이끄는 농구 예능인 '핸섬 타이거즈'도 박진감 넘치는 실전을 펼친다. 꽃미남들의 씨름판인 '씨름의 희열'은 이만기가 기둥 코치로 나온다.

- 오디션은 음악 콘텐츠의 주류가 되었다. 원조 격인 '슈퍼스타 K'는 붐을 일으켜 새 얼굴을 개발했고 2016년에 시즌 8을 기록했다. 원곡 가수를 능가하는 모창 가수 경연대회인 '히든싱어'도 시즌 6을 지났다. '불후의 명곡'은 여러 가수가 다양한 노래를 자기 방식으로 불러 한동안 침체에 빠진 음악 장르에 새바람을 넣었다. 복면 하나로 가요의 본질과 품격을 바꿔버린 '복면가왕'은 시청의 집중력을 배가했다. 한 시대를 풍미했던 옛 가수를 찾아 나서는 '슈가맨'은 시즌 3을 거치면서 백여 팀을 소환했고 90년대 못다 핀 꽃 양준일을 찾아냈다.
  '배철수Jam'은 배철수식 음악 토크를 엮는다. '좋은가요'는 옛 시절 음악멤버의 동창회를 주선한다.

■ 건강 의료, 인생 정담, 자연, 외국인, 북한 소재까지 섭렵

- 딱딱하고 건조한 북한 소재는 예능의 틀에 들어와 말랑말랑하게 변했다. '이제 만나러 갑니다', '모란봉 클럽' 등 탈북 남녀들의 거침없는 증언은 분단 70년의 벽을 넘나들면서 북한 정보와 실상을 경쾌하게 폭로하고 있다. '애정통일-남남북녀'는 남의 노총각과 북의 꽃처녀의 가상결혼을 통해 통일의 의미를 새겼다.

- 연예인의 신변잡기는 이제 허드레 소재가 아닌 어엿한 듣거리가 되었다. '아궁이', '라디오스타', '호박씨'는 연예인들의 일거수일투족은 물론 학교 성적, 과거 행적, 부부생활까지 들추어 '남 얘기 즐기는데' 솔깃한 대중심리를 만족시켰다. '미운 우리 새끼'는 연예인의 어머니들이 나와 자

식 자랑 반, 흉 반을 수다 속에 실으면서 그들의 모정도 우리처럼 똑같다는 동질감을 던져냈다. '마이웨이'는 30년 이상의 경륜을 가진 연예인들의 삶을 한 사람씩 압축하여 매회 드라마보다 더한 인생 질곡을 보여준다.

- 연예인뿐이랴, 정치인, 기업인, 재벌까지도 냉큼 덥석 담아내는 '강적들', '썰전', '외부자들'은 노변정담을 대신한 정치 시사(時事) 예능의 꼬리를 달고 나와 세상 돌아가는 궁금증을 풀어 주고 있다.

한국어에 능숙한 14명의 외국인이 한 테마를 놓고 벌이는 집단 토크쇼 '비정상회담'은 육대주 인종의 글로벌 디스커션 쇼의 가능성을 열었다. '알쓸신잡'은 유시민, 황교익, 유현준, 유희열 등 일단의 나그네들이 발길 닿는 곳의 풍류와 향토음식을 즐기면서 잡스러운 인문학적 정보를 두서없이 풀어 매긴다. '차이나는 클라스'는 한 편의 인문학 강의를 남녀 패널들의 질문 중심으로 재구성하는 차이를 보인다. '시니어 토크쇼 황금연못'은 65세가 넘은 다수의 노인의 다양한 삶과 고백을 통해서 젊은 세대와 지혜를 나눈다. '방구석1열'은 영화를 사랑하는 사람들끼리 모이는 안방이 된다. '책 읽어드립니다' 역시 한 권의 책을 놓고 일곱 명이 심층 독후감을 교차한다. '이동욱은 토크가 하고 싶어서'는 셀럽들의 1:1 토크로 전문 아이템의 심층 분석을 유도한다,

- 건강 예능도 교양 차원을 넘어 새로운 예능 포맷으로 자리했다. 클리닉, 건강식, 예방치료학, 다이어트 등은 이제 당당한 예능의 땅이 되었다. '내 몸 사용 설명서', '알토란', '천기누설', '닥터 지바고' 등은 시청자의 몰입과 자발적 따라하기를 유도하고 있다. 생활과 살림의 차원도 예능으로 포

장하여 관심을 끌었다. '동치미', '황금알', '살림의 여왕-만물상', '알콩달콩' 등은 단순한 심심풀이 땅콩을 넘어 일상의 실용 가치를 싣고 있다.

- 외국인 노래자랑은 추석날의 연례행사로 정착되었다. 일부 '자국우월주의'의 비판에도 불구하고 개체가 늘었다. '어서 와-한국은 처음이지'는 처음 방한한 일단의 외국인들이 겪는 희한한 한국문화의 체험을 담는다. '다문화 고부 열전'은 베트남, 태국, 필리핀에서 시집온 며느리들과 시어머니 사이에 언어, 관습, 의식의 차이를 극복하는 과정을 보여준다. 2020에 선보인 '77억의 사랑'은 외국 청춘 남녀의 연애 고백서며 미녀들의 '노래말싸미', '맨땅에 한국말'은 좌충우돌로 K팝과 한글 배우기다. '친한 예능'은 샘 해밍턴, 브르노 등 한국말 잘하는 외국인들이 등장하여 친한(親韓)의 정을 더한다.

- 자연(自然) 소재도 한 장르를 풍미한다. MBN의 '나는 자연인이다'는 자연에 귀화한 인간탐방으로 도시인들의 자연에 대한 로망을 대신한다. 자매품격인 '자연스럽게'는 셀럽들의 시골 마을 정착기를 담아 은근히 귀촌 귀농을 손짓한다. '캠핑클럽'은 데뷔 21주년 맞는 아이돌 '핑클'을 앞세워 그녀들의 특별한 캠핑 생활을 담았다. '숲속의 작은 집'은 자기성찰이 필요한 현대인을 위한 완전 쉼표를 대행한다. 스타들의 자발적 고립을 내세운 미니멀 라이프로 숲속 오막살이에서 되는대로 먹고 자는 멍 때리는 삶을 엿본다. '삼시세끼'는 탈도시와 탈일상을 전제로 이서진, 차승원, 염정아, 윤세아 등이 어촌 또는 산촌에 묻혀 바다와 들, 밭에서 세끼 식재료를 사냥하고 마당에서 조리하는 시골 예능이다. '도시어부'는 이덕화,

이경규가 몸집만한 대어와 실랑이를 하면서 통 큰 바다낚시의 희비를 보여준다. 낚은 고기는 마무리 먹자판에 올린다.

■ 끝없는 시사교양 예능 그리고 지그재그 잡학다식(雜學多識)

- 시사, 교양을 넘나드는 예능도 줄을 이었다. '사람의 현장 막나가쇼'는 김구라가 국내서 이슈가 되고 있는 사건과 현장을 몸소 취재한다. 불법 투기 쓰레기, 일본 수산물 마구잡이 수입실태가 고발된다. '공부가 머니'는 입시교육 코디네이터를 자처한다. 신동엽, 유진의 진행에 부모와 아이가 직접 나온다. 교육비를 반으로 줄이고 효과를 두 배 높이는 에듀 버라이어티로 실용 예능의 범주를 확대했다.

  '구해줘 홈즈'는 도시 한 편에 있는 깔끔한 주택의 내부와 가격 정보를 소개한다. 집 없는 젊은 직장인을 타깃으로 TV 복덕방 역을 한다.

  '선을 넘는 녀석들'은 설민석과 함께 떠나는 배움 여행으로 시간의 선을 넘어 전국 유적지를 찾아서 숨겨진 사실(史實)을 탐사한다.

  '꽃밭에서'는 인기인들이 정원사로 변신하여 정원을 가꾸는 최초의 가드닝 예능이다. '탐나는 그녀들의 사생활'은 각 문화예술계 1인자들의 여과 없는 일상과 진면목을 본다. '비행기 타고가요'는 기내 승무원을 꿈꿨던 연예인들이 실제 훈련과 탑승 업무에 도전한다.

- '생활의 달인'은 작은 기술이나 재주도 열정과 노력으로 오랫동안 갈고닦으면 훌륭한 전문가가 될 수 있다는 서민들의 희망 연예를 대신한다. '영재발굴단'은 수학 천재, 골프 신동, 암산 수재, 검도소녀 등 숨어있는 10

대 천재들의 실연을 통해 한국의 '리틀 아인슈타인'을 소개하는 발굴 연예를 엮고 있다. '집사부일체'는 호기심 많은 연예인들의 딴 세상 속 인생 과외 도전기다. 치어걸 세계의 도전, 신수지의 리듬체조 따라 하기가 그 예다.

- '한끼줍쇼'는 이집 저집 무작위로 초인종 눌러 밥 한 끼를 앵벌이 하는 해프닝을 담는다. 거절과 문전박대, 그리고 창피함과 무안함 끝에 소원을 이루는 장면이 그대로 노출된다. 강호동이 이끄는 '신서유기'와 '아는 형님'은 미션수행을 위한 퀴즈, 게임 그리고 게스트들과 궁금한 사연의 속내를 샅샅이 들춰낸다. '효리네 민박'은 제주도의 효리 집에 온 낯익은 손님들과의 수다로 밤을 새운다. 손범수 진행의 '얼마예요'는 다섯 부부가 나와 소소한 일상사에 얽힌 부부 감정을 탈탈 턴다. '밥은 먹고 다니냐'는 김수미가 옛 스타들을 자신의 국밥집으로 불러내 해묵은 고백을 듣는다. '놀면 뭐하니'는 유재석을 팔색조로 변신 시켜 요리사와 가수가 되고 하프 연주자도 된다. 박명수가 이끄는 '끼리끼리'는 체질과 성향이 비슷한 10명이 나와서 벌이는 질펀한 캐릭터 쇼다.

예능의 주요 기능은 〈위락, 유흥, 심취, 해소, 도피〉다. 확장 코드로 풀면 따라 하기(체험), 엿보기(관찰), 알려주기(정보), 이어주기(소통)며 이들의 콜라보는 요즘 트렌드에 최적 모델이다. 잡학다식(雜學多識) 주의로 공감과 교감을 통해 우리는 서로 다르지 않다는 것을 보여준다.

최근 예능의 주축은 〈버라이어티, 길 떠나기, 먹자판〉으로 압축된다. 승패와 서열을 가리고 싶은 시청자의 잠재 만족을 위해 콘테스트,

퀴즈, 투표, 게임, 서바이벌 형식은 필수다. 즉흥적이고 즉물적이지만 '소확행'의 공감이 간다. 교양이나 철학은 오락 뒤 끝에 보너스로 따라오면 된다. 예능은 '재미있게 보고 의미 있게 살라'고 한다. 그래서 모든 길은 예능으로 통한다.

추억으로 가는 예능

제1부

추억으로 가는 예능

1. 세월 따라, 시대 따라 흘러온 가요 변천사 60년

낙엽은 가을을 원망하지 않는다. 다만 계절을 알릴 뿐이다. 가요는
시대를 탓하지 않는다. 다만 시절을 반영할 뿐이다. 일제, 광복, 6·25
로 이어지는 가요 60년사를 회고하면 '그때 그 시절'의 애환을 오롯이
담아내 현대사의 명암을 가름하고 있다.

1) 민족 가요(해방 전) – 봉선화, 황성옛터, 눈물 젖은 두만강, 나그네 설움

당초 한(恨)과 원(怨)을 노래로 풀어냈던 우리 민족에게 일제 압정은
그 통절함을 가속했다. 해방 전에 부른 노래는 나라 잃은 설움과 암울
한 삶을 표출할 수밖에 없었다. 일제는 1930년대 초부터 대중문화에
대한 엄한 검열을 행했다. 조선의 민족정신을 고취하거나 시국을 풍자
한 노랫말은 일체 금지되었다. '아리랑'과 '봉선화'는 금지곡 1호로 꼽
힌다. 하여 대중가요는 감상적이고 현실도피적인 노랫말과 애수를 띤
곡조만 살아남았다. 대다수의 반주와 편곡, 음반 취입은 일본에서 이
뤄졌다. 그래서 엔카풍(演歌風) 아니면 군가풍(軍歌風)으로 흐를 수밖에 없

었다.

돈도 명예도 사랑도 다 싫다는 윤심덕의 '사의 찬미'는 염세주의를 싣고 있고 이 풍진 세상에 부귀와 영화를 누렸으면 희망이 족할까 보냐의 '희망가'는 허무주의에 가득 차 있다.

반면 민족혼을 고취한 노래가 끊이지 않았다. 1932년 이애리수의 '황성옛터'는 빼앗긴 조국을 월색만 고요한 폐허의 성터에 투영하여 그 무엇도 찾을 수 없는 민족의 상실감을 탄했다. 백년설의 '나그네 설움', '번지 없는 주막'은 문패도 번지수도 잃어버린 우리 자화상을 방황하는 나그네에 비유하여 울림대를 키웠다. 고복수의 '타향살이'와 '고향설'은 징용과 떠돌이 생활로 청춘을 잃어버린 군상의 망향가를 대신했다.

김정구의 '눈물 젖은 두만강'에서 그리운 내 임은 독립군의 승리 또는 해방된 조국을 상징했다. 홍난파의 '봉선화'는 민족혼으로 다시 꽃 피는 광복을 갈망하고 있으며 이난영의 '목포의 눈물'의 2절은 부두의 새악씨의 설움을 넘어 일제에 대한 저항을 품고 있다.

한편 남인수의 '감격시대'는 해방 전후로 평가가 엇갈린다. 경쾌한 곡에 비해 가사를 곰곰이 뜯어보면 진취적이고 낙관적인 내용을 노래함으로써 일제를 정당화하고 제국주의의 열정을 북돋우는 절묘한 친일가로 보인다. 반면 암울한 현실에도 불구하고 미래와 희망을 잃지 않는 조선 민중들의 의지를 반영한 것이며 특히 해방 직후에 크게 유행했다는 점을 방증으로 들고 있다.

이런 와중에서도 '노들강변', '낙화유수', 강남 달, '시들은방초', '장한몽가'(이수일과 심순애), '꽃마차' 같은 민요풍 노래로 정체성을 유지한 것은 다행한 일이다.

2) 해방가요 (1945~1950) – 독립행진곡, 귀국선, 고향 만리, 신라의 달밤

　김성태 작곡의 '독립행진곡'은 이제 조국을 찾았으니 동포여~ 눈물과 한숨 거두고 유구한 역사와 민족의 기상을 태평양, 시베리아까지 펼쳐나가자고 외친다. 비슷한 정서를 실은 김순남의 '해방의 노래', 이건용의 '여명의 노래', 나운영의 '건국의 노래' 등이 연달았다.

　해방가요는 온 국민과 함께 광복 정신과 민족정기를 가다듬은 대중가요로서 민간인에 의해 자발적으로 만들어진 특징을 띠었다.

　이인권이 부른 '귀국선'은 대표적이다. 일본, 중국, 연해주, 필리핀 등지에서 귀국선을 탄 징용 조선인들의 감격을 환희에 실어냈다.

　현인의 '고향 만리'도 머나먼 보르네오 이국땅에서 자유를 찾아 귀향을 앞둔 동포의 뜨거운 가슴을 묘사했다.

　남인수의 '희망 삼천리'(1947년) '애수의 소야곡', 현인의 '신라의 달밤' 이인권의 '꿈꾸는 백마강', 박향림의 '코스모스 탄식', 신세영의 '서울의 거리', 박재홍의 '울고 넘는 박달재'(1948년)에서 상처와 멍에를 치유하고 해방 후의 안정을 찾아가려는 호흡을 느낄 수 있다.

3) 진중 가요 (1950~1956) – 전우야 잘 자라, 전선야곡, 임계신 전선, 아내의 노래

　1950년 6·25부터 53년 휴전을 거쳐 약 칠여 년 불린 전쟁가요다.

일선 장병들의 절박함을 대신하는 진중(陣中) 정서와 전사들의 무사함을 비는 가족들의 간절한 기원이 섞인다.

현인이 부른 '전우야 잘 자라'와 신세영의 '전선야곡'은 진중 가요의 백미다. 당시 명콤비인 유호(작사)와 박시춘(작곡)이 1950년 9·28 수복 직후, 명동에서 만나 하룻밤 새에 만들었다는 일화를 남기고 있다.

1절은 연합군이 승기를 잡은 낙동강 전투, 2절은 추풍령을 지나, 3절은 한강과 서울을 수복하고, 4절에서 삼팔선을 넘어 북진하는 국군의 위용을 명쾌하게 연결하고 있다.

가랑잎, 찬 이슬, 총소리가 어우러진 달밤에 고향 어머니를 그리는 '전선야곡'은 1951년 전쟁이 고조될 무렵 죽음과 마주한 병사의 '공포, 망향, 모정'이 스며있다. 두 곡은 모두 전쟁과 인간에 대한 보편적인 공감을 주고 있어 지금도 애창되고 있다.

전쟁과 여심(女心)은 더 처절하다. 금사향의 '임계신 전선'은 전방으로 떠나보낸 그 날 이후, 이름 모를 하늘 아래 남편의 무운을 비는 여인의 모습을 애절하게 그린다. 심연옥의 '아내의 노래' 역시 눈물을 감추고 남편의 영광스러운 출정이 거룩한 등불이 되길 바라는 아내의 소망을 결연히 나타낸다. 유춘산의 '향기 품은 군사우편'은 대문 밖에서 편지를 받는 순간, 아내의 벅찬 기쁨을 통해서 전쟁의 비극을 반어법으로 표현하고 있다. 이해연의 '단장의 미아리고개'는 납북 인사와 이산가족의 비극을 이 한 곡조로 대변한다. 그곳은 철삿줄에 묶여 맨발로 끌려간 눈물고개였다. 이렇게 전쟁은 여인들에게 비애와 고통을 주는 노래로 남아있다.

4) 분단가요 – 가거라 삼팔선, 굳세어라 금순아, 한 많은 대동강, 잃어버린 30년

1953년 여름, 휴전이 선언되고 1956년까지 간헐적인 국지전이 이어졌다. 이후 분단 상태는 오늘까지 60년을 넘어섰고 남북으로 쪼개진 나라를 탄식하는 가요가 끊이지 않았다.

남북으로 가로막힌 길은 꿈속에서만 오간다. 남인수의 '가거라 삼팔선'은 갈 수 없는 원한천리 길이 된지 오래다. 오기택의 '비 내리는 판문점'은 오늘도 바람과 구름만이 넘는 철조망을 원망한다. 고대원의 '판문점의 달' 역시 오래도록 닫혀있는 휴전선의 비애를 노래에 실었다.

1954년, 안다성이 부른 '에레나가 된 순희'는 스무 살도 안 된 피난 온 순희가 양공주로 변해버린 절박한 전후 상황을 전하고 있다.

'굳세라 금순아', '이별의 부산정거장', '경상도 아가씨'는 고달픈 피난살이를 위로하는 노래며, '한 많은 대동강', '그리운 고향산천', '꿈에 본 내 고향', '녹슬은 기차길'은 북에 두고 온 산하를 그리는 실향민의 한숨이다. '누가 이 사람을 모르시나요', '잃어버린 30년'은 천만 이산가족의 아픔을 대신한다. 1970년대에 나온 '비목'과 '전우가 남긴 한마디'는 묘지에 안장되지 못하고 초연이 휩쓸고 간 깊은 계곡 어딘가에 누워있는 무명 용사를 위한 위령곡이었다.

5) 이국가요 – 페르샤왕자, 홍콩 아가씨, 아리조나 카우보이, 베르네 산골

전쟁을 통해 이 땅에 처음으로 미국을 비롯한 유엔 16개 참전국이 인식되고 이국인들의 발길도 보였다. 비록 춥고 배가 고파도 화려한 타국 동경에 대한 정서를 새로운 노래 스타일에 반영했다.

1950년대, 명국환의 '아리조나 카우보이'는 인디언의 북소리가 들리는 광야에서 말채찍을 휘두르고, 허민의 '페르샤왕자'는 별을 보고 점을 친다. 54년 금사향의 '홍콩 아가씨', 57년 박경원의 '나폴리 연가', 60년 윤일로의 '내가 울던 파리'와 '추억의 이스탄불', '정열의 칼맨'은 모두 유럽의 여러 명소로 초대한다. 백설희의 '아메리카 차이나타운', '샌프란시스코'에 이어 '워싱톤 광장', '콜로라도의 달밤'은 미국 땅의 로망을 품고 있다.

이윽고 60년대 중반부터 월남전 파병이 본격화되면서 베트남 주제 가요가 국가적 성원에 힘입어 시대를 풍미했다. '월남의 달밤', '베트남 아가씨', '사이공의 밤', '월남에 계신 아빠', '월남에서 돌아온 김 상사' 등이 연달았다. 70년대 초엔 김홍철의 요들송이 혜성처럼 나타난다. '아름다운 스위스 아가씨', '베르네 산골' 등 알프스 산맥의 목동과 메아리를 운율에 실었다. 홀라춤을 도입한 패티 김의 '하와이 연정'도 이국정서를 더 했다.

6) 고향가요 - 고향초, 고향역, 고향의 그림자, 고향무정, 꿈에 본 내고향

실연과 이별의 아픔, 모정(母情)과 함께 '고향'은 한국 전통가요의 3대 주제에 속한다. 명절 때 주야장천 귀성 행렬은 모두 고향을 향한 대합창이 된다. 고향 가요는 일찍이 강제징용으로 먼 이국땅에서 부르는 망향가로부터, 북한에 두고 온 산하와 부모·형제를 그리는 실향가, 전방 병사들의 간절한 귀향가, 그리고 1960~70년대, 산업화와 이농탈향 시대를 맞는 도시인들의 향수(鄕愁)로 이어진다. 또한, 고향 테마는 동요, 가곡, 가요를 망라하여 폭넓게 자리하고 있다.

고향초, 고향설, 고향땅, 고향의 봄, 고향 생각, 고향 하늘, 타향살이, 고향의 그림자, 고향에 찾아와도, 꿈에 본 내고향, 고향역, 고향의 강, 고향무정, 고향이 좋아, 고향이 남쪽이랬지, 너와 나의 고향 등 끝이 없다. 여기에 '흙에 살리라', '강촌에 살고 싶네' 같은 귀촌을 찬미하는 노래가 곁들인다.

7) 주제(主題)가요 – 라디오 연속극, TV 드라마의 짝꿍, 영화의 단골

'미워도 다시 한번'의 배우 문희는 잊히고 남진의 주제가는 남아있다. 70년대 국민 드라마 '여로'는 오로지 이미자를 통해 추억하고 있다. 만화영화 '캔디'와 '로봇 태권V'의 주제가는 이제 어린이 노래가 아니다. 주제가는 다양하다. 영화, 드라마, 연속극뿐만 아니라 광고와 각종 사회 캠페인까지 따라다닌다. 오프닝의 무드 메이커로서 도입부를 유연화하고 타이틀 백의 영상과 어울린 노래 한 곡을 덤으로 서비스한다. 드라마와 연속 노출되어 상승효과를 더한다.

주제가의 효시는 1956년 KBS 라디오 연속극인 '청실홍실'로 알려졌다. 한 남자, 두 여자의 삼각관계를 다룬 최초의 멜로드라마다. 송민도, 안다성의 듀엣이 새로웠다. 장조 왈츠 리듬에 사랑의 기쁨을 우아하게 표현하면서 '주제가 시대'를 고하는 시그널이 된다.

1970년 TV 드라마의 〈아씨〉의 주제가는 임희재 작사, 백영호 작곡, 이미자 노래로 새색시 적을 홀로 회상하는 고즈넉한 시적(詩的) 비주얼이 일품이다. 노랫말도 단정한 구조와 절제된 감성을 보인다.

60년대~70년대의 라디오, TV 드라마와 영화는 으레 주제가로 열었다. 작품과 노래가 함께 뜨니 금상첨화에 일거양득이었다. 기획 단계에서 유명 작곡가에 의뢰하여 동반 상승을 꾀하는 것이 공식이었다.

광복 20년, 강화도령, 장희빈, 현해탄은 알고 있다, 서울이여 안녕, 남과 북, 월급봉투 등의 인기 라디오 연속극은 주제가와 함께 떴다. 꿈나무, 여로, 팔도강산 등 TV는 현대극, 사극을 막론했다. 작품, 노래, 주연의 3종 세트로 흥행 코드를 맞추었다. 이미자와 최희준이 가장 많이 불렀고 작곡은 이봉조, 백영호, 박춘석, 길옥윤 등에 러브콜이 많았다.

맨발의 청춘, 청춘 교실, 떠날 때는 말 없이, 종점, 맨발로 뛰어라, 가는 봄 오는 봄, 초우, 님은 먼 곳에, 별아 내 가슴에 등의 주제가는 영화 홍보의 첨병 역을 했다. '오부자', '위를 보고 걷자', '빛과 그림자', '여자의 일생', '섬마을선생님', '가을비 우산속' 처럼 히트송의 덕분으로 영화화되는 예도 많았다.

〈빨간 마후라〉는 공군의 주제곡이 되었고 〈대장금〉의 테마송 '오너라 오너라'는 한동안 휴대폰의 컬러링이 되었다. 아빠가 출근할 때, 엄마가 안아줘도 〈뽀뽀뽀〉는 매일 아침 유아들을 깨우는 호루라기 격이었다.

8) 코믹가요 – 왕서방 연서, 빈대떡신사, 잘했군 잘했어, 요지경 세상

코믹가요는 해방 전부터 오늘까지 전 시대에 걸쳐 나타난다. 힘들고 어려운 시기에도 웃음과 위안을 찾으려는 우리 민족 특유의 여유를 엿볼 수 있다.

1930년대 말에 유행한 김정구의 '왕서방 연서'는 비단 장사 왕서방이 명월이한테 반해서 번 돈을 몽땅 털어 넣고도 띵호와를 연발하며, '오빠는 풍각쟁이야'는 맛있는 반찬 뺏어 먹는 심술쟁이 오빠를 투정한다. 비탄 일변도의 가요와는 달리 되레 재미있고 유머감이 넘치는 내용이다.

1950년대 한복남의 '빈대떡신사'는 유산 다 들어먹고 마지막 양복까지 잡혀도 기생집만 찾는 새빨간 건달을 꾸짖는 노래다. 돈이 없어 뒷문으로 도망가다 잡혀 매를 맞으니 차라리 빈대떡이나 부쳐 먹으랬다.

1962년 라디오 연속극인 〈열두냥짜리 인생〉의 주제가는 노동자들의 구전 가요를 채보하여 만든 것으로 품팔이 인생들이 애환 속에서도 낭만을 찾으려는 타령이 질펀하다. 하루 품삯은 열 두 냥인데 임 보는 데는 스무 냥이다. 엥헤야, 엥헤야~ 너 좋고 나 좋고, 그래도 좋단다.

코미디언 서영춘이 부른 '시골영감 서울구경'은 세상에 에누리 없는 장사가 어디 있냐며 차표 값을 깎아 달라고 졸라댄다. 김상국의 '쾌지나칭칭나네'는 어떠한 가사를 붙여 불러도 신나는 흥취를 북돋운다.

1970년대는 코믹송은 기타를 든 듀엣 서수남·하청일의 전유물이 된다. '팔도유람', '동물농장', '싱글벙글 웃어주세요', '노총각 사연', '한번 만나줘요' 등 밝고 경쾌한 분위기를 주도했다.

민요풍에 문답식으로 풀어낸 하춘화의 '잘했군 잘했어', 최희준의 '우리 애인은 올드미스', '월급봉투', '미스터 곰', 김상희의 '대머리 총각', 김용만의 '회전의자'도 이 부류에 속한다. 토장국 같은 구수함을 실은 김상범의 '오뚜기 인생'은 서민들의 칠전팔기 희망을 대신했다.

1992년 탤런트 신신애가 부른 '요지경 세상'은 가짜가 판치는 세상에 대한 냉소와 풍자를 담아 막춤으로 열풍을 일으키며 MBC코믹가요 대상까지 받았다. 1994년, 김혜연은 '서울 대전 대구 부산'으로 '~찍고 찍는 송'을 냈다. 2014년 오승근의 '내 나이가 어때서'와 2015년 이애란의 '백세인생'은 특히 노년층의 감성을 사로잡아 크게 환영받았다.

9) 번안 가요 – 희망가, 밤안개, 하얀 손수건, 사랑의 맹세, 최진사댁 셋째딸

외국곡을 편곡하여 우리말 가사로 바꿔 우리 가수가 부른 노래다. 변조된 가사와 멜로디, 가수의 목소리 등 다양한 주체의 조합으로 원곡과 다른 맛을 낸다. '무단 복제'라는 태생적 한계를 극복하고 새 노래로 탄생한다. 번안 가요는 전쟁 직후부터 70년대 중반까지 약 20년간 성행했다. 국제저작권협회에 가입도 없고 개념도 없어서 매우 자유로웠다.

'어쩐지 독특하고 색다른 노래'는 알고 보면 모두 번안 가요였다. 괜찮은 외국곡은 귀썰미 좋은 뮤지션들에 의해 무관세로 유입되고 국산화 포장으로 출시되어 가요시장의 생태를 일변시켰다. 번안 가요는 서양 음악과 만나는 통로로서 잡종강세의 힘을 발휘했다. 특히 미8군 가수 출신들은 선도자로 역할 했고 세시봉의 젊은 가수들은 포크송 공세로 아마추어 한계를 극복했다.

유명 가수의 출세 곡도 번안 가요의 덕을 봤다. 현미의 '밤안개', 한명숙의 '사랑의 송가', 박재란 '진주조개잡이', 김치켓의 '검은 상처의 부루스', 패티 김의 '사랑의 맹세' 등 다수가 그렇다.

트윈폴리오(윤형주, 송창식)의 '하얀 손수건', '두 개의 작은 별', '사랑의 기쁨', '축제의 노래' 그리고 김세환의 '목장 길 따라', '희망의 속삭임'도 마찬가지다. 조영남의 노래는 외래품이 많았다. '내 생애 단 한 번만', '물레방아 인생', '최진사댁 셋째딸', '제비', '딜라일라', '고향의 푸른 잔디' 등 성악과 접목을 시도하여 재미를 보았다.

최양숙의 '아마다미야', 블루벨즈의 '희미한 옛사랑의 그림자', 이용복의 '어린 시절', 차도균의 '낙엽 따라 가버린 사랑', 박인희의 '알로하오에', 박진희의 '방랑자', 윤복희의 '노래하는 곳에', 펄 시스터즈의 '비', 루비나의 '눈이 내리네', 정훈희의 '하얀 집', 조경수의 'YMCA', 와일드캣츠의 '강변의 추억', 그리고 심수봉의 ' 백만송이 장미', '남자는 배 여자는 항구'를 들 수 있다. 그 숫자는 너무 많아 일일이 소개하기도 어렵다.

번안가요는 미국을 비롯한 유럽, 러시아, 중남미 등 비영어권까지 여러 나라에서 유입되면서 포크, 재즈, 컨트리, 샹송, 칸초네 등 장르의 구분 없이 선택되었고, 한국 대중음악으로 귀화 되는 과정에서 동서양의 만남을 통한 독특한 가요 모드를 창출했다. 그 모드는 멜로디 뿐만 아니라 가사, 리듬, 연주, 음색, 의상, 동작까지 다양한 형태를 일궈냈다.

10) 저항가요- 아침이슬, 임을 위한 행진곡, 사계, 솔아솔아, 오월의 노래

'아침이슬'은 해는 묘지 위에서 떠오르고 한낮 더위는 시련일지라도 거친 광야를 홀로 가겠다는 뜻을 담은 대표적 저항가요다. 김민기 작곡 작사에 양희은이 불렀다.

저항가요는 민주화 투쟁 과정에서 독재에 대한 저항의 메시지를 담고 있어 대부분 '금지곡'으로 찍혔다. 국민화합을 저해하고 사회갈등과 선동을 조장하는 죄를 쓰고다. '아침이슬' 역시 운동권에서 애창되는 바람에 뒤늦게 발이 묶였다.

저항가요는 1980년대 초에 결성되어 십여년간 활동한 '노래를 찾는 사람들'(약칭 노찾사)에 의해 주도된다. 당시 대학가에서는 탈춤반이나 연극팀처럼 노래패들이 자연 발생했다. 서울대학교 '메아리', 고려대학교 '노래얼', 이화여자대학교 '한소리', 성균관대학교 '소리사랑' 등이었다.

김민기의 영향력이 컸다. 김광석이나 안치환처럼 개인적인 활동을 하는 재인들도 많았다. '살다 보면'을 띄운 권진원도 노찾사 출신이다. 후일 노찾사의 앨범은 대중적 성공을 거두며 음악사에도 큰 발자취를 남긴다.

1987년 6월 항쟁이 도래하면서 엄혹했던 분위기는 일변한다. 노찾사는 수많은 집회, 시위 현장과 대학 공연을 통해 자신들의 자작곡과 메시지를 전했다. 1989년 발매된 노찾사 2집은 커다란 반향을 일으켜 1년 만에 80만 장을 돌파한다. '솔아솔아 푸른솔아', '광야에서', '사계'

를 비롯해서 거의 모든 노래가 히트했다. '사계'는 〈빨간 꽃-솜구름-찬 바람-흰 눈〉으로 이어 도는 사계절에도 변함없이 미싱 작업에 매진하는 청춘들을 위로했다. KBS 〈가요톱10〉 3위까지 올랐으며, MBC의 〈퀴즈아카데미〉의 오프닝으로 쓰였다.

'광야에서', '마른 잎 살아나', '그날이 오면', '저 평등의 땅에', '이 산하에', '오월의 노래', '잠들지 않은 남도' 등 각각의 노래는 4·3사건부터 광주항쟁, 이한열과 전태일 열사의 추념까지를 포함하고 있다. 시대의 흐름을 타고 여러 집회 현장에서 불리면서 반열에 올랐다. '임을 위한 행진곡', '녹두꽃', '백두에서 한라로'는 1991년 이후 비로소 3, 4집에 실렸다. 세기말, 사회운동의 퇴조와 함께 노찾사의 대중적인 영향력도 시들어간다. 일테면 저항가요는 독재정권과 동반하는 행적을 보인 것이다.

2. 광고의 꽃 CM송 반세기, 심금 울린 명곡 명품이 있었다.

CM송은 '광고의 꽃'으로 불린다. 10초~20초 내의 짧은 멜로디로 광고의 일방성을 완화하고 배타적 구매 요구를 순화하기 때문이다.

CM송의 대부분은 '먹고 마시는' 소비재와 궁합이 잘 맞는다. 음료, 껌, 아이스크림, 과자, 스낵, 라면 등 입으로 들어가는 가벼운 제품들이다. CM송은 라이벌 제품의 경합에서 나타난 주요 전략이었다. 샘표 간장 대 닭표간장, 롯데껌 대 해태껌, 삼양라면 대 농심라면, 코카콜라 대 칠성사이다 등 상당수에 이른다.

CM송의 장점은 광고에 대한 친화력과 호감도를 높이고 속효성(速效性)에 따른 원만한 이미지 형성에 최적효과다. 음성, 음향과 어울려 화면구성에 리듬감을 부여한다. 특히 미성년자와 젊은 층에 잘 먹혔다. 가장 좋은 CM송이란 해당 제품을 잘 팔리게끔 하는 노래다. 즉, 강한 각인효과로 판매를 유발해야 한다. CM송은 감상용이 아니다. 굳이 예술일 필요도 없다.

CM송 작곡은 1970년대 가수 김도향과 윤형주에 의해 주도되었다. 기존 작곡가들엔 부업쯤에 머물던 것을 상업화·전문화·본격화했다. 귀족풍의 윤형주는 해맑은 음성과 단아한 음색으로 귀를 사로잡았고 자유분방한 김도향은 서민풍의 다양함을 구가했다.

■ CM송 반세기에 나타난 명곡 그리고 화제작들

- 1959년에 나타난 진로 CM송은 효시로 꼽힌다. 차차차, 코끝에 향기, 혀끝이 짜르르, 술술 진로 한잔이면 걱정도 없어, 진로 파라다이스를 주요 문안으로 엮었다. 극장용으로도 제작되어 만화가 신동헌은 몇 장 안 되는 그림으로 애니메이션 효과를 냈다.

- 1972년 출시된 동아제약의 오란씨는 오렌지즙과 향기를 섞은 상큼함으로 '콜라, 사이다'의 양대 시장에 도전했다. 하늘에서 별과 달을 따다 두 손에 담아주는 동화적 환상을 노래에 띄웠다. 윤형주 작곡에 18살 윤석화의 노래로, CM송 50년사에 서정성 넘치는 제1의 명곡으로 꼽힌다.

- 보거나 들어서는 몰라요. 빛깔과 내음은 뛰어나요. 맛을 보고 맛을 아는 샘표간장의 카피는 명징하다. 1961년 라디오에서 당시 대학생인 김상희가 불렀다. 그녀는 45년만인 2006년에 같은 노래로 다시 마이크를 잡아 화제를 모았다. '꼬끼오, 집집마다 꼬끼오~' 닭소리를 키워드로 내세운 닭표간장은 꼬끼오를 자주 넣어 상표명을 각인했다. 샘표간장에 맞대응한 첫 라이벌 송으로 기록된다.

- 땅콩으로 버무린 튀김과자임을 강하게 어필한 해태 맛동산은 4박자 경쾌한 리듬에 빅 모델 정윤희, 배삼룡을 배치했다. 제품도 노래도 '스테디셀러'에 기여한 효자가 되었다.

- 부드러운 껌, 좋은 사람에게 나눠주고 싶은 껌, 그래서 껌이라면 역시 롯데 껌을 내세운 노래는 싱어송라이터인 윤형주의 명곡으로 지금 들어도 감미롭다. 당시 3대 주력 껌은 '쥬시 프레시, 후레시 민트, 스피아 민트'로 은박지에 싸인 길쭉한 직사각형이었다. 1975년 롯데는 미스롯데 진명현숙을 뽑아 이브 껌, 라일락 껌을 연달아 냈다.
  이에 질세라 해태는 작곡가 김도향과 함께 '향기+여인'의 컨셉을 내세웠다. 롯데 껌과 차별화된 대항마 작전이었다. 1976년 아카시아 껌은 당시 과일 맛이 주류를 이루던 껌 시장에 '향기 껌'이라는 새 화두를 냈다. 이윽고 허브 껌, 알로에 껌, 치클 껌 등을 출시했다. '껌들의 전쟁'은 상당기간 지속하였다.

- 아빠랑 줄줄이, 엄마랑 줄줄이, 모두 줄줄이. 오리온 제과의 줄줄이 사탕

이다. '줄줄이'의 네이밍이 예상외로 구전되면서 1972년 김도향의 첫 작품인 그에겐 CM송 의뢰가 줄줄이 잇따랐다. 월드콘, 맛동산, 스크류바, 화장지 보삐, 삼립호빵 등 업종에 구애됨이 없었다. 그는 자신이 작곡한 CM송 편수는 삼천 곡, 직접 부른 노래는 일천오백 편에 달한다고 했다. 합해서 열여섯 시간에 해당한다. 사실이라면 기네스북 감이다.

- 조영남의 목소리를 실은 깔끔한 '코크' 캠페인 송은 짧고 강렬했다. '산뜻한 그 맛은 오직 코카콜라 뿐'임을 강조한다. 치밀한 CM전략은 타의 추종불허였다. 'It'a coke', 'It's a real thing', 'Enjoy it' 등 미국 본사에서 정해진 주요 컨셉을 나라별로 맞게끔 문안과 곡을 변조했다. 당시 광고회사 오리콤의 주력 브랜드였다.
  칠성사이다가 도전했다. 일곱 개 별에 행복이 가득, 방울마다 젊음이 가득으로 맞섰다. 1976년 윤형주 곡에 톱싱어 혜은이를 내세웠다. 1980년대엔 감탄사 '슈슈슈'의 후크 형식을 도입하고 인기가수 윤시내, 구창모, 이선희까지 동원했다. 무카페인, 무공해, 순수함, 맑음, 투명함을 내세운 칠성사이다는 여전히 난공불락을 자랑하는 코카콜라와 양대 축을 이루고 있다.

- 해태 브라보콘은 12시에 만나 살짝쿵 먹는 데이트콘이란다. 12시와 브라보콘이 무슨 상관인가? 점심 채비에 아이스크림을 먹는 시간은 아니다. 허허실실, 이는 광고의 노림수였다. 톱 배우 신일룡과 정윤희를 내세웠다. 12시 점심 전후로 만나는 '브라보콘 데이트족'까지 나왔다.

- 어른 손, 아이 손 가릴 것 없이 자꾸만 손이 가는 깡, 농심 새우깡의 CM 송은 손이 가는 맛을 강조했다. 입에서 와삭~ 씹혀 무너지는 새우깡은 스낵문화의 선구자다. 1971년 출시, 당시 비스켓, 캔디, 건빵에 맴돌던 간식 시장에 돌풍을 일으켰다. 2019년 상반기까지 총 팔십일억 봉지 판매에 연간 칠백억 매출을 올렸다. '롱세일 롱런'의 아이콘이 된 이후 감자깡, 양파깡, 옥수수깡, 고구마깡에 고깔꼰까지 칩, 콘, 깡 시리즈가 연달아 개발되었다.

■ 1970년대에 전성기를 맞은 CM송, 그 배경과 환경

- CM송은 1970년대에 가장 왕성했다. 전통의 라디오와 신생 매체 텔레비전이 공존한 약 10년간이다. FM 방송 개국과 TV 수상기 증가로 방송 광고 파급력이 향상되면서 CM송은 생활 음악으로 파고들었다.
  1975년 '대마초 사건'으로 세시봉 가수들의 방송 출연이 막히자, 생활비 마련 등 절박한 수단으로 CM송에 전념한다. 때마침 다양한 광고 패턴과 매체 환경이 맞물려 전성기를 맞았다. 빙그레 싸만코를 만든 이장희. 해태 브라보콘을 지은 강근식, 가족용 통발 아이스크림을 노래한 송창식, 껌 노래의 클래식을 주도한 윤형주도 그 무렵의 산물이었다.

- 쇠고기+라면의 첫 출시로 롯데는 잔치잔치 벌렸다. 60년대 블루벨스의 힛송 '즐거운 잔치날'에 가사만 바꿔 넣었다. 기존 곡 차용의 효시로서 1970년대 라면에 쇠고기를 얹은 고급 이미지를 풍겨냈다.

- 인도 음악 풍을 실은 스크류바의 코믹송은 길창덕 만화와 어울렸다. 꽈배기 형, 연분홍빛 아이스바로 모양새에서 유별났다.

- 코미디언 구봉서와 곽규석이 라면 한 그릇을 놓고 서로서로 형님 먼저, 아우 먼저 들기를 권하는 장면은 흐뭇이 다가왔다. 이 광고로 첫날부터 대박을 터뜨린 농심은 선행 업체인 삼양라면과 어깨를 나란히 했다.

- 뜨거워서 호호, 맛이 좋아 호호 호빵, 삼립빵은 감탄사로 엮은 노래다. 가게 앞쪽을 점령한 유리 레인지속의 뜨신 빵이 시선을 끌었다.

- 힛송의 차용이 연달았다. 해태 원통형 얼음과자 폴라포는 개그맨 이용식을 내세워 조용필의 노래 '못 찾겠다 꾀꼬리'를 개사했다. 변진섭의 힛송 '희망 사항'은 아웃도어 패션업인 이랜드가 인용했다.

- 말하지 않아도 그냥 바라만 봐도 마음을 나눌 수 있는 오리온 초코파이 정(情) 편은 요란하지도 화려하지도 않지만, 정에 호소했다.

- 우리 집은 언제나 미원 가족(미원), 바로 이 맛이야(미풍, 다시다)로 맞붙은 두 조미료 전쟁은 탤런트 고두심과 김혜자를 각각 전속 모델로 내세워 장장 삼십년간 대결하는 기록을 남긴다. 그간 카피와 CM송만 여러 차례 바뀌었다.

- 왼손으로 비비고 오른손으로 비비고, 여름에도 비비고, 팔도비빔면은 모델 태현실이 라면 천지에 매콤한 비빔면의 등장을 알렸다.

- CM송 범람은 역기능을 동반했다. 반복에 따른 경박함과 중독성, 그리고 자극적이고 세뇌적인 내용은 국민 정서와 청소년에 악영향을 끼쳤다. 심의는 더욱 엄격해졌고 주류, 제약품 등 건강과 생명에 직결된 제품은 아예 CM송 사용을 금지했다.

■ 광고의 헤드라인, 슬로건과 어울려 짧아진 로고송

- 종근당 제품 소개의 끝을 알리는 장면은 3초짜리 종과 종소리다. 대표적인 로고 사운드다. 따봉! 은 브라질 귤밭에서 촬영했다. 오렌지 주스 자체보다 '따봉!'(최고야)이 명성을 얻었다.
  CM송과는 달리 로고송이나 로고 사운드는 기업 슬로건이나 제품의 캐치 플레이스와 함께 5초 내에서 더욱더 짧게 이뤄졌다.

- 친구는 옛 친구 맥주는 역시 OB, 물 걱정을 마세요(한일 자동 펌프), OK! SK!, 사랑해요, LG, 세상을 아름답게 인류를 아름답게(태평양 화학), 50년을 같이해온 생활 속의 술 진로, 언제나 어디서나 가나 초콜릿(롯데), 젊은 나래(랜드로바), 고향 맛-바로 이 맛이야(다시다), 너구리 한 마리 몰고 가세요(농심 너구리), 침대는 가구가 아닙니다, 과학입니다(에이스 침대), 그녀가 내 맘속에 들어왔다(빈폴), Just do it(나이키), 아버님 댁에 보일러 놔 드려야겠어요(귀뚜라미 보일러),

산소 같은 여자(이영애 화장품), 감기 조심하세요!(박보영의 판피린), 여러분, 부
~자 되세요(BC카드), 만나게 해 듀오, 결혼해 듀오(결혼 중매업체), 씹고 뜯고
마시고 즐기고(명인제약 이가탄), 하이마트로 가요!(전자제품 매장), 너희들이
게 맛을 알아?(롯데리아 크랩버거), 좋은 기름이니까(S-Oil).

- 성(性) 개념을 전용한 카피도 보였다. 흔들어주세요(환타), 울퉁불퉁 못생
  겨도 맛은 좋아(아이스바), 벗겨 먹어요 돌려먹어요(팽이형 아이스크림), 주고
  싶은 마음 먹고 싶은 마음(빙과류) 등이다.

■ 2000년대 들어서면서 변곡점, 반복 연호로 맞선 랩송

2000년대는 IT산업 등장과 다양한 서비스업 대두, 글로벌 마켓, TV
쇼핑 채널의 범람으로 CM송은 한풀 꺾이면서 배경음으로 밀려난다.
아날로그에서 디지털 랩송으로 바뀐 시대의 특징은 한마디로 제품
명의 반복, 연호(連呼)가 주류를 이루었다. 아이돌의 기세는 그룹 댄싱,
표정, 브랜드의 매치로 비주얼 구성을 바꾸어 놓았다. CM송은 뒷전의
리듬과 분위기 메이커 노릇에 그쳤다. 새 창구인 유튜브까지 의식해
뮤직비디오 스타일로 비약하는 경향도 보였다.

- 트와이스가 출연한 포카리스웨트가 전형적인 예다. 가벼운 허밍의 '라라
  라라라 포카리스웨트'만 배경음으로 작동한다.

- 피로는 간 때문이야 이 말을 계속 반복한다. 2010년 차두리를 내세운 우루사 광고다. 미녀는 석류는 좋아해 이것도 반복이다. 석류 주스 붉은색에 곱상한 남자 이준기를 모델로 세웠다.

- 비타 500은 카페인 없는 착한 이미지를 살렸다. 70년대 서울대 미대생인 여성 듀오 '현경과 영애'의 '참, 예쁘네요'를 개사하여 miss A의 수지가 모델을 겸하여 예쁘게 불렀다. 한방에 검색하는 다 함께 쿠차차! 촌티나는 뽀글 머리의 신동엽의 모바일 쇼핑몰 광고는 설운도의 '다 함께 차차차'를 전면 개사해서 재미나는 분위기를 냈다. '오로나민 C'는 전현무를 앞세워 요들송인 '아름다운 베르네 산골'을 응용했다.

- 서울사이버대학 다니고 나를 찾는 회사 많아지고, 내 인생이 달라지고, 성공시대가 시작됐다. 2015년 많이 들린 이 노래는 보기 드문 대학광고로서 젊은이들의 취업 성공을 반복해서 소구한 카피다.

- 롯데제과 옥메와까, 맛있다! 옥메와까는 〈옥동자, 메가톤바, 와일드바디, 까마쿤〉의 4종 아이스크림을 한 통에 묶은 세트 광고다.
  구아바 구아바 망고를 유혹하네! 망고를 끌어들여 낯선 열대 과일 구아바를 알리는 기대기 전법의 델몬트 광고다.

- 참치로 요리조리, 맛의 대참치! 상추쌈밥으로, 샐러드로, 볶음밥으로, 샌드위치로 등 4절음에 참치의 다양한 조리법을 실어내면서 다기능을 강조한 동원 참지 광고다.

〈브랜드 네임, 쾌속 리듬, 반복 연호〉로 태우는 형식은 공식이 됐다.

- 쇼 곱하기 쇼는 쇼, 쇼쇼쇼, 쇼를 하라! 'Show'로 표기된 심볼 마크의 카피가 반복되는 이동통신 광고다. 랩송의 빠른 템포에다 비주얼은 가입자들이 급히 불어나는 애니메이션으로 처리했다.

- 빠름 빠름 빠름 Let Warp 올레! 징글 효과로서 소위 '소리 마케팅'에 성공한 KT의 광고다. '빠름'을 장점으로 반복 강조하고 있다.

- 롤리롤리 롤리팝, 달콤하게 다가와! 롤리팝은 빅뱅과 2NE1이 부른 LG의 휴대폰 싸이언(CYON)의 코드명이다. CM송 최초로 뮤직뱅크 1위 후보에도 올랐다.

- 앞뒤가 똑같은 전화번호 1577-1577, 대리운전 번호 1577-1577! 이는 음주운전 단속과 야간 술 문화를 대변한 풍경을 연상시킨다.

- 마시자 808, 여명808, 음주 전후 숙취 해소, 마시자 808, 정말 좋아요! 최주봉이 반복 권하는 캔 음료는 회식이 많은 샐러리맨에게 먹혔다.

- 빛이 있어 세상은 밝고 따뜻해, 우리들 마음에도 빛이 가득해. 빛은 사랑, 빛은 행복, 아름답고 행복한 세상 만들어가요. 한 시골학교, 순박한 어린이들과 음악 교사의 합창이 동요처럼 곱고 예쁘다. 2007년에 등장, 오랜만에 보는 아름다운 한전(韓電) 이미지 광고다.

반세기에 나타난 CM의 형태를 보면, 직설형, 무드형, 유혹형, 이미지형, 코믹형, 동요형, 기존 곡 차용형, 랩형 등 다양하다. 일반적으로 음악을 비롯한 소리의 특성은 감화성과 선동성, 친밀한 이미지의 구축성을 갖는다. 청각·기억은 시각보다 3배 더 오래간다는 인체공학도 작용한다. 모두 광고 음악이 갖는 저력과 복합적 이유를 뒷받침한다.

CM송은 자본주의와 산업사회를 구가한 다채로운 찬송가다. 그것은 〈유통, 판매, 소비〉를 촉진한 윤활제로서 역할 했고, 기업과 제품의 역사를 반영하는 나이테로 각인되고 있다. 문화적인 측면에서 상업 음악으로서 장르화 되면서 시대를 타고 계속 변화할 전망이다.

3. '금지가요' 60년사 –순종, 적응, 반발, 항소까지

'금지가요'는 공공장소나 방송에서 부를 수 없도록 규정된 노래를 뜻한다. 그 역사는 생각기보다 길고 오래다. 1920년대 '아리랑', '황성 옛터', '눈물 젖은 두만강' 등은 모두 금지곡이었다. 일제는 조선의 얼과 민족 감정을 고조시키는 노래를 엄금했다.

'목포의 눈물'도 걸렸다. '삼백 년 원한 품은 노적봉 밑에'라는 가사가 임진왜란부터 을사늑약까지 조선 백성의 삼백 년 원한을 빗댄다는 이유였다.

박정희의 유신 정부(1972~1979) 때는 최고조에 달했다. 경제안정과 체제 유지에 반하는 세력을 제압하기 위해 초법적인 긴급조치(9호)를 발동하고 창작과 표현물에 대한 검열을 강화했다. 이른바 3금(禁) 시대(금서·금지곡·금지 기사)로 대중문화의 암흑기였다.

시대를 막론하고 금지의 명분은 〈체제저항, 왜색풍, 비탄조, 저속퇴폐, 표절〉 등이었다. 그러나 실제로는 권력자의 임의와 정치 사회적인 요인이 더 많이 작용했다. 70년대 중반 대마초를 피운 가수와 노래는 무더기로 쫓겨났다. 신중현은 '박정희 찬가'의 작곡 요청을 거부해 그의 노래는 통째로 금지당했다.

효율적인 국정 수행과 사회통합을 위해 정부가 국민 감성을 관리해오던 약 60년 세월은 1987년 6월 항쟁 이후에 풀렸다.

■ 금지가요 60년 발자취, '봉선화' 부터 '아침이슬' 까지

아름다운 꽃송이를 모질게도 침노하니. 홍난파의 '봉선화' 2절 가사는 곧 '조선을 모질게 탄압하는' 것으로 풀이했다. 평화로운 꿈을 꾸는 너의 혼은 예 있으니는 '백의 민족의 혼이 건재'하고, 화창스런 봄바람에 환생키를 바라노라는 곧 '조선 자주와 독립의 간절함'으로 내다봤다. 일제는 봉선화를 '저항가'로 간주했다.

돈 없고 갈 곳 없고, 고향도 사랑도 없는 한 남자의 신세를 한탄한 '기로의 황혼'은 광복 후 첫 금지 사슬에 묶였다. 조명암 작사, 남인수 노래는 내용이 문제가 아니라 작사가가 월북했기 때문이었다.

월북으로 금지된 노래 중 조명암과 박영호의 작품이 많았다. '낙화유수', '고향설', '꼬집힌 풋사랑', '울며헤진 부산항' 등은 조명암이 지었고, 박영호 작사로는 '연락선은 떠난다', '오빠는 풍각쟁이' 등이었다. 이는 '가요의 연좌제 격'이었다.

- 1962년 6월, 박정희 군사정부 하에 설립된 한국방송윤리위원회는 본격적인 '가요통제'를 가했다. 1965년에 116곡을 방송 금지곡으로 묶었다. 동 위원회가 마련한 심의 조항에는 '국가의 존엄과 긍지를 손상할 우려', '건전한 국민 정서와 명랑한 사회를 저해', '표절 음악'은 방송을 금한다고 규정했다.

- 1972년 10월 유신체제가 공표되자 각 방송사는 자체심의를 도입해 '눈물이나 한숨'을 담고 있는 노래는 자제하기로 했다. 정부는 1975년에 발효된 긴급조치 9호로 '공연 활동 정화대책'을 내놓았다. 모든 대중가요에 대해서는 가리지 않고 재심을 해 ① 국가안보와 국민총화에 악영향을 줄 수 있는 것 ② 외래 풍조의 무분별한 도입과 모방 ③ 패배, 자학, 비관적인 내용 ④ 선정, 퇴폐적인 것들을 골라내 이미 나와 있는 음반까지 폐기토록 했다.

당시 문화윤리위원회는 국내가요 222곡, 외국곡 261곡을 금지곡으로 확정 발표했다. 그 후 공연윤리위원회로 기구를 바꿔 1979년에 국내곡 376곡, 외국곡 362곡, 1983년에 국내곡 382곡, 외국곡 887곡을 적발, 방송사에 통보 조치했다. 1986년까지 금지된 국내외 가요는 총 2,139곡을 헤아렸다.

■ 금지가요의 사연, 당시는 줄초상, 지금 보면 한 편의 코미디

- 배호의 '0시 이별'은 당시 통행금지(자정~4시) 위반을 부추긴다는 죄를 썼

다. 김추자의 '거짓말이야'는 불신 풍조를 조장하는 엉큼한 노래로 몰렸다. 정부 발표나 주요 연설이 많았던 시대에 그 내용을 모두 거짓말로 몰아세운다는 것이다.

'댄서의 순정'은 1974년경 대학가와 살롱에서 많이 불리면서 리메이크 가수도 8명이 넘었다. 이름도 성도 모른 채 처음 본 남자 품에 안기는 저속한 가사와 청승맞은 무드가 문제시되었다.

김민기의 '아침이슬'의 가사 중 긴 밤 지새우고의 긴 밤은 유신(維新)을 가리키고, 태양은 빛나고는 민족의 태양 김일성을 뜻하는 게 아니냐는 모진 추궁을 받았다. 노래는 1971년 발표했고 유신은 1972년에 시작되었으니 앞뒤가 안 맞는 셈이다.

- 이장희의 '불 꺼진 창'은 절망을 뜻하고 밤늦게 남녀가 돌아다니며 불륜을 조장한다는 이유로, '한잔의 추억'은 계속 술을 마시자는 반복 가사 때문에, 양희은의 '이루어질 수 없는 사랑'은 왜 사랑이 이루어질 수 없느냐는 허무주의 조장 죄를 피하지 못했다.

이금희의 '키다리 미스터 김'은 키 작은 박정희 대통령의 심기를 건드릴까 봐 겁이 났고, 신중현 곡의 '미인'에서 한 번 보고 두 번 보고 자꾸만 보고 싶네는 박정희가 대통령을 자꾸만 하고 싶네로 장기집권 오해 소지가 있어서, 한대수의 '물 좀 주소'는 물고문을 연상시킨다는 멍에를 썼다.

외국 팝송도 예외는 아니었다. 아바의 '머니머니'는 배금주의를 조장한다는 우려로, 애니멀즈의 '해 뜨는 집'은 결손 가정의 파멸을 다룬 불량성으로 재갈이 물렸다. 모든 팝송의 절반 구절은 한국어로 번역하여 불러야 했다. 이른바 문화의 '주체성 유지'라는 명분이었다.

- '동백 아가씨'는 국내 음반 사상 최초로 이십만 장 이상이 팔려 대박을 터트렸는데 창법이 왜색이라는 이유였다. 1965년에 한일 국교 정상화를 둘러싼 국민의 반일 감정을 무마하기 위한 희생양이라는 소문도 나돌았다. 엘레지의 여왕인 이미자의 금지곡은 가장 많은 27개에 달했다. '황포돛대', '유달산아 말해다오'는 비관적인 창법과 노랫말로, '섬마을 선생님'은 표절 이유로 각각 족쇄가 채워졌다. '기러기아빠'의 '아빠는 어디 갔나 어디서 살고있나'의 가사는 파월 용사의 죽음을 암시한다는 이유로 잘렸다. 이들 노래는 모두 사전심의를 통과해 음반이 불티나게 팔리고 방송에서도 공전의 히트를 한 한참 후에야 금지되었다.

- 금지 사유 중 가장 애매했던 것은 '방송 부적합'이란 딱지였다. '시의에 맞지 않음', '불신감 조장' 등 코걸이 귀걸이 식이었다. 대표적으로 송창식의 '고래사냥', '왜 불러', 정미조의 '불꽃'을 들 수 있다. '아침이슬'은 방송에도 자주 나왔던 곡인데 운동권과 대학생들이 즐겨 부르자 4년만인 1975년에 '방송 부적합'이란 이유로 하차시켰다.
  돌아서서 가는 사람을 왜 불러. 송창식의 '왜 불러'는 반말 제목부터 괘씸했다. 대중들에게 반항심을 불러일으킬 수 있다. 경찰의 장발 단속 및 정부 정책에 반발하고 '공권력에 대한 조롱'으로 트집 잡혔다. 이 해엔 무려 225곡이 금지곡으로 찍혔다.

- '인생은 가까이 보면 비극이요 멀리 보면 희극이다' 찰리 채플린의 말대로

당시 금지당한 가요계는 줄초상이 났지만, 지금 보면 한바탕의 코미디다.

■ 날벼락 맞은 137명의 '대마초 가수들'의 방송 출연 금지

이른바 습관성 의약품 관리법 위반인 '대마초 파동'은 톱스타의 대폭적인 '강제퇴출'로 이어졌다. 1975년 말에 시작된 파동은 1977년까지 137명의 연예인이 입건됨으로써 유명 가수들이 일거에 화면에서 사라졌다. 이는 '큰 사건·사고'였다.

이 공백기는 박 대통령 서거 후인 1979년 12월 일부 활동 재개가 허용될 때까지 4년여나 이어졌다. 그리고 금지곡 파동은 노태우의 '6·29선언' 직후인 1987년 8월, 문화예술 자율화 방침에 따라 족쇄가 풀릴 때까지 12년이나 계속됐다.

구속, 불구속, 수배, 훈방 등 각종 형태로 연루된 가수들은 훈방, 벌금, 실형 등 양형에 따라 3개월, 6개월, 1년, 무기한 식으로 금지됐다. 이들은 재소자 위문 등 봉사활동과 연예인협회의 진정서로 1978년 초 1차로 무대 출연이 허용됐다. 1979년 12월에야 방송 출연 및 음반취입이 전면 허용됐다. 3~4년간의 공백기에 상당수는 야간업소를 출입했고 이민, 회사원, 양품점 및 식당 운영, 대리점 취직 등으로 전전했다. 김도향과 윤형주는 CM송 제작업에 성공하여 오히려 전화위복이 되었다.

■ 반체제 조장, 데모 선동, 불신감 증폭, 정서 파괴

서울이 좋다지만 나는야 싫어, 정든 땅 언덕 위에 초가집 짓겠다는 박재홍의 '물방아 도는 내력'은 지금 들으면 최상의 '귀촌가'다. 50년대 말, 자유당 정권의 부패를 비판하고 현실을 부정한 이유로 금지당했다.

그건 너 그건 너 너 때문이야. 가사에 반복적으로 등장하는 '그건 너'라는 구절이 남에게 책임을 전가하는 행위라며 블랙리스트에 올랐다. 이장희의 노래 가사 중 '늦은 밤까지 잠 못 이루고' 있는 이유가 뭐냐고 오히려 반문을 당했다. 밤도 늦었는데, 딴생각일랑 하지 말고 그냥 자란 것이다. 유신체제에 대한 괴로움이 집권자인 '바로 너' 때문으로 해석될 우려도 있었다.

말을 하는 사람은 많아도 말을 듣는 사람은 없으니 아무도 듣지 않는 말들만이 거리를 덮었네. 이정선의 '거리' 가사는 불신감을 조장하여 건전한 사회풍토를 그르친다는 것이다.

댁의 부인은 어떠십니까? 아침에는 안녕히 다녀오세요, 알뜰하고 상큼하지요. 그러나 모를 건 모를 건 여자의 마음, 아 그랬을 줄이야. 위키리의 '댁의 부인은 어떠십니까'는 제목부터 수상하다. 부정한 아내의 모습을 떠올리고 건전한 부부상과 가정을 파괴할 우려를 낳았다.

성냥불을 당겨서 담배를 붙여 물고, 이 궁리 저 궁리 천장을 바라보고, 아이고 뜨거워 놀래라 꽁초에 손을 데었네. 김정미의 '담배꽁초'는 가사의 저급함을 '수준 이하의 것'으로 간주했다.

내려라 밤비야 내 님 오시게 내려라. 주룩주룩 내려라 끝없이 내려

라. 윤형주가 부른 '비의 나그네'의 가사 일부다. 심야 라디오 '0시의 다이얼'에서 하필 홍수가 진 날 밤에 틀었는데 사달이 났다. 온통 겪는 물난리를 조롱하는 꼴이 됐으니 말이다. 전 스태프들이 불려가서 경위서를 쓰고 '장마철에는 금지곡'이 되었다는 후문이다.

1979년 심수봉은 자작곡 '순자의 가을'을 냈다. 이듬해 1980년 금지곡에 걸렸다. 까닭은 제목에 들어간 '순자' 때문이었다. 당시 영부인의 이름을 유행가에 태워 혹여 놀림거리가 될까 봐 염려한 것이다. 이 곡은 방미가 1983년 '올 가을엔 사랑할 거야'란 제목으로 바꿔 불러 가을이면 자주 들을 수 있는 시즌 송이 됐다. 심수봉의 데뷔곡 '그때 그 사람'도 슬그머니 사라졌다. 박 대통령의 시해현장(10·26)에 있었다는 죄 때문에 4년간 활동 금지를 당했다. '무궁화'는 1984년 그녀의 재기 곡이었다. 심의도 통과했다. 5공 정부의 한 참모가 '대중선동가, 데모 찬양가'로 주장하여 반(反)시대적으로 몰렸다. "참으면 이긴다. 목숨을 버리면 얻는다. 포기하면 안 된다. 눈물 없인 피지 않는다. 나의 뒤를 부탁한다." 라는 가사를 문제 삼았다.

1981년 발표한 정광태의 '독도는 우리 땅'은 국민적인 인기에도 1983년 4개월간 방송금지 됐다. 일본의 우익 교과서 문제에 악용될 수 있다는 게 당시 정부의 판단이었다. '하와이는 미국 땅, 대마도는 몰라요'에서 대마도 부분 가사가 영토분쟁의 빌미를 제공한다고 지적했다. 이 노래는 '대마도는 일본 땅'으로 가사 수정 후 방송 부적격 곡에서 해제됐다.

■ 90년대 중반 사전 심의제 폐지, '금지곡 결정' 위헌 고소로 맞서

1987년 민주화로 대부분의 금지곡에 대한 해금 조치가 내려졌으나 사전심의제는 여전했다. 음반을 내기 위해서는 공연윤리위원회의 사전허락을 받아야 했고, 완성곡도 또 받는 '이중심의'가 이루어졌다. 이 과정을 통과하지 못한 음반은 발매조차 할 수 없었다.

금지가요의 행로는 '순종과 적응' 단계를 넘어 90년대 들어 '항거와 고소'까지 이른다. 민주화 바람을 탄 창작, 표현의 자유에 대한 적극 대응이었다. 정태춘과 서태지는 노골적으로 항거했다. 1996년 대중음악인들의 법 개정 운동으로 음반 사전심의제는 마침내 폐지된다.

1990년 10월 발표한 정태춘의 '아, 대한민국'은 '농약을 마시는', '특급호텔 매춘관광의 창녀들' 등 저속한 표현 때문에 눈총을 받았다. 그러나 그는 수정지시에 항거하여 사전심의 없이 음반을 제작했다. 결국 1993년, 정태춘은 문화관광부의 불법 음반 고발로 불구속 입건되기에 이른다.

서태지와 아이들의 '시대유감'은 '정직한 사람들의 시대는 갔어', '모두를 뒤집어 새로운 세상이 오길 바라네' 등의 일부 내용이 상당히 자극적이며 현실을 지나치게 부정적으로 그려 수정지시를 받았다. 서태지는 이를 거부하고 전 가사를 삭제, '연주곡'의 형태로 음반에 수록하였다.

정태춘은 93년 사전심의를 받지 않은 '92년 종로에서' 앨범을 불법으로 발매했고, 이후 헌법재판소 '음반 사전심의제' 위헌심판을 제청했다. 헌재는 이를 받아들여 1996년 음반에 대한 사전심의를 강제 조항으로 규정한 것은 위헌이라고 결정했다. 언론출판의 자유와 표현의 자유 원칙에 위배된다고 본 것이다.

■ '청소년 유해 매체물'로 지목, 여성가족부에서도 가요 유권해석

청소년 유해 매체물 여부는 여성가족부 몫이었다. 청소년 보호법에 의해 "청소년 유해표시"(이른바 19금 딱지)를 해야 하며, 판매·대여·배포하는 것도 금지된다. 2006년 12월 이후 유해물로 지정된 곡은 국내·외 곡을 모두 합쳐 4,868곡이었다. (이 중 국내 곡은 2,080여 곡) 일부 곡들은 끊임없이 '재심 요청'을 했다.

2008년 비의 '레이니즘(Rainism)'은 '떨리는 니 몸 안에 돌고 있는, 나의 Magic stick' 및 '더 이상 넘어갈 수 없는 한계를 느낀 Body shake' 등 일부 가사가 청소년엔 지나치게 선정적이다. 수만 장의 앨범이 팔리고 방송도 여러 번 탄 이후에 금지곡으로 결정되었다. 후일에 해당 가사를 수정한 '클린 버전'으로 재발매 되었다.

2006년 바이브의 '술이야'는 청소년에 술을 권하고 있다. '맨날 술'에 취해서 '나 한 얘기를 또 하고', '저물어가는 오늘도 난 술'이라며 이별의 슬픔을 술로 달래고 청소년에게 맨 날 주정도 부리면서, 날이 저물 때까지 음주를 계속 조장한다는 것이다. 이 노래는 2012년 10월 유해 매체물 취소 결정이 내려져 이제 들을 수 있게 됐지만, 여전히 다른 많은 곡들은 '유해 약물'을 이유로 묶여있다.

2008년 백지영의 '입술을 주고'는 친구의 남자를 유혹하는 불온 관계를 돕는다. 가사에서 '내 친구와 사귀고' 있는 남자에게 '벌써 입술을 주고'는 '다시 술잔을 들고 기억을 지우고', 다시 '니 손을 꼭 잡고' 있는 등 '불건전한 교제'를 부추기고 있다.

2009년 이비아의 '2nd'는 홍대 앞 물을 먹은 24살의 얼짱 래퍼가 거침없는 표현을 쏟아낸다. 세컨드가 되겠다는 노골성도 문제다.

다이나믹 듀오의 '끝'은 극단 충동성이 엿보인다. '순간의 위로가 담배와 술이라는 게 참 멋지고도 엿 같아'라는 가사에서 술 담배를 권장하고 '동맥에 흉터'의 대목은 자학성을 담고 있다.

2010년 싸이의 'Right Now'는 '웃기고 앉았네 아주 놀고 자빠졌네, 혼자 북치고 장구 치고 아주 생 쑈를 하네' 등 저급 표현으로 불가 낙인되었다가 후일 재심에서 해제되었다.

■ 건전가요, 국민가요, 애국가요의 강요시대

금지가요가 있는 만큼 '건전가요'의 권장정책도 이에 비례했다. 건전가요란 국가의 음악통제 정책의 하나로 관변단체나 정부 주도하에 추진되어 불려진 노래다. 그 기원 역시 일본의 식민 지배책의 일환에서 출발한다. 일제는 전방위적으로 '국민가요' 또는 '가정가요'란 이름으로 국민개창 운동을 전개하였다.

해방 후 1949년 공보처는 국민가요를 공모했다. 이때 선정된 '일터로 가자', '저축의 노래' 등은 첫 건전가요에 해당한다.

- 1957년 문화공보처는 보급에 박차를 가했다. 이때 애창된 노래로는 '금수강산 백화가 만발했구나', '고향에 찾아와도', '청춘 목장', '소녀의 꿈',

'여반장', '산골 처녀', '꽃 중의 꽃' 등이었다. 1960년대 건전가요로는 '잘 살아보세', '올해는 일하는 해', '살기 좋은 내 고장' 등을 들 수 있다.

- 70년대 들어 문화공보부는 건전가요보급위원회를 조직. 시인까지도 참여시켜서 매년 건전가요를 만들어 보급했다. 1976년 공연윤리위원회에서도 「애국가요 권장방안」을 발표하였는데, 이때 선정된 애국가요로는 '나의 조국', '대통령찬가'였다. 살기 좋은 내 마을 우리 힘으로 만들자는 '새마을노래'는 애국가 다음으로 많이 들렸다.

- 1980년대 건전가요는 대중가요의 정서를 실어내 상당한 인기를 끌었다. 정수라의 '아, 대한민국', 인순이의 '아름다운 우리나라', 윤시내의 '공부합시다' 등이 그것이다.
  공연윤리위원회는 1979년에 건전 가요의 '음반삽입 의무제'를 시행하여 새 음반을 발매할 때마다 건전가요 한 곡을 반드시 수록도록 했고 친절하게 가요 목록을 제시하기도 했다. 이에 따라 1980년대의 음반에는 마지못한 건전가요 한 곡씩이 붙었다. 그것은 당초 목적과 달리 '관제가요'라는 역효과를 가져왔다.

노래는 시대를 비추는 거울이자 소리의 역사다. 대중의 아픔과 슬픔을 노래한 대중가요는 더욱더 그렇다. 금지곡은 독재정권과 권위주의 시대를 상징하는 문화 현상이었다. 오늘날 가요나 뮤직비디오 제작과 관련한 방송금지 제도가 완전히 없어진 것은 아니다. 아직도 '방송 부적격'으로 대중에 다가서지 못한 곡은 1,000편이 넘는다.

4. 장수(長壽) 예능 25선, '전국노래자랑'에서 '무한도전'까지

(2020년 5월 기준, 괄호 안은 방송시작 연도)

1) 전국노래자랑, 40년 (1980년~현재. KBS) – 시청자 가요

2) 가요무대, 35년 (1985년~현재. KBS) – 옛 가요

3) 뽀뽀뽀, 32년 (1981~2013. MBC) – 아동

4) 가족오락관, 25년 (1987~2012. KBS) – 종합오락

5) TV쇼, 진품명품, 25년 (1995~현재. KBS) – 퀴즈

6) 장학퀴즈, 23년 (1973~1996 MBC) – 고교생 퀴즈

   EBS 승계 1997~현재 23년 (2016년 1천회 돌파)

7) 순간포착–세상에 이런 일이, 22년 (1998~ 현재 SBS) – 현장 취재

8) 개그콘서트, 21년 (1999~2020 KBS) – 코미디

9) 일요일 일요일 밤에, 20년 (1981~2001 MBC) – 코미디 종합쇼

10) 도전! 골든벨, 20년 (2000~현재 KBS) – 고교 집단퀴즈

11) 국악 한 마당, 19년 (2001~현재 KBS) – 국악

12) 퀴즈탐험–신비의 세계, 19년 (1985~2004 KBS) – 영상퀴즈

13) 쇼쇼쇼, 19년 (1964~1983 TBC→KBS) – 종합 가요쇼

14) VJ 특공대, 18년 (2000~2018 KBS) – 현장취재

15) 웃으면 복이 와요, 18년 (1969~1985/1992~1994 MBC) – 코미디

16) 생활의 달인, 15년 (2005~현재 SBS) – 현장취재

17) 콘서트7080, 14년 (2004~2018 KBS) – 공개 가요 쇼

18) 라디오스타, 13년 (2007~현재 MBC) – **토크쇼**

19) 1박2일, 13년 (2007~현재 KBS) – 리얼 버라이어티

20) 막돼먹은 영애씨, 13년 (2007~현재 tvN) – 시트콤

21) 무한도전, 12년 (2006~2018 MBC) – 리얼버라이어티

22) 토요일 토요일은 즐거워, 12년 (1985~1997 MBC) – 종합 가요쇼

23) 1대 100 퀴즈, 11년 (2007~2018, KBS) – 집단퀴즈

24) 런닝맨, 10년 (2010~현재 SBS) – 리얼버라이어티

25) 유머1번지, 10년 (1983~1992 KBS) – 코미디

25) 정글의 법칙 10년 (2011~현재 SBS) – 리얼버라이어티

- 이상 25개 프로그램을 포맷 별로 보면 〈가요 다섯, 퀴즈 다섯, 코미디 다
  섯〉으로 예능의 3대 장르는 역시 '가요, 퀴즈, 코미디'임을 반증한다.
  이어 리얼 버라이어티 넷, 현장정보 셋, 종합오락(가족오락관), 국악(국악 한
  마당), 토크쇼(라디오 스타), 아동(뽀뽀뽀)이 각각 하나씩이었다.
  특히 버라이어티와 현장 정보 부문은 2000년대 이후 예능의 대세로 정
  착하고 있다. 모두 6mm 카메라의 기동력에 의해 예능의 지평을 현장으
  로 확대한 결과다. 예능은 전통적으로 스튜디오나 공개홀에서 서식했다.
  그러나 25개 중 9개는 야외 현장에서 이뤄졌다. 2000년대 이후 예능은
  '탈 스튜디오'에 따른 아웃도어 제작으로 울타리가 매우 넓어졌다.

- 방송사별로 보면 KBS가 13개로 반 이상 차지했고 MBC는 7개, SBS는
  4개 순이었다. 통폐합으로 없어진 TBC는 〈쇼쇼쇼〉, 전문 채널 tvN의
  〈막돼먹은 영애씨〉가 각각 하나로 유일하다.

- KBS는 예능뿐만 아니라 교양 부문에서도 '장수왕국'을 이루고 있다. 30년을 헤아리는 〈무엇이든 물어보세요〉와 〈6시 내 고향〉을 비롯해 〈생로병사의 비밀〉, 〈우리 말 겨루기〉, 〈역사 스페셜〉, 〈한국인의 밥상〉 등이 있다. 그 배경은 광고㈜의 영향에서 비교적 자유로운 덕분이다. 우리 고유의 보전, 전국성과 지역성의 조화, 시청자 참여와 가족 중시, 추억과 향수의 소재화 등 공영이념이 지속해서 결실되었다. 여기에 또 하나의 채널(KBS2)은 대중성과 다양함을 보전해 준다.

- 한편 예능은 타 장르와 달리 '시즌제'를 도입하여 휴식과 준비 기간을 두면서 탄력적으로 속개하는 형식을 취했다. 2007년 시즌 1을 시작한 tvN의 시트콤 〈막돼먹은 영애씨〉는 2019년 4월에 시즌 17을 마친 뒤 2020년에 시즌 18을 채비한다. Mnet의 〈슈퍼스타 K〉(2009~), MBC의 〈위대한 탄생〉(2010~), SBS의 〈K팝 스타〉(2011~) 등 오디션 프로그램도 역시 시즌제를 택하여 장수 형식을 이어가고 있다.

■ 가요(노래)와 코미디(웃음)는 변치 않은 예능의 양 바퀴

최장수를 기록 중인 〈전국노래자랑〉은 가장 친서민적인 공개 무대로 구순 중반을 넘은 송해의 장수 MC 역사도 함께 쓰고 있다.

'전구욱 노래자랑~!'의 첫 말로 여는 일명 '국민 오디션' 시간은 일요일 한낮의 붙박이가 되어 40년을 넘어가고 있다. 평양공연도 다녀왔다. 시㈜, 구(區)에서 읍, 군 단위까지 중계차, 가설무대, 좌석을 비치하고 300~500명의 신청자에 대한 예선 등 보이지 않는 노력이 따른다.

〈쇼쇼쇼〉는 1964년 TBC 개국 쇼부터 16년간 786회를 달렸다. 1980년 11월29일 TBC 고별 쇼까지를 맡아 '운명의 지킴이'가 됐다. MC는 곽규석, 위키리, 정윤희를 거쳐 허참, 정소녀가 마지막 마이크를 잡았다. 30명이 벌이는 그룹 댄싱의 타이틀백부터 한 주간 인기가요, 톱가수 산실로서 격조와 볼륨을 유지했다. 언론 통폐합에도 불구하고 관록과 명성을 안고 KBS로 건너간 유일한 예능 프로였다. 그러나 원적을 잃은 탓인지 2년 만인 1983년에 조용히 사라졌다.

〈토요일 토요일은 즐거워〉는 80년대 중반에서 90년대 후반까지 황금기를 구가했다. '부탁해요~!'의 입담으로서 카리스마를 뽐낸 이덕화의 생방송 진행이 걸맞다. 전신인 〈토요일 토요일 밤에〉는 TBC의 〈쇼쇼쇼〉와 맞수로서 70년대 주말의 쌍두마차 격이었다.

〈가요무대〉는 우리 대중가요의 100년 발자취와 생활 문화사를 함께 우려낸다. 시대별, 주제별, 절기별, 이벤트별, 신청 곡별로 구성한 이십여 곡은 언제라도 들으면 본방송이 된다. 흘러간 노래에 옛 얼굴과 새 가수가 교차하고 방청객들의 열기도 한몫을 보탠다. 전국 팬뿐만 아니라 해외 동포와 해외 근로자까지 챙기는 멘트는 오늘도 계속된다.

〈가요콘서트7080〉은 70년대~90년대 초반까지의 젊은 가수와 노래를 공개홀로 초빙, 동 세대의 MC 배철수를 내세워 객석과 싱어롱을 유도했다. 토요일 심야, 어눌한 듯 맥을 짚어가는 MC의 진행, 청바지 세대와 기타 부대에 어린 향수는 30년 세월의 터울을 인증해주었다.

〈웃으면 복이 와요〉는 1969년 MBC 창사와 함께 시작하여 1985년까지 16년을 간다. 7년 후 옛 성가를 다시 살리고자 1992년 재개했으나 2년이 못 갔다. 그 자리는 심형래, 김형곤, 임하룡이 이끈 KBS의 〈유머 1번지〉가 차지해 10년을 잇는다. 이윽고 1999년부터 신세대 개그맨들의 집합체인 〈개그콘서트〉가 주말에 20년 둥지를 틀면서 지상파의 유일한 코미디가 되었다.

〈일요일 일요일 밤에〉는 '웃으면 복이 와요'가 떠난 자리에 새 시대의 코미디 쇼로 신설되었다. 1981년 4월, 한 시간짜리 '일요일 밤의 대행진'으로 출발, 1988년 '일요일 일요일 밤에'로 개칭하면서 버라이어티로 변신했다. 2001년부터 1시간 40분 편성, 2008년부터 1·2부 분할 때까지 27년 롱런했고 2012년 '우리들의 일밤'으로 개명하여 총 3시간에 가까운 종합 구성으로 발전했다. 40년에 이르는 동안 키워드 '일밤'은 유지하되 소제목을 바꾸어 최근 '복면가왕'까지 이르고 있다. 단일 내용, 단일 형식을 탈피하여 코너 운영에 새 아이템 및 새 포맷 개발로서 다양한 산파역을 했다. 1980년대~2000년대까지 전성기는 개그맨 이경규(28개 코너 진행)와 김용만(23개)이 주도했다.

히트 코너는 몰래카메라(189회로 최다), 브레인 서바이벌(135회)을 비롯한 양심 냉장고, 러브 하우스, 게릴라 콘서트, 이경규가 간다, 그리고 시즌제를 도입한 진짜 사나이, 경제야 놀자, 동안 클럽, 마이 리틀 텔레비전, 무한걸스, 아빠 어디가, 우리 결혼 했어요, 미남이시네요 등을 들 수 있다. 각 코너별 경쟁력이 높아 독립프로처럼 행세했다. 예컨대 '우리 결혼했어요'는 2008년~2017년까지 시즌 5를 이어 9년간 방송했다. '세바퀴', '세상의 모든 방송', '공복자들' 등은 본체에서 분리하여 독립 프로로 전환한 예다.

■ 퀴즈의 건재, 새 물결 토크쇼와 리얼 버라이어티 약진

당초 교육 방송으로 허가를 받은 MBC의 정체성은 〈장학퀴즈〉가 대표했다. 1973년 선경(현 SK) 단독 스폰서, 차인태 아나운서 진행으로 퀴즈의 원조 겸 고전으로 불렸다. 고교생 다섯 명의 가산 총점으로 장원을 뽑고 연말에 장원들이 자웅을 겨룬다. 1996년 23년 만에 폐지되었다. 이듬해 1997년 EBS가 승계하여 역시 2020년으로 23년째를 맞았다. 같은 프로그램이 각각 다른 채널에서 20년 넘게 롱런한 특례를 낳았다.

〈퀴즈탐험 신비의 세계〉는 '동물의 세계' 필름을 재활용, 영상퀴즈로 전환한 구성이 돋보였다. 세계 자연 생태계에 대한 살아있는 교과서로 재미와 의미를 겸했다. MC 손범수의 출세작이다.

〈진품명품〉은 '고물이 보물'로 변하는 현장이다. 선조들의 유품이나 가보로 간직한 유물을 출품해 연예인 패널이 가격을 매기고 전문 감식인이 추정한 시세에 가장 근접한 사람이 가점을 받는다. 우리 옛것을 소중히 여기는 캠페인도 겸한다.

〈골든벨〉은 '문제가 남느냐, 내가 남느냐'의 대결이다. 전국 유명고교 순회 방문 그리고 재학생 집단퀴즈로 40여 문제를 거치는 동안 마지막 남은 한사람이 골든벨의 관문을 통과하는 형식이다. 〈1대100 퀴즈〉는 네덜란드에서 수입, 101명의 규모, 출제의 다원성, 1인 또는 다수가 우승하는 차별성, 5천만 원의 고액상금, 온라인 예심과 리모컨 사용의 첨단성 등 디지털 퀴즈로 시선을 모았다.

〈가족오락관〉은 남녀별 팀의 순발력을 검증하는 종합오락이다. 허참의 진행으로 두뇌 대결, 말풀이 노래풀이, 스피드 재치게임, 알아맞히기와 이어가기 등 팀워크 단합과 호흡을 버무린다.

〈뽀뽀뽀〉의 타이틀 송은 매일 아침 7시 40분에 들려왔다. 1981년 함께 태어난 아이가 40줄에 들어섰으니 육아 예능으로서 대단한 세월이다. KBS의 〈TV 유치원〉, EBS의 〈방귀대장 뿡뿡이〉가 이어 등장했다.

연예 토크쇼는 제작이 간단하고 가성비가 좋아 2000년대 초반부터 예능의 주류로 흐름을 탔다. 스타의 신상털이에서 테마 토킹까지 가리지 않는다. SBS의 〈야심만만〉(2003~5년간), MBC의 〈놀러와〉(2004~8년간), KBS의 〈미녀들의 수다〉(2006~4년간), KBS의 〈대한민국 토크쇼 안녕하세요〉(2010~9년간)에서 최근 MBC의 〈라디오 스타〉로 맥을 잇고 있다.

2006년 봄, MBC의 〈무한도전〉의 시작은 미미했으나 무한한 화제를 낳아 어언 12년을 달렸다. 〈1박 2일〉이 다음 해에 KBS에서 나왔다. 진행자 6인(강호동, 이수근, 은지원, 엄태웅, 김종민, 이승기)의 틀을 유지하여 2007년 8월부터 2019년 3월까지 시즌3을 마치고 지금은 시즌4를 이어가고 있다.

〈VJ 특공대〉〈세상에 이런 일이〉〈생활의 달인〉은 6mm 캠코더를 리포터와 함께 현장에 투입하여 기동력을 살렸다. 전국의 먼 곳, 깊숙한 곳, 위험한 곳을 마다하지 않고 숨은 디테일을 최대한 살려 '예능의 저널리즘'을 제고했다. 8도에 산재한 명소, 맛집, 서민 전문가, 초현실적 불가사의, 희한한 사람들 또는 동물 등 볼거리를 제공했다.

〈정글의 법칙〉은 이국땅 위험 정글 속에서의 살아남기 도전이다. 김병만과 그 일행은 문명을 외면한 원시인으로 변신하여 현지 조달과 사냥으로 각자도생을 꾀한다. 관찰 예능의 최고 수범을 보인다.

예능 프로는 으레 연예인이 독차지 해왔지만 일반 출연자도 늘고 있다. 전국노래자랑, 세상에 이런 일이, 골든벨, 생활의 달인 등 여덟 개는 일반 시청자 대상이다.

장수 프로가 항상 질이 좋은 것으로 평가될 수는 없지만, 당대 시청자의 요구(Wants)와 필요(Needs)에 의해 성립되는 만큼 질긴 생명력을 갖는다. 단점은 의구폐신(依舊閉新), 즉 옛것에만 의존하여 새로운 것이 막히는 점이다.

5. 가요제 천국, 축제의 나라 대한민국은 가요민국(歌謠民國)

70년대 후반기에 성행한 음악 이벤트로 '대학가요제', '강변가요제', '국제가요제'를 개발한 MBC가 가장 앞장서 주도하였다. 대학생을 중심한 '젊음의 표상'으로서 기존 트로트와 맞서 신선한 기풍을 진작했다. 이후 약 10여 년간 '새 음원, 새 스타'를 생산하는 매직박스로서 국내 음악사에 중요한 역할을 했다. 1990년대 후반부터는 지방으로 확산하면서 지자체와 관련 단체가 주관한 다양한 형태를 띤 연중행사로 확산되었다.

1961년, 64년에 각각 개국한 KBS와 TBC에 이어 1969년 창립한 MBC는 젊은 층 공략으로 후발성을 극복하고자 했다. 연말이 가까워지면 그해 '10대 가수'를 선발하고 특집 가요제를 벌였다. KBS는 공영방송답게 보도와 교양에 치중했고 라이벌인 상업방송 TBC는 서울권과 부산에만 전파가 송출되는 한계가 있었다. MBC는 이 틈에서 차별화를 꾀했다. 그것은 '전국성'을 앞세운 새 세대에 의한 새 가요의 흐름을 개발하는 것이었다. 가요제의 3대 원형(原型)이라고 할 수 있는 〈대학가요제, 강변가요제, 국제가요제〉는 이런 배경하에 탄생하여 타의 모델이 되었다.

1) MBC 대학가요제, 36회로 최장 역사, 배철수, 심수봉, 신해철 배출

가요제의 효시 격인 MBC 대학가요제는 1977년 9월 3일 문화체육관에서 열렸다. TV를 통해 전국으로 생중계되어 순식간에 큰 반향을 일으켰다. 건강하고 신선한 음악성이 돋보였다. 80년대 들면서 '새 시대의 호흡, 참신한 젊음의 대향연'으로 정체성을 살렸다. 록의 강렬함과 포크의 진지함, 그리고 기존 음악과는 다른 캠퍼스 음악들이 경연을 통해 더 넓은 세상으로 나왔다. 이후 2012년까지 36년간 연례행사로서 많은 스타를 배출했다. 배철수, 임백천, 심수봉, 노사연, 김학래, 조하문, 우순실, 김장수, 조갑경, 원미연, 유열, 이무송, 신해철, 주병선, 이정석, 김경호 등이 이 무대를 통해 나왔다.

1978년 2회 때 유일하게 트롯풍의 자작 피아노 반주로 나온 심민경(예명 심수봉)의 '그때 그 사람'은 수상권에 들지도 못했으나 인기 만점이었다. 같은 제목의 영화가 제작되고 이듬해 MBC 10대 가수가 되고 대통령까지 팬이 되었다. 1979년 3회 땐 '임을 위한 행진곡'을 작곡한 김동률이 데뷔했다. MBC 대학가요제는 종료 7년 뒤인 2019년에 일산과 문체부 협조를 얻어 부활한다.

2) MBC 강변가요제, 한여름 축제로 주현미, 이선희, 장윤정 배출

1979년 처음 열린 MBC 강변가요제는 여름방학 기간인 7월과 8월 사이 청평 유원지, 남이섬, 춘천 일원 등 북한강 변에서 치렀다. 3회 대회부터는 라디오와 TV를 통한 '강변가요제'로 이름을 바꾸고 17세 이상 참여로 학력 제한도 없앴다. 2001년 22회까지 지속, 2001년 자사 행사인 대학가요제와 통합되었다.

배출 가수의 면면은 화려하다. 홍삼트리오(79년), 주현미(81년), 이선희(84년)와 한석규, 박미경(85년), 이상은(88년), 육각수(95년), 장윤정(99년) 등이 그렇다. 나중에 배우가 된 한석규, 트로트 여왕이 된 주현미와 장윤정이 특이하다. 'J에게'를 부른 이선희는 84년 MBC 10대 가수상에서 최고 인기곡에 신인상도 받았다. 86년 7회는 아담하고 능란한 유미리의 '젊음의 노트'가 돋보였다. 88년 9회는 아기천사의 멤버로 나온 신해철이 예선 탈락했다. 대상은 독특한 율동과 돌출행동으로 화제를 모은 이상은의 '담다디'가 받았다. '담다디'는 KBS의 〈가요톱10〉에서 4주간 1위를 기록했다. 금상을 받은 이상우의 '슬픈 그림같은 사랑'도 인기를 끌었다.

3) TBC 해변가요제, '젊은이의 가요제'로 변경, KBS에 흡수

1978년 7월22일에 개최한 제1회 TBC 연포해변 가요제는 1년 전 MBC 대학가요제의 성공에 맞대응하기 위한 여름 축제로 황인용 아나운서가 진행을 맡았다. 1973년 자체 개발한 연포 해수욕장을 홍보하기 위해 하춘화의 '연포아가씨'를 내놓고 8월에는 개장기념으로 전국 보컬 그룹경연대회도 개최했다. TBC가 통폐합된 1981년에도 KBS 라디오가 행한 연포가요제 사랑의 듀엣 쇼에서 배따라기, 혁과 준, 김범룡을 발굴했다.

1회 TBC 해변가요제엔 왕영은이 탄생했다. 2회 때는 '젊은이의 가요제'로 개명하고 무대를 해변에서 장충체육관으로 옮겼다.

한편 TBC의 제휴 방송사인 전일 방송(광주. VOC)는 1978년 제1회 전일 방송 대학가요제에서 김만준의 '모모'를 냈다. 지역방송이 낸 수상 곡 중 최초로 MBC 〈금주의 인기가요〉에서 1위를 차지했다. 2회와 3회에서 김종률의 '소나기', 하성관의 '빙빙빙'과 같은 대상 곡을 배출했다. 1980년 언론 통폐합으로 KBS로 흡수되면서 가요제도 막을 내리게 된다.

전국 대학생 축제 경연대회의 일환으로 등장한 TBC 대학가요 경연대회는 1979년 단 1회만 개최됐다. '그대 생각'으로 대상을 받은 이정희는 하이틴 스타로 올랐고 김수철은 현란한 기타연주를 뽐냈다.

4) 1987년 시작한 KBS 대학 가요축제, 뒤늦은 출발로 6년 만에 폐지

TBC 가요행사는 KBS2(옛 TBC)로 건너가면서 1981년 '국풍 81-젊은이의 가요제'를 끝으로 막을 내린다. 여기서 '바람이려오'를 부른 이용이 금상을 수상하고 1982년 MBC 10대 가수와 KBS 가요대상에 오른다.

늦깎이 'KBS 대학 가요축제'는 1987년에 시작되어 1993년까지 지속하였다. 절정기를 지나 대학가요제 스타일의 곡들이 시들해진 탓에 대상을 차지한 석미경의 '물안개' 외에는 두드러진 스타를 배출하지 못했다.

그밖에 광운대학에서 주최한 '월계가요제'는 김명상, 한동준, 박영미, 양진석과 같은 음악인을 배출했고 명지대학이 주최한 '백마가요제'도 대학생 순수 창작곡을 위주로 2019년 31회를 치렀다.

가요제 초기는 대학생의 상품화라는 일부 비판에도 불구하고 '참신한 얼굴과 노래 발굴'로 긍정적인 평가를 받았다. 12년 한 터울이 지난 1990년대에 들어 지나친 상업화, 경쟁의 가열화로 수준이 저하 되었다.

1995년 케이블 시대의 개막에 따른 음악 전문 채널들이 생기고 오디션 프로그램이 성행하면서 젊은 가요제는 서서히 고개를 숙인다. 여기에 음반 시장의 활성화와 음악 기획사에 의한 신인들의 진출 경로가 다양화되면서 희소가치마저 잃는다. 그간에 실험성이 강한 창작곡 부재, 대학문화의 다변화, 노래방 상륙과 대중 취향 변화, 가요제 권위상실 등이 겹쳐 왔다.

5) 반짝하고 사라진 〈MBC 서울국제가요제〉, 〈TBC 세계가요제〉

국제가요제는 70년대 초반 작곡가 이봉조와 가수 정훈희의 빛나는 활약에 의해 그 위력이 알려지기 시작했다. 1970년 1회 도쿄국제가요제, 72년 그리스가요제, 75년 칠레가요제에서 '안개', '너', '무인도'를 각각 불러 모두 입상했다. 3년 후, 1978년 국제가요제가 MBC에 의해 첫 탄생했다. 차인태 아나운서의 진행으로 윤복희와 방은미를 비롯하여 윤시내, 송창식, 장현, 숙자매, 정재은이 선보였다. 박경애의 '곡예사의 첫사랑'이 인기곡에 올랐다. 2회엔 12개국 18팀이 참가했는데 한국은 박경희, 김수희, 이미배, 방수원, 새샘트리오 그리고 그랑프리는 윤항기 작곡에 윤복희가 부른 '여러분'이 차지하여 남매합작의 무대를 이루었다.

1986년 9회를 끝으로 폐막했다. 참가 유치와 해외정보 수집의 어려움, 참여 가수의 수준 문제, 그리고 전문부서 부재, 국내 음악산업의 도약 등으로 관심 밖으로 밀려났다.

1979년 말에 야심 차게 출범한 TBC 세계가요제 역시 MBC 국제가요제에 자극받아 신설되었다. 첫 회는 일본의 오하시 준코가 그랑프리 상금 1만 달러를 불우이웃을 위해 쾌척하여 화제를 모았다.

1980년 2회는 17개국 19명이 출연, 아프리카 모잠비크 대통령의 딸인 슈디가 'Ecstasy (사랑의 절정)'로 대상을 차지, 민해경이 번안곡으로 취입하여 바람을 몰았다. 프랑스 샹송 가수 아다모를 게스트로, 일본의 인기 듀엣 핑크레이디를 특별출연으로 초대했다. 조용필이 '한오백년'을 불러 개막제 열창상을 받았고 '창밖의 여자'로 본선 금상을 수상했다. 그리고 행사도 단 2회로 끝이 났다.

6) 고인(故人) 가수 이름을 딴 가요제의 속출

고인 가수 가요제는 생전의 노래를 추억하고 업적을 기리는 전제하에 당해 지역(인)들의 합의에 따라 성사된다. 지자체와 지역 언론사가 앞장선다. 가수 유명도를 살려 지역의 긍지와 명예를 함께 부각한다.

여기에 신인가수 등용문의 역할을 추가하고 있다. 입상자는 협회에서 주는 가수 자격 인증서를 받는다.

1968년 '난영가요제'가 생겼다. 가장 먼저다. 1965년 49세로 요절한 지 3년만이었다. '목포의 눈물'의 이 고장 출신 이난영을 추모하자는 것이다. 방주연이 2회 무대를 통해 나왔다.

1987년 울산에서 '고복수 가요제'가 창설되었다. 일제강점기부터 '타향살이', '짝사랑'으로 유명한 원로가수(1911~1972)다. 매년 전국 500팀이 예선에 참여하여 노래 경연을 펼친다. '남인수 가요제'는 1996년부터 시행했다. '애수의 소야곡', '가거라 38선' 등 해방 전후의 국민가수였다. 친일시비에 휘말리자 2008년부터 이름을 빼고 '진주 가요제'로 개명했다. 최근엔 시의 지원을 받아 개천 예술제의 일환으로 경남 MBC 진주본부에서 주최하고 있다.

'배호가요제'는 여러 곳에서 다양하게 진행되고 있다. 배호사랑회, 배호가요제본부, 배호기념사업회 등 그의 '불멸성'을 기리는 단체도 여럿이다. 서울 중구청이 1996년에 배호 가요제를 마련했다. 전국 최고의 신인가수 등용문을 자처하여 2018년 22회를 맞았다. 히트곡 '안개 낀 장충단 공원'의 취지를 살려 장충단에 특설무대를 마련한다. 전국 배호 모창가요제도 2015년 24회를 맞았다. 서울 용산구 삼각지 '배호 만남의 광장'에서 시행한다. 대전에서도 2018년부터 배호 신인가요제를 행하고 있다.

'현인 가요제'는 부산 송도해수욕장에서 2004년 출범했다. '신라의 달밤'으로 이름난 부산출신 1호 가수의 업적을 기리는 창작가요제다.

'최갑석 가요제'는 전북 임실군이 주최한다. 2019년 9회를 맞았다. '삼팔선의 봄', '고향에 찾아와도' 등 20여 히트곡의 주인공이다. 임실 N치즈 축제 기간 중에 실시한다.

같은 시대, 같은 멤버의 두 요절 가수를 못 잊어서 태어난 가요제도 있다. '유재하 가요제'와 '김현식 가요제'가 그것인데 모두 작곡, 작사, 노래, 연주를 겸한 이른바 싱어송라이터의 참가를 전제하고 있다.

대학 작곡과 출신답게 세련된 화성과 멜로디 라인을 구성하여 가요 수준을 한 단계 올린 유재하는 '사랑하기 때문에' 한 곡 남기고 1987년 11월, 25세에 교통사고로 떠났다. 당초는 부친이 기탁한 성금으로 1989년에 출발했다. 조규찬, 고찬용, 유희열, 나원주, 김연우, 정지찬, 스윗소로우를 배출했다. 방탄소년단을 만든 방시혁도 6회 무대를 통해 나왔다. CJ의 후원으로 2018년 29회를 맞았다.

'김현식 가요제'는 서울 서대문구의 주최로 2015년에 시작했다. 1990년 33세 지병으로 떠난 그는 유재하와 활동을 함께 하여 '사랑했어요', '비처럼 음악처럼', '내 사랑 내 곁에' 등을 냈다. 17세 이상 싱어송라이터 경연으로 신촌 창천 공원에서 벌어진다. 2019년 5회째, 1등은 장학금 오백만 원이 주어진다.

7) 지역가요제, 철 따라 축제 따라 자연스럽게 성행

OO아가씨 선발과 함께 OO가요제는 지방 축제 기간에 큰 축을 차지한다. 지역민 참여와 화합을 도모하고 신인발굴도 함께한다는 것이 공통점이다. 지역가요제는 계절과 자연의 순리에 따른다. 외지인과 관광객의 발길이 많이 모이는 때와 곳을 탄다. 봄철엔 철쭉가요제, 여름엔 해변가요제, 가을엔 단풍가요제가 그렇게 자연스럽게 성립한다.

지역적으로 보면 부산은 네 개, 충청북도는 다섯 개나 된다.

1989년 봄에 시작한 '부산MBC 신인 가요제', 1991년 출범한 '부산 오륙도 창작가요제', 2019년 27회를 맞은 '부산해운대 청소년가요제', 여기에 2004년에 출발한 '송도 현인 가요제'가 추가된다. 특히 '해운 대 가요제'는 부산 출신들의 창작가요제로 작곡, 노래, 연주 등 모든 내용을 부산에서 조달해야 한다. 비정기적 행사로 인기에 영합하지 않고 순수 지역성을 보전하겠다는 의도다.

'속리산 단풍가요제'(1995~)는 10월 중순, 충북 보은군에서 한다. 2018년 23회는 192팀의 예선을 거쳐 9개 팀이 본선에 올랐다. 대상은 칠백만원이다. '철쭉가요제'(1996~)는 단양이다. 2017년 21회를 맞았다. 철쭉 가요제는 군포, 무주, 용인에서도 열린다.

'박달 가요제'(1997~)는 제천시가 마련한다. 박재홍의 '울고 넘는 박달재'의 제목과 후광을 살렸다. 상위 입상자는 가수인증서를 받는다. 2019년 23회 본선은 20대 1의 치열함을 보였다.

'추풍령 가요제'(2003~)는 박달 가요제를 겨누어 6년 늦게 영동군에서 추진했다. 개최 시기, 상금 규모 등도 비슷하다. 전국 3대 포도 산지인 영동 포도축제의 일환이다.

한편, 충주시가 행한 '대한민국 창작향토가요제'는 2018년 18회를 맞았다. 민족 얼과 정서, 정(情)과 고향을 주제로 한 향토 가요를 발굴하기 위함이다.

2019년 31회째인 '울릉해변 가요제'는 관광객과 주민을 위한 가장 큰 연중행사로 7월 말 8월 초까지 이틀간 벌인다. 날씨가 좋으면 삼천 명이 넘는 성황을 이룬다. 특산물 장터에 연예인 축하 공연, 밴드와 댄스 경연, 대형 불꽃 쇼와 군민 노래자랑이 이어진다.

'구미 가요제'(1989년~)는 지역 대중문화 발전과 신인가수 선발을 위함이다. 18세 이상 12팀이 본선에 오른다. 2019년 31회를 맞았다. 2018년 화순에서 시작한 '남도 전국가요제'도 이와 비슷한 취지다.

2020년에 28회째인 강원 주부가요제, 19회를 맞는 '통영가요제' 그리고 15회 '강원 다문화가족 듀엣가요제'는 나름대로 각별한 의미가 있다.

'인천 평화창작가요제'(2015년~)는 평화를 주제로 한 노래의 확산을 통해 한반도 긴장을 완화하고 국제도시로서 인천의 위상을 높인다.

그 밖에 '남원의 애수 가요제'(2014년 10월~)는 1953년에 노래한 김용만의 '남원의 애수'의 제목을 살렸다. 유서 깊은 춘향제(5월)와는 별개다.

8) 2019년에도 다섯 개 가요제가 생기다.

- 제1회 한국전통가요 전북가요제, 전주 4월

- 제1회 아산시 전국 주부가요제, 온양 5월

- 제1회 세계 노동자 가요대회, 서울 6월

- 제1회 대한민국 창작가요제, 서울 10월

- 제1회 여순항쟁 전국 창작가요제, 순천 11월

이 다섯 가요제는 2019년에 탄생했다. 오락과 흥취를 내세운 재래의 가요제와 달리 몇몇은 특별한 목적성을 드러낸다. 단순 축제가 아닌 노사문화의 정착, 역사진실의 규명 등 예민한 주제도 담고 있다. 집회를 물리적으로 행사하지 않고 모양새를 갖춘 가요제로 포장, 〈참여, 소통, 관철〉의 종합 효과를 노린다.

여순항쟁 창작가요제는 1만여 명이 희생된 여순항쟁(1948. 10) 71주기를 맞아 진실규명, 명예회복과 함께 국민적 공감대를 확산하기 위해서다. 순천대 기념관에서 유족들과 22개 팀이 참여했다.

노동자 가요대회처럼 직종별, 대상별 가요제를 헤아리면 농어민 가요제, 새터민 가요제 등 수 없이 나올 수 있다.

가무를 좋아하는 우리에게 노래잔치는 어느 때, 어느 곳에서나 환영을 받는다. 판을 벌이고 사람을 모으고 가시적 성과가 확실해서 지방마다 선호하는 연례행사가 되었다, 이른바 '가요제 홍수 시대'다.

제2부

예능인 마이웨이 & 하이웨이
(1960~70년대)

예능인 마이웨이 & 하이웨이
(1960~70년대)

6. 원스 어폰 어 타임 인 세시봉(Once upon a time in C'estsibon)

1960년대에 '음악 감상실'이 성행했다. 서울 무교동, 명동, 종로통, 충무로 등 중심가에 자리한 이곳은 입장료만 내면 한 잔의 음료수와 함께 온종일 앉아 음악을 들을 수 있는 곳이다. 영화관이나 당구장 외에 갈 곳 없는 젊은이들에게는 '고마운 해방구' 겸 청년문화의 산실을 겸했다.

당시 3대 유명 다방으로는 50년대부터 문인들의 발길이 잦은 명동의 '돌체', 정치와 시국 토론이 넘친 혜화동 대학로의 '학림' 다방, 젊은 패기로 가득 찬 신촌 연세대 앞의 '독수리' 다방이었다.

■ 젊은 가객과 보헤미안들의 안식처로 떠오른 세시봉

음악 감상실 '뉴월드', '디쉐네', '시보네', '아카데미', '카네기'에서는 팝송이 흘렀다. '르네상스', '메트로', '아폴로', '칸타빌레'에서는 클래식을 위주로 했다. 몇 년 후에 '오비스 캐빈', '네쉬빌', '르실랑스',

'쉘부르'가 등장하여 라이브의 명소 겸 연인들의 데이트 장소로 부상했다.

1963년부터 무교동에서 성업한 '세시봉'도 그중 하나다. 상호는 '매우 좋다'는 뜻을 가진 프랑스어로서 제법 세련된 문화 감각을 풍겼다.

이 곳은 한국 가요사에 획을 긋는 통기타 음악과 포크송 보급을 선도한 아지트가 된다. 돈이 없어 휴학 중이던 까만 미군 점퍼차림의 조영남은 피아노를 치며 '딜라일라'를 힘차게 불러 주위를 놀라게 했다. 연세 의대생 윤형주는 맑은 테너 음과 귀공자 스타일을 뽐냈다. 서울예고에서 성악을 전공한 송창식이 허름한 차림으로 기타를 안고 오페라의 아리아를 눈을 감고 부를 때 객석은 숨을 죽였다. 여드름 투성이의 이장희가 무대에 올라 영시를 멋지게 낭송하면 여대생들의 앙코르가 이어졌다. 이대 출신의 최영희는 싱어송라이터, MC, 배우로 뉴 신데렐라가 되었다. 미국서 귀국한 한대수, 홍익대 캄보밴드의 리더이던 강근식, '코코브러더스'로 활동한 박상규와 장우, 이수영과 임창제(어니언스), '언더그라운드 가수'를 표방한 조동진. 그리고 '청춘 1번지'를 통해 인기를 누렸던 개그맨 정광태 등이 세시봉을 들락거렸다.

여기서 만난 송창식과 윤형주가 1968년 한국 최초의 듀엣 트윈폴리오를 결성하면서 통기타 음악의 메카가 되었다. 이런 이유로 세시봉은 오늘날에도 통기타 음악을 상징하는 용어로 쓰이고 있다.

당시 입장료는 40원(짜장면 30원)이었다. 내부는 계단을 연결 고리로 하는 복층이었고, 1층은 150석 정도의 홀, 80석 정도의 2층은 레코드가 들어찬 DJ박스가 있는 넉넉한 공간이었다.

■ 요일별로 다채로운 코너, 다양한 이벤트 개발로 주목

세시봉의 운용 방법은 독특했다. 음악 이외에 요일별로 다양한 이벤트와 콘텐츠를 제공하여 젊은 감성과 참여를 유도했다. 월요일의 '성점(星占) 감상실'은 신곡에 대한 참석자들의 평가를 별 숫자로 등급을 매기는 코너였다. 수요일의 '시인 만세'는 시인의 자작시 낭송과 평가를 교환했고 금요일의 '대학생의 밤'은 각 대학의 통기타 마니아들이 풋풋한 음악을 들려주고, 토요 스테이지는 기존을 뛰어넘는 새로운 버라이어티쇼를 발신했다. 이백천 PD는 '데이트 위드 쁘띠리(Date With Petit Lee)' 코너를 직접 기획 진행하기도 했다.

명사를 모시고 젊은 세대와 대화하는 '명사특강', 누구라도 나와서 무언가 특별한 장기를 보여주는 '즉흥스테이지'가 스페셜로 자리했다. 전유성은 전위예술가 요셉 보이스를 흉내면서 자기 넥타이를 자르는 퍼포먼스를 보여주었다. 이상벽의 사회로 진행된 '삼행시백일장'은 누구나 참가할 수 있어서 인기가 높았다. 때로는 외국 가수를 유치하여 라이브 공연을 할 만큼 대담한 운영으로 음악 감상실 문화를 선도했다.

대학 가객(歌客)과 이름 없는 보헤미안들이 부나비처럼 모여들었던 세시봉은 방송 PD들이 '새 얼굴'을 헌팅 할 수 있는 곳으로도 자리매김했다. 세시봉 친구들은 70년대에 들어 라디오와 TV에도 맹활약하면서 고정 팬들을 확보해 간다. 90년대 중반, 홍대 앞 클럽들이 한국의 '인디' 음악 문화를 이끌었듯이 60년대 중반의 음악 감상실은 한국의 '클럽 문화'의 온상이 되었다.

모든 것은 클럽 주인인 이홍원의 배려 덕분에 이루어졌다. 그는 젊은이들을 무척 사랑했다. 세시봉의 운용과 관리는 주간한국 연예부 정홍택 기자, 음악 PD 이백천의 몫이었다. 두 사람은 아이디어 개발에 밤을 새우곤 했다. 장내 진행은 이 PD와 성우 피세영, 홍익대생 이상벽, 가수 위키리와 김상희가 두루 맡아 했다.

왕년의 연예인들 대부분이 세시봉을 들렸다. 가수 최희준, 박형준, 유주용, 패티김, 이미자, 그리고 길옥윤, 이봉조, 박춘석, 김강섭, 정민섭, 정풍송 등 작곡가는 물론, 최무룡, 신성일, 엄앵란, 윤여정 등 배우들도 여길 거쳤다. 미군 부대의 '리틀 코리언' 신중현과 바이올리니스트 김동석의 덕분으로 미군 팬들이 찾아오기도 했다.

이곳에는 청바지나 통기타만 있었던 곳이 아니다. 사회문화에 대한 열띤 토론과 문예 비평은 물론, 중년 정치인들이 찾아와 현안에 대한 의견과 대화를 나누곤 했다. 이처럼 세시봉은 암울했던 분위기를 일신해 주는 열린 무대, 열린 공간이었다.

세시봉에는 몇 가지 금기사항이 있었다. 음주와 술 추념은 절대로 안 되고, 주먹 쓰는 사람은 출입 금지였다. 잘못해서 '찍히게' 되면 문전박대. 규율과 질서 유지가 철저한 기본 방침이었다. 그러자니 자잘한 충돌도 잦았다.

■ 번안 가요 창구, 포크송을 발신한 꿈과 낭만의 공간

세시봉은 우리 가요 문화사에 몇 가지 주요한 지표를 남긴다.

세시봉 친구들은 이른바 포크송 보급으로 새 판을 만들어 젊은 층을 흡수했다. 당시 오리지널에만 의존해 오던 웨스턴 송을 우리말 노래로 바꿔 불렀다. 팝과 재즈, 컨트리송, 칸초네, 샹송을 가리지 않았다. 소위 번안 가요의 길라잡이였다. 악보를 구하기 쉽지 않았던 1960년대 후반, 미8군으로부터 간간이 흘러나오는 악보를 눈동냥 했다. 이를 통해 젊음의 눈높이에 맞는 곡을 선별하고 개사하여 경쾌한 멜로디를 구가했다. 초반의 〈하얀 손수건, 석별의 정, 고향의 푸른 잔디, 두 개의 작은 별, 축제의 노래, 물레방아 인생, 웨딩 케익, 목화밭, 두 손을 마주 잡고, 행복한 아침, 에델바이스, 서글픈 사랑〉 등은 모두 바람을 탔다.

당시 세시봉 식구가 추앙한 스타는 로큰롤의 왕자 엘비스 프레슬리, 팝 아티스트인 비틀즈를 비롯한 민권운동가 밥 딜런, 반전과 평화를 호소한 존 바에즈, 짙은 소울의 레이 찰스, 트럼펫이 제격인 루이 암스트롱, 샤우팅 보이스의 냇 킹 콜과 톰 존스, 벨라폰테, 단아한 음색의 미녀 코니 프란시스, 중저음의 짐 리브스 그리고 프랑스의 이브 몽탕, 이탈리아를 대표한 밀바 등이었다.

세시봉 친구들은 광복에서 전쟁 전후에 태어난 세대들로 기존 음악과는 다른 문화를 갈구하고 있었다. 순수한 소인(素人) 집단체인 만큼 비권위적이고 비 상업적이었다. 서로의 개성을 존중하고 다름을 인정하여 협력과 보완에 의한 하모니를 중시했다. 가요문화의 전환기를 구하는 꿈과 낭만, 희망과 자유가 충만했고 '여럿이 함께' 하는 자발적 공동체 의식이 높았다. 끈끈한 3S(스몰, 심플스테지, 셀프두)로 일관했다, 요즘처럼 기획사에서 철저히 배급되는 가수 시스템에 비할 바는 아니었다.

그해 1965년, 1인당 국민소득은 130달러 수준에 4년째 집권한 박정희 정부는 오로지 새마을 운동과 경제발전에 주마가편했다. 전파 매체는 단연 라디오였다. KBS-TV는 개국 4년째, 동양 TV는 겨우 한 달을 넘어섰고 TV 수상기 보급률은 10%를 밑돌았다. 대일 평화협정 청구권(5억불)의 굴욕외교에 항거한 대학 시위가 연달았고 가요심의는 엄중했다.

최희준, 유주용, 패티 김, 현미, 이미자, 하춘화, 문주란이 인기를 누렸고 펄시스터즈, 남진, 나훈아는 새 얼굴로 발돋움했다.

세시봉은 가난과 암울함 속의 청춘들을 위로했다. 그들은 악단과 세트, 의상과 분장이 없는 단출한 퍼포먼스로 일관했다. 평상복에 통기타 하나면 언제 어디라도 즉석 공연이 가능했다. 객석과 무대의 턱을 낮추고 경계를 없앴다. 개사·편곡을 통한 단순화 작업과 자기 스타일에 맞추어 나름의 모양새를 만들었다. '싱어롱'으로 청중과 일체감을 유도했다. 송창식 작곡의 '사랑하는 마음'과 한대수 작곡의 '길가에 앉아서', 이장희는 '좋은걸 어떡해'를 만들어 김세환이 부르게 했다. 〈한번쯤, 왜 불러, 맨처음 고백, 나 모두 드리리, 불 꺼진 창, 비의 나그네, 우리들 이야기〉 등이 모두 이런 토양에서 나왔다.

■ 1969년 세시봉 폐업, 1970년 '청개구리 집'으로 거듭나다

세시봉은 1969년 5월, 무교동 재개발과 함께 새 터를 구하지 못하고 폐업한다. 연인원 약 20만 명이 다녀갔다는 기록도 남긴다.

1년 후 1970년 6월에 종로의 YMCA 내의 휴게실을 개조한 '청개구리 집'으로 둥지를 틀면서 거듭난다. 입장료는 90원, 2백여 명이 앉을 수 있는 실내에 매일 저녁 7시부터 9시까지 음악과 춤, 연극, 영화, 만남 시간 등이 진행되었다. 월요일에는 김유생의 해설로 각국 포크송을 감상하고, 화요일은 연극무대를 꾸미는 '살롱드라마', 수요일은 이백천 진행의 팝송 해설, 금요일은 최경식의 '뮤직 코너', 토요일은 무용가 주리의 지도로 세계 민속 음악을 배우는 시간이었다.

처음엔 1백여 명으로 출발했으나 개관 1주년 무렵엔 1천 명으로 늘었다. 여기서 나래를 편 제2세대는 사회 부조리에 저항하면서 자신들의 의지를 노래에 담아냈다. 김민기, 방의경, 양희은, 이동원, 이주원 등이 등장하고 그 무렵 활동을 시작한 뚜와에모와, 라나에로스포, 서유석, 쉐그린, 사월과오월, 투코리언즈 등이 포크 1세대 군에 합류한다.

1963년에서 1969년 5월까지 약 6년간 세시봉을 축성한 사람들은 70년대 중반에 들어 이리저리 흩어진다. 솔로 뮤지션으로, MC와 CM송 작곡가로, 도미(조영남, 이장희)로 각자 살길을 찾는다.

40여 년 후 2011년, MBC는 원년 멤버들의 초대 특집을 마련했다. 한결로 60대 중반에 든 중노인이 되었다. 이상벽은 여전한 진행 솜씨를 보였고 분방한 조영남, 노련한 송창식, 깔끔한 윤형주, 걸쭉한 이장희, 애늙은이 김세환은 그 옛날의 '세시봉 전설'을 부활한 듯했다. 그러나 세월은 올드팬의 추억의 무대로 지나쳤고 결국은 '7080'의 땅에 편입되었다.

오늘날 세시봉을 잇는 핫 플레이스는 인디음악의 홍대 앞, 연극의 거리 대학로, 히피 문화의 이태원, 압구정 로데오 거리, 신촌 이대 앞, 강남 네거리, 미사리 라이브 카페 등으로 분산, 특화되고 있다.

7. 그 시절의 톱싱어의 인증 표 – '나, 미8군 가수야'

1950년대 중반 포연이 가시기 전, 이 땅에 대중음악의 '별천지'가 생겨났다. 흔히 '미8군 무대'라고 부르는 이방 지대다. 주한미군 및 군무원을 대상으로 한국 연예인들이 벌인 쇼 무대를 말한다.

1970년대 말까지 이곳에서 활약한 통칭 '미8군 가수'들은 최고의 무대, 최신 스타일에 최상의 음악인을 자처했다. 이들은 다양한 서구의 음악을 소개하거나 접목했고 분방한 연주로 팝 팬들의 갈증을 풀어주기도 했다. 아울러 트로트와 민요풍으로 일색 된 기존 시장에 차원이 다른 새 물결, 새 바람을 몰아넣었다.

한국전쟁은 미국 대중문화가 본격적으로 한국에 상륙하는 계기가 되었다. 휴전 이후 미군이 대규모로 주둔하면서 소위 'GI 문화'가 파급되었다. 특히 라디오(미국의 소리)와 1957년에 개시한 〈주한미군방송〉(AFKN-TV)은 세계의 변방이나 다를 바 없던 이 땅에 미국문화를 직송하는 첨병 노릇을 하였다.

■ 30만 주한미군의 종합 쇼 무대, 서구음악의 메신저로 부상

전쟁 초창기 주한 미군은 30만을 헤아렸다. 1955년 일본 오키나와에 있던 미8군 사령부가 이동한 것이 결정적 계기가 됐다. 미국은 이 역만리에 파견된 자국 병사들의 복지를 위해 투자를 아끼지 않는 부자 나라였다. 그중 춤과 음악을 중시했다. 주한미군의 규모가 커지자 공연 수요도 늘어났다. 미군위문협회(USO) 공연단은 본토에서 직접 방문 공연을 주선했다. 세기의 글래머 마릴린 먼로, 재즈의 냇 킹 콜과 루이 암스트롱, 왈츠 퀸 패티 페이지 등 유명 스타들이 한국 땅을 밟았다. 그러나 그 정도로는 일상적 수요를 감당하기 어려웠다. 결국 지속적이고 체계적인 위문 공연을 위해선 한국 연예인을 조달하는 방법 외엔 없었다.

전화(戰禍)로 생계와 터를 잃은 음악인들에겐 '음악 날품'을 팔 수 있는 기회가 왔다. 스테이크와 콜라는 처음 경험한 황홀한 맛이었다. 일본의 엔카(演歌) 풍이 해방 전의 가요를 지배했다면, 전쟁 후 그 자리에 미국의 팝 류가 들어섰다. 미군 캠프는 8군 사령부가 있는 서울 용산을 비롯해서 파주, 문산, 동두천, 의정부, 평택, 부평, 오산 등 수도권에 밀집되었고 부산, 군산, 춘천, 대구, 왜관, 광주 등 전국에 산재했다. 그들은 이 땅에 총과 병사뿐 아니라 방송엔 미국의 소리를, 극장엔 서부활극을 동반했고 영내엔 전용 클럽과 밖의 기지촌에는 미군 전용 유흥가와 각종 전문 가게를 형성시켰다.

미8군 산하의 클럽 수가 가장 많을 때는 전국적으로 264개(1953년)에 달했다. 서울 이태원을 비롯해 파주(60여 개), 동두천(40여 개), 부평(30여 개) 등에 가장 많았다. 이것이 주목되는 까닭은 미8군 무대에서의 공연 여부가 가수들의 서열을 가늠하는 기준이 되었고 대중음악의 지도를 바꾼 진원이었다는 점이다. 8군에 고용된 팀은 줄잡아 50여 개, 여기에 스태프와 직원 합하면 수천 명에 달했다.

영내 출입은 부대에서 보내준 20인 탑승용 군 트럭이었다. 클럽은 네 종류로 구분되었다. 장교클럽, 하사관클럽, 사병클럽, 가족클럽별로 각각의 레퍼토리와 프로그램을 준비했다. 흑백인 간의 구별도 나타났다. 백인은 컨트리송, 일반 팝송, 스윙재즈를 좋아했다. 흑인들은 로큰롤과 소울을 선호하여 'I Can't Stop Loving You', 'What'd I Say'를 부른 레이 찰스, 'I Got You'를 부른 제임스 브라운을 좋아했다. 이에 따라 수용자 중심의 맞춤형 콘텐츠 전략이 요구되었다.

■ 까다로운 입문 심사, 넉넉한 보수와 예우, 열광적인 반응

수요가 높아지자 미8군 쇼 무대에 연예인을 공급하는 용역 대행업체들이 속속 등장했다. 예컨대 화양, 유니버셜, 고려, 극동, 아주, 삼진, 동영, 대영, 신일 등 20개(1957년)가 넘었다. 대표 격인 화양에는 약 5백 명의 단원이 소속되어 있었다. 이것은 오늘날의 음악 기획사의 단초이자 프로덕션의 시초라 할 수 있다.

업체들은 산하에 전문 쇼단을 두고 관리하면서 치열하게 경쟁했다. 통상 4~5팀의 전속 가수나 밴드가 있어서 그 규모의 크기를 가늠했다. 대별하면 10인 이상의 빅쇼와 8인 이하의 스몰 쇼로 나뉘었다. 풀 밴드는 기타, 베이스, 드럼, 피아노를 포함 서너 명의 가수와 댄서를 상비했다. 스몰 쇼는 5인 캄보와 몇몇 가수, 무희를 포함했다. 댄싱은 그룹 댄서에 한국 고유의 부채춤과 칼춤을 곁들였다.

1968년 월급을 보면 최하 이만 원에서 최고 칠만 원 선이었다. 1970년 당시 쌀 한가마니(80㎏)가 일만 원 정도니까 상당히 후한 편이었다. 미군은 그들을 선택된 뮤지션으로 예우했고 열광적 반응과 환호를 아끼지 않았다. 유흥업소의 분위기 메이커쯤으로 홀대를 받아왔던 국내에 비하면 하늘과 땅 차이었다.

초창기에는 돈 대신 물건을 받아 되팔았다. 위스키와 양담배, 빵과 껌, 커피와 초콜릿, 치약과 통조림, 그리고 의류와 각종 약품 등이었다. 당시 미제(美製)라면 사족을 못 쓰는 형국이라 부르는 게 값이었다. 1953년의 1인당 국민소득은 67달러를 넘긴 시절이었다. 60년대 중반, 한 해 이들이 번 연간 수입은 120만 달러(1969년)에 달했다. 한국 수출 총액이 100만 달러 시대였으므로 속칭 '달러박스'로 떠올랐다.

3개월~6개월 만에 행하는 공개 오디션은 용산의 USIS라는 곳에서 엄격한 절차를 거쳤다. 심사위원(7인)은 본토에서 음대를 졸업했거나 성악과 기악을 전공했던 군무원(문관)층에서 선발했다.

심사기준은 가창력과 쇼맨십, 멤버와 코러스 라인의 조화, 영어 발음의 정확도, 매너와 의상, 동작과 감정표현을 중요시했다. 등급 심사는 AA에서 C까지 매겨졌다. 국내의 기득권이나 명성은 전혀 통하지 않고 오로지 실력과 기량 위주로서 미군의 정서와 분위기에 얼마나 부합하는가가 관건이었다.

이 세계에서 살아남기 위한 왕도는 없었다. 미군 라디오 방송을 녹음하고 팝송 음반을 입수하여 끊임없이 연습하는 길뿐이었다. 최신곡을 부르면 높은 점수를 받을 수 있어 항상 AFKN(현 AFN Korea)의 '아메리칸 탑 40'에 귀를 기울였고 미군 부대의 주크박스(Juke Box)를 통해 악보를 채록하고 멜로디를 익혔다. C 이하를 맞으면 탈락이었다. '생존과 생계'를 위해 죽어라 매달렸다. '공부와 훈련, 연습과 정보축적'을 거듭하여 본토와 비슷한 수준의 실력을 유지했다.

미8군 가수들은 모두 원곡에 대한 '모창자'의 운명을 기꺼이 받아들였다. 서구음악의 창구가 되고 음악적 감수성을 창출하는 새 전령으로 자리매김했다. 그들의 가치는 철저한 복제 능력에 의했다. 최희준은 냇 킹 콜을 흉내야 했고 패티킴은 패티 페이지, 위키리는 밥 딜런, 유주용은 프랭크 시나트라, 박형준은 페리 코모, 김상국은 루이 암스트롱 그리고 블루벨스는 에임스 브러더스의 워너비가 되어야 했다.

20세기 후반, 서양음악의 생태는 이처럼 모창과 모방의 과정을 통해 접합 식으로 이뤄졌다. 여기서 단련된 '젊은 피들'은 1960년대부터 80년대까지 국내 대중 무대에 본격적으로 진출하게 된다.

메이저리그에 탈락한 마이너 팀에도 무대는 열려 있었다. 이들은 동두천의 브라보홀, 파주의 DMZ홀, 왜관의 킹클럽 등 전국 기지촌으로 뛰었다. 물이 좋은 이태원은 세븐클럽, 로포클럽, UN클럽, 007클럽 등이 즐비했다. 여기라도 발을 붙이고 매달리면서 후일을 도모해야 했다.

■ 현미, 한명숙, 패티 김, 최희준, 윤복희 그리고 신중현, 이봉조, 박춘석

쇼는 음악을 중심으로 무용, 코미디, 마술이 가미된 1시간 남짓의 버라이어티에 가까웠다. 밴드와 악단은 재즈를 기본으로 스윙, 맘보, 라틴음악을 비롯하여 컨트리송, 블루스, 로큰롤 등 다양한 스타일을 연주했다. 보컬 그룹은 스탠더드 팝이 제격이었다. '미8군 쇼의 꽃'이라 할 수 있는 캉캉과 탭댄스는 50년대 맘보, 부기우기, 차차차를 거쳐 60년대 '꽈배기 춤'이라 불리던 트위스트로 이어지며 우리 사회에 사교춤 붐을 몰고 왔다. 시대와 흐름에도 민감했다. 1964년 비틀스 등장으로 레퍼토리 변화와 함께 록과 소울시대를 열었다.

이난영의 딸로 구성된 김시스터즈는 미8군 무대에 최초의 여성 보컬 그룹으로 등장했다. 이들 트리오(숙자, 애자, 민자)는 미국 여성 보컬 그룹 앤드루 시스터즈의 히트곡 '우유빛 하늘', '캔디와 과자' 두 곡을 뜻도 모르고 무작정 외워 노래했다. 열 살을 갓 넘긴 소녀들의 앙증맞은 화음에 미군들은 넋을 잃었다. 김 자매는 국민의 자긍심을 고양했고 미국까지 진출하여 국위를 선양했다.

여덟 살의 윤복희는 '코리언 키튼즈'라는 이름으로 전 세계를 돌며 영국 BBC의 투나잇쇼를 거쳐 마침내 미국 라스베이거스까지 진출한다. 1961년 빠른 리듬에 로큰롤을 가미한 한명숙의 '노란 셔츠 사나이', 1962년 현미는 번안곡 '밤안개'로 국내 팬까지 단숨에 사로잡았다. 허스키 최희준은 동료 유주용, 위키리. 박형준과 함께 '포클로 버스'를 결성해 앞서 나간다. 독일 어머니, 한국 아버지의 유주용, 모니카 유(劉) 남매는 서구적 외모를 자랑했다. 유주용의 18번인 '라노비아'와 '키스미 퀵', 박재란의 '진주조개 잡이', 현미가 노래한 '대니 보이', 패티 김의 '파드레'와 '틸'은 오리지널 송보다 더 훌륭하다는 평판이었다. 일찍이 미국 사회의 경험을 살려 '봄비'로 돌출한 박인수의 소울은 흑인 병사들을 열광시켰다.

'미스 다이나마이트'인 이금희는 격렬한 율동으로 댄싱 퀸의 원조가 됐다. '싱싱싱', '바나나보트송', '삐파파룰라'를 부르면 으레 대여섯 곡의 앙코르 요청이 따르곤 했다. 대표곡 '키다리미스터김'은 온 나라에 트위스트 바람을 일으켰다.

연주자들의 면면도 다양하고 화려했다. 기타리스트는 이인성, 이인표, 김희갑을 꼽을 수 있고 재즈를 접목한 밴드 마스터는 이봉조, 박춘석, 여대영, 김인배를 들 수 있다. 이들은 후일에 작곡가와 방송사 전속 악단장으로 활약한다. 통기타 부대로는 이필원, 이주원, 오세은, 쉐그린, 임창제, 조영남 등이 진출했다. 조용필, 김홍탁, 윤항기는 록 밴드의 선구자가 되었다. 그들은 종로와 명동에서 성행한 라이브 살롱과 뮤직홀에도 진출하게 된다.

그중 신중현은 가장 인기 높은 기타리스트였다. 그 공연은 전국 미군이 주목했다. 문산 주둔군들이 트럭을 타고 동두천 콘서트장까지 오고 AKFN의 특집으로 다뤄질 정도였다. 이윽고 '커피 한 잔', '님은 먼곳에', '봄비' 등을 작곡하여 펄시스터스와 김추자, 박인수를 스타로 키워낸다.

이영하도 탤런트가 되기 전에 밴드 멤버로 발을 디뎠고, 윤시내, 김지애도 우뚝 서고, 심수봉도 드러머로 설 만큼 '기지촌 무대'는 크게 열려 있었다.

■ '나 미8군 가수야'

이는 영광의 계급장 같은 것이었다. 미국이 공인하는 가수로서 더 현대적이고 서구풍인 뮤지션으로서 엘리트 의식이 충만했다. 그러나 모든 것은 끝이 있었다. 1966년부터 월남전으로 미군의 수가 감축됨에 따라 서서히 쇠퇴한다. 큰 규모를 자랑했던 신중현의 본거지인 동두천을 보자. 일곱 살에 데뷔한 나미와 유현상이 태어나고 인순이가 성장한 곳이다. 1999년부터 매년 한여름 록 밴드의 등용문인 '록 페스티벌'이 열렸다. 미 2사단이 차지한 부지는 40만 평방 킬로에 영내 한국인 종업원 수는 6천5백 명을 헤아렸다. 주위의 유흥가, 음식점, 숙박업, 의류 가게, 액세서리, 미용원 등 5백여 상점에 市 인구의 17%가 종사했다. 60여 년 간 '미국 해와 달'이 떴던 동두천의 성황은 2017년 전후, 캠프의 평택 이전으로 껍데기만 남은 듯 쓸쓸하기 그지없다.

1970년대엔 5만 명으로 감소하고 오늘날은 2만8천 명 수준을 유지하고 있는 주한 미군의 빛과 그림자는 서서히 역사 속으로 편입되고 있다.

8. 디스크 자키(DJ), 라디오 전성시대의 전설의 7인

최동욱, 이종환을 비롯해서 박원웅, 황인용, 김기덕, 김광한, 김세원은 라디오 시대를 갈음하는 제1세대 DJ들이다. 배철수, 이문세 등이 2세대쯤 될까? 이들은 모두 대학 출신에 중저음의 소유자다. 초창기엔 라디오의 음악 PD와 아나운서로 입문했다가 DJ로 전환한 예가 많았다, 80년대 이후는 가수, 탤런트, 개그맨 출신이 DJ의 자리를 차지하는 시대 변화를 보인다.

DJ, 즉 디스크 자키(Disc Jockey)는 1960년대부터 시작한 라디오 전성시대의 직종이다. 컬러TV가 활성화되기까지 가요 프로그램의 진행자로서 약 20년간 황금기를 구가했다. 가수와 가요 흥행의 생사여탈권을 쥐고 있어 가요계의 황제 또는 왕 중 왕으로 부르기도 했다.

DJ 시스템이 본격화되기 이전엔 대개 엽서나 전화로 희망곡을 받아 아나운서가 사연을 들려주고 노래를 틀어주는 '리퀘스트' 형식이었다.

DJ의 태동은 음악 홀이나 다방에서 출발했다. 한구석에 설치된 유리 박스 안에서 헤드폰을 쓰고 신명 난 진행 솜씨를 보였다. 손님들의 신청 곡을 즉석에서 받아 음악을 들려주기도 했다.

DJ는 한때 음악 팬의 로망이었다. 음반이 귀하던 60년대, 많은 청춘은 라디오를 통해 이들이 소개하는 음악에 귀를 기울였고, 음악과 함께 흐르는 그들의 감미로운 목소리에 심취했다.

DJ의 존재감이 드러난 곳은 외국 노래를 들려주는 시간에서였다. 팝과 포크, 록과 재즈, 샹송과 컨트리, 세미클래식까지 DJ는 이에 대한 모든 지식과 정보를 전달해주는 유일한 해설자였다. 무성영화의 변사처럼 그들은 언어의 마술사가 되어 자상하고 친절한 속삭임으로, 때론 괴성과 탄성을 섞어 한 곡 한 곡 사이의 앞 뒷풀이 멘트에 각별한 운치를 실었다.

DJ라는 개념이 일반에 알려진 것은 1964년 DBS의 최동욱이 진행하는 '3시의 다이얼'에서다. 1964년 '탑튠쇼'라는 국내 첫 팝 음악 프로를 만들었고 그해 '3시의 다이얼'을 진행하면서 '한국 DJ 1호' 기록을 남긴다. 그와 함께 한 시대를 풍미한 또 다른 DJ가 이종환이다. 그는 1964년 MBC의 '탑튠퍼레이드'로 이름을 알리고 70년대 '별이 빛나는 밤에'와 80년대 '밤의 디스크 쇼'로 정상에 섰다. 두 사람은 DJ 계보의 맨 꼭대기에 자리한다. 우연일까, 공통점도 너무 많다.

1) DJ의 쌍두마차, '시(始)황제' 최동욱, '밤의 대통령' 이종환

최동욱(1936)과 이종환(1937)은 한 살 차이 동업자로서 민방 라디오인

DBS, MBC의 PD로 각각 입사하여 DJ로 전업했다.

최동욱은 고려대 국문과, 이종환은 중앙대 국문과 출신으로 모두 대학 시절부터 세시봉, 카네기, 디쉐네 등 시내 유명 음악 홀에서 DJ 알바를 했다. 그리고 똑같이 음악 프로그램의 기획, 진행까지 도맡았다. 최동욱은 화려한 구술로 언어와 음악을 리드미컬하게 연결했다. 이종환은 나름의 부드럽고 소탈한 입담으로 친근하게 자기 세계를 구축했다.

둘은 라디오 황금기에 최초의 라이벌 구도를 형성했다. '0시의 다이얼' 대 '밤을 잊은 그대에게'의 뜨거운 대결은 기억에 오래 남는다. 여기에 TBC의 피세영까지 합세하여 DJ 트로이카 시대를 열기도 했다.

최동욱은 1961~1962년 동아일보에 국내 처음으로 가요 칼럼을 실었다. 1963년 가을, DBS의 '탑튠쇼'에서 명실공히 국내 최초 전문 DJ로 등장한다. 64년 가을에 시작한 '3시의 다이얼' 그의 성가를 크게 올려 1966~1968년 문화공보부 집계 전국 최고 인기프로가 됐다. 그는 심야 '0시의 다이얼'까지 하루에 세 프로그램을 뛰는 열정을 보였다.

뒤질세라 MBC는 1년 뒤에 이종환을 기용하여 '탑튠퍼레이드'로 맞대응한다. 최동욱은 70년대 들어 TBC로 적을 옮겨 '최동욱쇼'로 거듭난다. 즉 스카우트 1호의 기록도 남긴다. 그의 빈자리는 윤형주와 숙대 출신 박인희가 각각 이어받는다. 덕분에 가수 출신 DJ의 시대가 열렸다.

두 사람은 약속이나 한 듯이 1990년대 초에 미국 이민을 떠나 다시 귀국하여 제2의 DJ 인생을 열었다. 미주 한인방송 사장직까지 맡았던 이종환은 1992년 귀국, MBC의 '밤으로의 초대'로 복귀했다. 1995~2002년은 최유라와 더불어 '지금은 라디오 시대', '이종환의 음악 살롱'을 맡아 과거의 명성을 재확인했다.

최동욱은 교통방송의 '미드나이트 스페셜' 진행했고 2005년부터 인터넷 방송인 '라디오 서울코리아'를 설립하여 매일 4시간씩 방송했다. 83세인 2019년엔 데뷔 '55주년 기념 쇼'를 세종문화회관서 열었다.

최동욱이 지존의 야심형인 반면 이종환은 카리스마의 군림형이었다. 통기타 산실 '쉘부르'를 탄생시키고 가수를 육성하는 노력을 보였다. 이장희, 송창식, 윤형주, 김세환 등 소위 세시봉 출신들과 이수미, 어니언스, 김세화, 남궁옥분, 신형원, 조용필, 이문세 등 스타 메이커가 됐다. '밤의 대통령'으로 불리는 이유였다. 1996년에는 20년 이상 진행자에게 주는 MBC 골든 마우스 상을 최초로 수상했다. 2013년 봄, 폐암 투병 끝에 76세로 영면했다.

2) 박원웅과 황인용, 법대 출신 동갑내기, 딴 길로 들어 성공하다.

박원웅과 황인용은 1940년 동갑이다. 중앙대, 경희대 법대 출신이다.

박원웅은 1967년 MBC 음악PD로 입사, '한밤의 음악 편지'와 '뮤직 다이얼'의 연출을 맡았다. 내부 사정으로 진행까지 겸했는데 의외로 청취자의 반응이 좋아 정식 DJ로 데뷔했다. 이 후 1971년 '밤의 디스크 쇼'가 사랑을 받자 73년부터는 아예 DJ의 이름을 내건 '박원웅과 함께'로 바꾸어 1992년까지 18년간 지속했다. 1993년 '골든디스크'를 마지막으로 MBC에서 22년간의 DJ 생활을 마감했다. 그는 신사풍의 유연함과 꾸준함을 유지했다. 낭낭한 목소리에 시 낭독을 곁들여 타 프로와 차별화했다. '강변가요제'를 기획했고 사단법인 한국방송DJ협회 3대 회장을 맡기도 했다. 2017년 6월 77세로 별세했다.

TV에서 라디오로, 교양프로에서 음악으로, 황인용에겐 모든 게 타의에 의한 늦깎이 아니면 역주행이었다. 그리고 전화위복이 되었다.

1967년 TBC 3기 아나운서로 입사, 뉴스와 교양프로로 입문했다. 야구 중계도 하고 싶었지만, 이장우와 박종세가 직속 선배로 버티고 있어 엄두를 못 냈다. 〈TBC 파노라마〉, 〈장수만세〉의 사회자로 부드러운 이미지를 쌓았다. 1975년 느닷없이 라디오 〈밤을 잊은 그대에게〉의 DJ로 명이 떨어졌다. 당시 이장희, 윤형주 등 연예인이 진행하는 음악프로에 청소년들이 너무 몰입하여 전화 연결이 폭주하는 바람에 마비 사태가 벌어졌다. 이에 정부는 심야 프로그램을 아나운서에게 맡기라는 지시를 내려 그가 발탁된 것이다. 황은 언론 통폐합 때까지 이 프로의 마지막 지킴이가 된다.

초반 3~4개월 동안 도대체 소질이 없어서 망연했으나 해외 팝 정보를 찾아 '열공'했다. 틀린 점을 지적하면 바로 인정하고 수정했다. KBS로 건너가 맡은 〈황인용 강부자입니다〉도 그렇게 15년을 지속했다.

'황인용의 영팝스', '그대의 음악실'을 진행하며 경륜을 쌓아 어느덧 클래식왕, 오디오광이 되었다. 1만여 장의 LP(Long Play) 음반, 진공관 앰프와 턴테이블, 30년대 스피커들을 수집해 퇴직 후 1997년 고향 파주에 음악 카페 '카메라타'를 세웠다. 이탈리아 말로 '작은 방'이란 뜻이다. 진한 커피와 오래된 음악향기가 어우러진 이곳은 '좋은 음향', '언어 공간', '아날로그'가 주요 컨셉이다.

3) 김기덕 '2시의 데이트' 22년, 김광한은 DJ에서 VJ까지

김기덕(1948~)은 1972년 MBC 아나운서로 입사하여 이듬해부터 '2시의 데이트' DJ로 무려 22년간 마이크를 잡았다. 당시 라디오 단일 프로그램의 최장수 기록이었다. '무탈 무고 붙박이 22년'은 경외감마저 든다. 동국대 연극영화과를 졸업한 미남형 신사는 '한낮의 황태자'로 불렸다. MBC에만 진력하여 MBC 라디오의 명예의 전당인 '골든 마우스'를 수상했고, 1997년부터는 '김기덕의 골든디스크'를 13년간 진행했다.

2010년 MBC 퇴사 후, '2시 사나이'의 일관성을 유지하여 2017년 칠순 전까지 SBS '2시의 뮤직 쇼 김기덕입니다'를 진행했다. 그는 대중음악의 성공조건으로 체계적인 마케팅, 공신력 있는 차트와 통계의 필요성을 들었다. 스스로 도입한 순위 차트도 자신의 소신에 따른 결과였다.

김광한(1946~2015)은 서울내기로 서라벌 예술대학(현 중앙대학교)을 졸업 후, 1966년 서울 FM에서 DJ 데뷔, TBC, 교통방송, 인천방송, KBS FM을 거쳐 2013년에는 CBS FM '라디오스타'를 진행하는 등 다국적(多局籍)의 행보를 보였다. 그는 최동욱 키드였다. 보험 외판원, 신문 배달을 하면서 DJ의 꿈을 키워나갔다. 미8군에서 나오는 팝 관련 잡지를 읽으며 고학과 독학으로 꿈을 실현했다. 1980년대는 마이클 잭슨, 마돈나의 활약으로 팝송 관심이 증폭된 시기에 팝 전문가로서 활약했다. 1987년 KBS2의 〈쇼 비디오쟈키〉로 진출하여 VJ를 겸하는 첫 DJ로 거듭난다. 1991년 〈가요톱10〉의 MC도 차지했다. 2015년 7월, 심장마비로 70세 직전에 생을 마감했다.

4) 김세원의 '밤의 플랫폼', 자정 직전의 하루 마감재로 각광

자정 직전에 DBS의 '밤의 플랫폼'이 퍼지면 오금을 못 펴는 청춘들이 숱하게 많았다. 통행 금지가 엄연했던 그 시절 하루의 마감을 차분히 할 수 있게 해 주었던 고품위 음악방송이다. 시그널 뮤직은 풀벌레 소리가 깔리고 먼 데서 기차가 '뚜~'하며 기적소리를 내면서 플랫폼으로 들어와 폴 모리아가 연주하는 '이사도라' 선율과 오버랩 된다. 이윽고 첼로 음처럼 고즈넉이 다가온 김세원의 목소리는 전국의 청취자들을 사로잡았다.

해방둥이 김세원은 1964년 TBC 성우로 입사, 1970년부터 11년간 진행하면서 '목소리의 연인'으로 불렸다. '밤의 플랫폼'은 짤막한 에세이와 팝송 한두 곡을 소개하는 15분짜리였는데도 TBC의 '밤을 잊은 그대에게', MBC의 '별이 빛나는 밤에'와 더불어 '밤의 전쟁'으로 맞섰고 1974년 대한민국 방송상을 받았다.

이후 김세원은 40년간 '영화음악실', '가정음악실', '노래의 날개 위에', '당신의 밤과 음악' 등 자기 분신 같은 프로그램을 진행했다.

5) 배철수의 '음악캠프' 또는 이문세의 '별밤지기'

배철수(1953년~)의 초반 십여 년은 보컬 '송골매'로서 존재감이 탄탄했다. 78년 TBC 해변가요제, 79년 MBC 대학가요제에 모두 입상하여 스타덤에 올랐다. 보컬이 해체되자 과감하게 가수 활동을 접었다.

1990년대를 맞아 MBC FM4U의 '배철수의 음악캠프'의 진행자로 변신한다. 특유의 걸진 목소리와 원숙미 넘치는 언변, 손수 음향 장비를 만지며 곡을 틀어주는 정감 넘친 이 프로그램은 2020년에 25년을 맞는다. 김기덕의 '2시의 데이트'(22년)를 가뿐히 넘어서 최장수를 찍고 있다. 그는 날마다 성실과 열정으로 기록이 경신되는 역사를 쓰고 있는 셈이다.

이문세(1959년~)는 등록금을 벌기 위해 명지대학 밴드 동아리로 시작했다. 말솜씨와 유머 감각이 좋아 전성기 때엔 토크쇼 진행이나 예능 MC도 맡았다. 80년~90년대를 대표하는 가수로 이문세-변진섭-신승훈-조성모로 이어지는 발라드 계보의 선두에 섰다. 그의 별명은 〈별이 빛나는 밤에〉의 '별밤지기'다. 1985년부터 1996년까지 11년 동안이었다. 당시 청소년 세대들에게는 지금도 별밤지기는 곧 이문세다. 하여 '밤의 문교부 장관'으로 불렸다. 2004년에는 MBC의 '오늘 아침 이문세입니다'의 진행자로 거듭나 7년 동안 '아침 지기'로 변신하기도 했다. 배철수와 더불어 '명가수가 명 DJ'도 될 수 있다는 전례를 보였다.

한편 '골든 마우스(Golden Mouth)' 상은 MBC 라디오 프로그램을 20년 이상 진행해 온 공헌도 높은 DJ에게 수여 하는 제도다. 1996년 6월에 제정했다. 역대 골든 마우스 상은 첫해에 이종환과 김기덕이 수상했으며 '싱글벙글 쇼'로 2005년 강석과 2007년 김혜영이 각각 탔고 같은 해 이문세가 수상했다. 2010년엔 '음악캠프'의 배철수와 '지금은 라디오 시대'의 최유라가 탔다. '여성시대'의 임국희에 이어 2019년 아홉 번째로 양희은이 받았다.

9. 이미자 데뷔 60년, 살아있는 '엘레지의 여왕' 60년 세월,

56년 전 1964년 그해, 이미자의 '동백 아가씨'가 탄생했다. 열아홉 살에 '열아홉 순정'으로 데뷔한 이미자가 스물세 살에 내놓은 불세출의 히트송이자 엘레지 여왕의 탄생을 알리는 서곡이었다.

전쟁의 폐허 감과 절대빈곤에서 헤어나지 못한 그때, 1인당 국민소득은 130달러, 서울 인구 400만, 하루 한 끼 때우기가 버거운 서민들의 삶은 춥고 팍팍했다.

김승옥의 단편소설 '서울 1964년 겨울'처럼 군사혁명 직후의 사회는 한결 불안했고 젊은 군상들은 실의와 방황 속에서 헤매고 있었다. 굴욕적인 한일외교에 저항한 6.3항쟁 발발로 전국에 비상계엄령이 선포되었다. 8월, 북베트남 어뢰정이 미국 구축함을 공격한 '통킹만 사건'이 나면서 베트남 7년 전쟁의 빌미를 알렸다. 국회에서 월남 파병안이 통과되어 6·25 후 14년 만에 한국은 해외 참전국으로 변신했다.

박정희 정권에 저항한 혁신계 다수 인사들을 중형에 처한 '인혁당 사건', 그리고 통일혁명당 지하 간첩단 수사 발표도 이어졌다.

10월, 아시아권에서 처음으로 개최된 도쿄 올림픽은 북한 육상선수 신금단과 남한 아버지의 상봉으로 뜨거운 화제를 낳았다. 14년 만의 만남은 불과 10분에 끝났다. '금단아!', '아바이 잘 가오….'의 외마디가 심금을 울렸다. 부녀의 짧은 포옹은 이산가족 상봉의 첫 단추의 기록을 남긴다.

동백 아가씨는 이렇게 음울한 시절에 태어났다. 시대는 '근대화, 산업화, 도시화' 물결로 고달픈 타향살이가 이어졌다. 생활고에 지친 서민들 가슴은 빨갛게 멍이 들었고 그처럼 기다린 것은 인간다운 삶이었다. '동백 아가씨'는 이래저래 피곤한 서민들을 보듬어 주었다. 아프고 슬픈 노랫말과 순정적 멜로디 그리고 이미자의 내밀한 가창력이 결합하여 듣는 것만으로 위안과 진정이 되었다.

당시 매체 환경은 단연 라디오가 주류였다. 기존의 KBS와 기독교방송(CBS), 63년 동아방송(DBS)에 이어 64년에 TBC가 가세했다. 12월엔 동양 TV가 개국, 최초의 일일극 한운사 작 '눈이 내리는데'를 방송했다. '동백 아가씨'는 일일연속극과 동갑내기인 셈이다.

가요계는 기존의 송민도, 백설희, 심연옥이 버티고 있었고 권혜경과 최숙자, 배호와 남일해, 문주란도 쟁쟁했다. 패티 김, 유주용, 위키리, 최희준, 현미, 한명숙, 박재란 등 미8군 가수들이 새 가풍을 들고 나왔다.

'동백 아가씨'의 취입은 인기 절정의 최숙자였으나 그녀의 비싼 취입료 때문에 데뷔 3년 차 새내기 이미자로 바꿨다.

최초 20만 장 판매 돌파, 트로트 가요의 본격화, 음반 산업의 터전을 마련한 동백 아가씨 행로는 순탄치 않았다. 불행의 서곡은 출반 1년 만에 터졌다. 1965년, '왜색가요'란 이유로 방송 금지곡으로 낙인된 것이다. 맑은 하늘의 날벼락이었다. 뿐만 아니었다. '울어라 열풍아' 등 대부분의 히트 송은 '비탄조, 퇴영적'이란 누명을 쓰고 방송금지로 묶였다.

■ '왜색조 비탄조'로 20여 년 간 발목이 잡힌 노래들

희생양이 된 동백 아가씨는 1987년 6월 항쟁 후 해금되었다. 22년 만의 해지, 따지고 보면 이십 년을 기다리고 기다리다 멍이 든 노래다. 그래서 입에서 입으로 잊히지 않고 서민들의 애환을 대신했던 노래, 동백 아가씨의 사연처럼 아픈 사연을 안고 지금에 이른다.

노래는 동백꽃 말처럼 기다림과 애타는 사랑이다. 그래서 여인의 인고 세월과 기다림의 미학이 깃든다. 헬 수 없이 수많은 날의 기다림은 금지령에 묶여 이십여 년을 기다린 운명과도 일치한다. 그동안에 '동백 아가씨'는 가요 반세기의 대오에 합류하면서 이별을 슬퍼하며 임을 기다리는 여심(女心)의 대표곡으로 자리했다. 영화 속의 동백 아가씨는 당시 인기 커플인 신성일, 엄앵란 주연으로 서울의 한 대학생과 섬 처녀의 풋사랑, 떠나버린 그를 못 잊어 기다리다 '동백 빠'의 여인이 된다는 애달픈 신파극을 실었다.

동백 아가씨가 지금 태어났다면 기다리지 않았을 것이다. 사랑의 쟁취를 위해 태평양을 건너 인도양도 건너 무조건 찾아갔을 것이다.

언젠가부터 우리 덕목인 '기다림'은 '빨리빨리'로 자리바꿈했다. 성급하고 성마른 우리 자화상이다. 인생은 기다림이라던가. 기다림이 소중한 것은 그 뒤의 희망을 기대하기 때문이다.

'하늘이 내리고 땅이 올린 노래, 동백 아가씨' 이는 거룩한 노래에 대한 국악 소리꾼 장사익(1949~)의 헌사다. 그 세월에 작사가 한산도와 작곡가 백영호는 1988년, 2003년에 각각 세상을 떴고 이미자는 2020년으로 79세 '동백 할머니'가 되었다.

1965년 박 대통령의 지명을 받아 네 번씩이나 월남전 국군 위문 공연을 다녀왔다. 이미자가 빠진 위문 공연이란 생각할 수 없는 것이었다.

그간 라디오 연속극, TV 드라마, 영화의 주제가는 거의 이미자 차지였다. 그리고 흥행 보증으로 재림했다. 노래가 먼저냐 영상이 먼저냐의 차이가 있을 뿐이었다. 불후의 TV드라마인 〈아씨〉와 〈여로〉, 라디오 연속극인 〈서울이여 안녕, 섬마을 선생님, 빙점, 정동 대감, 흑산도 아가씨, 기러기아빠〉 그리고 영화 〈황혼의 블루스, 아네모네, 옥이 엄마, 지평선은 말이 없다. 첫눈 내린 거리, 빙점, 여자의 일생, 울어라 열풍아, 그리움은 가슴마다, 미워도 다시 한번, 엘리지의 여왕〉까지 헤아릴 수 없다.

■ 시대의 절창, 노래 인생 60년… 동백 할머니가 되어도

1989년엔 대중가수에는 문턱이 높은 세종문화회관 공연을 텄고, 2002년엔 평양에서 최초의 단독공연을 생방송에 태웠다. 2015년 광부와 간호사로 청춘을 날린 재독 한국인을 위한 독일공연까지 다녀왔다. '70년대 파독 광부들이 탄광 벽에 트랜지스터 라디오를 붙여놓고 제 노래를 들으며 작업했대요, 그 힘으로 돈 벌어 가족에 보내고 잘사는 나라를 만들었지요, 저도 나라 발전에 쪼끔은 기여한 셈이지요.'

이때 함께 한 '동백 아가씨'는 제2의 애국가였다.

2019년 5월, 데뷔 60주년을 맞아 세종문화회관에서 기념공연을 성황리에 마쳤다. 엔딩 기념곡으로 부른 '내 노래 내 사랑 그대에게'의 마지막 소절에서 흐느꼈다. 공연 내내 가사를 칼같이 재단하던 발음도 북받친 감정에 흐트러졌다.

'한 서린 노래가 마음에 닿으려면 가사 전달이 정확해야 해요. 혀 꼬부랑 소리는 감정을 실어 나르지 못해요.'

한 음절로 길게 소리를 뽑으면서 강약을 주는 떨림음은 찡하게 파고든다. 작은 체구에 팔순을 앞둔 나이가 가늠되지 않는 절창(絶唱)이었다. 이는 은퇴나 고별 무대가 아닌 건재를 알리는 무대였다.

'제 인생에 쉼표는 없어요. 저의 팬들이 저를 찾아주지 않을 때가 은퇴죠. 저 스스로 물러설 일은 없을 겁니다.'

60년간 앨범 560장에 2,100곡을 녹음했다. 기록적이다. 기교 없이 원곡(原曲)에 충실하고 박자에 정직했다. 배에서 끌어 올리고 가슴을 울려내는 소리는 다부졌다. 노래는 목 놓아 울리지 않는다. 슬픔을 안으로 삼킨다. 울컥하기 전 뭉클 단계에서 멈추고 눈물을 와락 쏟기 전 글썽 단계에서 멈춘다.

'청중을 기절시키는 노래는 오래 못 가요. 저는 슬픔의 방아쇠를 당기는 데서 멈춰요. 그래서 노래가 물리지 않는 건지도 모르지요.'

대한민국은 이미자가 있는 나라다. 호흡과 성량은 전보다 못하지만 청아한 목소리는 변함없이 힐링과 안식으로 통한다. 그의 일생은 살아 있는 전설이 되어 우리 한 세기 가요사의 가운데를 관통하고 있다.

'어느덧 인생 끝자락에 와 있네요, 돌아보면 많은 일이 있었지만, 그때마다 저를 무대 위에 서 있게 해준 건 바로 여러분이었습니다. 영원

히 기억되는 가수, 이미자로 남겠습니다.'

60년 기념공연 끝 인사말이었다.

10. 흑백 TV 시대가 낳은 전설의 반(半) 예능인 '스포테이너'들

1960~70년대, 흑백 TV 20년 세월에 스포츠 스타의 활약에 일희일비하면서 '불안과 시름'을 털어내던 시절이 있었다. 국가주의의 실현부터 개개인 소원까지 풀어주는 스포츠의 효력은 예능의 그것처럼 국민 정서를 단번에 사로잡았다. 스포츠 장르가 예능의 땅까지를 점유한 사실은 새삼스러운 것이 아니다. 즐거움과 행복감의 부여, 현실도피와 긴장해소 그리고 위락과 활력의 제공이라는 측면에서 스포츠는 예능과 목표를 같이 했다. 나아가 스포츠는 국력을 결집하고 일체감을 조성하면서 정치적, 사회적 통합까지를 이뤄냈다. 때마침 TV 방송사의 개국과 맞물려 시대의 총아로서 군림은 물론 수상기 증가에 결정적 역할도 했다.

1961년~1980년까지 박정희의 통치 기간과 흑백 TV 기간은 정확히 일치한다. 박 정부는 스포츠와 대중조작의 함수를 뚫고 있었다. 영웅적인 승전보를 올린 선수들이 귀국할 땐 으레 꽃가루 세례 속에 카퍼레이드를 벌였고 청와대로 초청하여 금일봉을 하사하곤 했다. 국가는 스포츠 스타를 육성, 지원, 관리하여 〈국위 선양, 국민결속, 정권 강화〉라는 1석 3조 효과를 달성했다. 1966년 준공한 태릉 선수촌은 바로 이런 이데올로기를 구현한 산실이었다.

해외 빅게임의 중계를 맡은 아나운서도 함께 명성을 얻었다. 쌍두마차는 KBS의 이광재(1929~2009)와 MBC의 임택근(1932~2020)이었다. '고국에 계신 동포 여러분, 기뻐해주십시오.'의 멘트마다 낭보의 설렘을 듬뿍 안겼다.

1) 1960년대 흑백 TV 태동과 함께 장영철이 이끈 프로레슬링 붐

TV 앞에 시청자를 모은 첫 장르는 다름 아닌 프로레슬링이었다.

'서양 씨름'쯤 보였던 프로레슬링의 원조 겸 개척자는 장영철(1928~2006)이었다. 여기에 당수의 명인 천규덕(1932~2020), 활화산 홍무웅, 고릴라 이석윤, 팔색조 김기남, 쇠망치 고태산이 초기 멤버를 이루었다. 그들의 거대한 체구는 우리의 왜소함을 한 눈에 잊게 해주었다. 도입 단초는 일본에서 영웅이 된 프로레슬러의 원조 역도산(1924~1963)의 활약 덕분이었다.

한국 팀은 즉각 반응했다. 서울운동장 노천 링에서 시작한 프로레슬링 열기는 장충체육관의 개관, KBS와 신생 TBC의 중계가 경합하면서 가열됐다. 짜장면 30원 시절에 입장료 삼백 원은 높았으나 암표가 돌 정도였다. 전자 상가와 만홧가게 등 TV가 있는 곳은 구경꾼으로 가득했다. 허공에 몸을 날려 가슴을 차는 드롭킥, 머리를 휘감아 쓰러뜨리는 헤드시저스, 풍차돌리기, 새우 꺾기 등 도대체 못 보던 기술에 환성이 터졌다. 전후 혼란기, 빈곤기에 육성됐다는 점, TV 여명기에 최적의 콘텐츠로 발전했다는 점 등 한일 양국의 프로레슬링의 궤적은 너무 많이 닮아 있었다. 그 속내는 '숙적격파'라는 대리만족 때문이었다. 미국 레슬러를 때려눕힐 때마다 일본인은 열광했고, 우리는 왜놈을 메다 꽂은 속 풀이를 통해 한을 달랬다. 우리에게 당당한 자신감과 희망을 심어준, 말하자면 프로레슬링은 민족 감정을 밑거름 삼아 쑥쑥 큰 것이다.

그 붐은 1965년 일본에서 귀국한 김일(1929~2006)의 등장으로 변곡점을 맞는다. 정부는 은밀히 그의 귀국을 채근하여 국민적 용기를 심어주는 대부 역할을 기대했다. 그는 안토니오 이노키, 자이언트 바바와 더불어 역도산의 3대 제자였다. 호랑이와 갓, 긴 담뱃대가 새겨진 두루마기 차림으로 한국 자존심을 부각한 김일은 박치기가 필살기였다. 지명도, 화제성, 인적 네트워크, 기량 면에서 월등한 김일은 일본 선수 초청 등 대규모 국제대회 개최로 기세를 올려 터줏대감인 장영철 세력권과 대립하게 된다. 용호상박은 불가피했다. 일본도 비슷했다. 역도산 죽음 후 이노키는 신(新) 일본파의 수장이 되었고, 바바는 전(全) 일본파의 우두머리가 되어 각축전을 벌였다.

'프로레슬링은 쇼다!'

장영철의 충격 발언은 일파만파였다. 경기 특성상 반칙과 편법이 허용될 수 있으나 룰은 지켜야 한다는 취지가 과장 보도 되어 '쇼'가 된 것이다. 짜고 치는 속임수다, 스포츠 기만에 관중 모독이다, 유혈이 낭자한데 어찌 쇼라고 하나, 쇼라도 좋다 재밌게만 해다오. 의견은 분분했다.

김일의 등극으로 시즌 2를 맞은 프로레슬링은 황금기를 구가한다.

180cm의 키에 120킬로의 체중으로 도망치는 외국 거인들을 박치기로 제압하는 모습에 열광할 수밖에 없었다. 무엇보다 박 대통령이 김일의 '왕팬'이었고, 김종필, 박종규 등 정계 파워맨들이 그의 후원회에 관여했다. 75년 미국파 거인 박송남과 일본파 여건부의 가세, 이노키, 바바 등 교류 경기, 그리고 김일 체육관 개관 등을 통해 프로레슬링은 화양연화(花樣年華)의 시절을 구가한다. 그리고 박정권의 몰락과 더불어 급속히 냉각한다. 그 자리는 프로야구, 축구, 농구가 매김한다. 77세로 사망한 박치기왕 김일은 2018년 레슬러로는 유일하게 '대한민국 스포츠 영웅'에 헌액되었다.

2) 사각의 정글, 로프 링의 혈투, 프로레슬링과 프로권투의 영웅들

- 최초의 챔피언 스타는 프로권투 김기수(1939~1997)가 알렸다. 1966년 장충체육관에서 열린 WBA 주니어 미들급 대회에서 이탈리아 벤베누티에 도전한 김기수가 15회 판정승을 거뒀다. 엄청난 대전료 오만 오천불은 정부 차원에서 제공했고 박 대통령은 현장에 나와 관전했다. 온 나라가 들끓었다. 기아와 빈곤에서 벗어날 자신감을 심어줄 영웅이 필요한 시대에 김 선수가 화답해준 것이다. 2차 방어전에 성공한 뒤 1969년에 은퇴, 영화 〈내 주먹을 사라〉에서 김지미, 박노식과 함께 출연하고 충무로에 '챔피언'다방을 차리기도 했다. 1997년 58세에 간암으로 별세했다.

- 두 번째 챔피언 홍수환(1950~)은 지금도 잊지 못할 명승부를 연출했다. 기적은 1977년 봄, 파나마에서 벌어진 WBA 주니어 페더급전에서 일어

났다. 카라스키야에 네 차례 다운을 당해 항복의 수건을 던질 셈이었다. 그는 사력 끝에 오뚜기처럼 일어섰고 '4전 5기의 신화'를 일궈냈다. '엄마, 나 챔피언 먹었어.', '대한국민 만세다.' 모자의 대화는 연일 회자하였고 극적인 재기 장면은 TV에서 서른 번 넘게 반복 방송되었다.

- 한·일전의 대부로 유제두의 분전은 국민적 숙원이 겹쳐 게임마다 흥분과 환호가 교차했다. 1975년 WBA 주니어미들급, 일본 숙적 와지마 고이치에 7회 KO승으로 세 번째 챔피언으로 등극했다. 염동균은 동갑내기 라이벌인 홍수환에게 가려져 있다가 1976년 일본의 로얄 고바야시를 물리치고 WBC 슈퍼 밴턴급 전에서 네 번째 세계 챔피언이 되었다. 유제두 타이틀 상실로 실의에 빠진 복싱계를 다시 살린 쾌거였다.

- 김성준(1953~1989)은 1978년 WBC 라이트플라이급 챔피언 벨트를 찼다. 곱상한 용모에 소매치기였다는 과거가 알려지며 더욱 유명해졌다. 80년 3차 방어전에 실패, 은퇴 후 이민과 사업에 투신했으나 벼랑 끝에 몰렸다. '불우 청소년에게 작은 희망이 되겠다.'던 약속을 뒤로 하고 극단적인 선택, 다섯 번째 세계 챔피언은 36세로 그렇게 사라졌다.

- 1979년에 WBC 플라이급 챔피언이 된 박찬희는 터프가이로 연예인보다 더 인기가 높았다. 80년대 컬러TV 시대에 들어 흥행의 두 카드는 장정구(1963~)와 유명우(1964년~)였다. 장정구는 82년까지 18연승을 기록, 1983년 마침내 WBC 라이트플라이급 챔피언이 되고 88년 15차 방어전에 성공, 20세기 100대 복서 및 WBC 25인 복서 명예의 전당에 들

었다.

'작은 들소' 유명우는 1985년 WBA 주니어 플라이급 챔피언에 올랐다. 단신에 소나기 펀치로 데뷔 36연승과 17차 방어전에 성공한 기록의 사나이로 명성을 떨쳤다. 91년 첫 패를 당하자 과감히 은퇴했다.

70년대 국내 권투 붐을 부채질한 복서는 무하마드 알리(1942~2016)였다. '나비처럼 날아가 벌처럼 쏜다.'는 명언을 남긴 아웃복서 알리는 20년간 56승 5패를 기록하고 81년에 은퇴한다. 그와 공방전을 벌인 핵 펀치 3인은 조 프레이저, 소니 리스턴, 조지 포먼으로 세기의 빅매치마다 위성중계로 화제를 몰았다.

복싱은 MBC가 적극적으로 주도했다. 〈일동스포츠〉, 〈챔피언스카웃〉, 〈MBC권투〉로 이어진 정규 프로그램을 일요일 저녁에 고정 편성했고 80년대는 프로 복서 등용문인 'MBC 신인왕전'을 주최했다.

두 주먹을 내세운 헝그리 정신과 원시적 투혼으로 팬들을 사로잡았던 권투도 80년대 중반에 들어 각종 프로 스포츠의 등장으로 쇠락의 길로 밀려났다.

3) 농구의 神 박신자와 신동파, 탁구의 이에리사 승전보에 감격 두 배

1967년 제5회 세계 여자 농구전에 준우승을 차지한 것은 꿈같은 현실이었다. 이국만리 공산국가의 중심지 프라하에서 이탈리아와 주최국인 체코를 차례로 꺾자 온 나라가 들끓기 시작했다. 이어 일본과 유고에 마저 이기자 난리가 났다. TV 중계가 없어 국민들은 라디오에 귀를 붙였다.

결승전은 소련에게 졌지만 이미 축포의 함성은 연일 터지고 있었다. 대회 MVP를 차지한 176cm의 박신자(1941~)를 비롯한 김추자, 임순화, 신항대, 김명자, 주희봉 등 낭자군은 영웅이 되었다. 대규모 카퍼레이드와 청와대 초청도 모자라 동대문 운동장에서 국무총리(정일권) 주재로 뻐근한 축하 환영식을 벌였다 (대한뉴스 622호). 그 후예는 1978년에 나타난 박찬숙으로 이어진다.

신동파(1944~)는 190cm의 키에 '가공할 득점왕', '화려한 골 슈터'로 아시안 킹에 올랐다. 64년 동경 올림픽, 68년 멕시코 올림픽, 70년 유니버시아드, 71년 세계 농구선수권대회 등에서 대표 팀의 중심에 섰다. 휘문고 3년부터 국가 상비군으로 입단, 1974년까지 통산 750게임을 뛰면서 삼만 점을 기록했다. 69년 방콕에서 벌어진 아시아선수권대회 필리핀과의 결승전에서 무려 50점을 넣어 당시 농구 왕국 필리핀의 4연패를 저지하고 우상이 되었다.

1973년 유고슬라비아 사라예보(현재 보스니아 영토)에서 열린 세계 탁구 선수권대회에서 열아홉의 막내 이에리사(1954~)는 김순옥, 박미라, 정현숙과 함께 대한민국 구기 종목 사상 처음으로 단체전 세계 제패를 일궜다. 지금도 '사라예보의 기적'으로 남아있다.

4) 국가(중앙정보부)가 직접 나서 축구 대표팀을 창단하다.

1966년 잉글랜드 월드컵대회에서 무명 팀 북한이 칠레에 비기고 소련에 지고 강호 이탈리아에 1대 0승으로 8강에 오르자 세계가 아연 주목했다. 2002년 한·일 월드컵의 이탈리아 전에서 붉은악마가 'Again 1966'을 내세운 이유다. 이어 포르투갈전에서 3:0까지 내닫자 참가국은 모두 경악했다. 결국 골잡이 에우세비오의 4골에 힘입어 5대3 역전패를 당했지만, 그 후폭풍은 즉각 미쳐왔다. '왜 우린 못해?'의 박 대통령 한마디에 중앙정보부(김형욱 부장)가 직접 축구팀 창단에 나서고 양지(陽地)팀으로 이름했다. '축구로 북괴(북한)를 꺾는다'는 이념 아래에 김정남, 김호, 조정수, 이회택, 이세연, 박이천, 서윤찬, 허윤정, 김삼락, 김기복, 정병탁 등이 각 군(軍)팀에서 차출되었다. 당시 국가대표팀 23명 중 양지 멤버는 11명이었다. 1967년 메르데카컵의 우승을 쟁취하는 등 활약은 눈부셨지만, 북한과의 대전은 전혀 없었고 3년 뒤 김형욱이 경질되자 양지팀도 해체된다. 100여 일간의 유럽 전지훈련, 좌충우돌로 체득한 선진국 기술 등은 후일 한국축구의 밑거름이 되었다.

삼여 년 후, 불세출의 스타 차범근(1953~)이 출현한다. 1976년 박스컵 아시아 국제축구대회 말레이시아전에서 4대 1로 패색이 짙은 후반 막바지 5분간에 연속 세 골을 터뜨려 결승전에 진출한 게임은 한국 축구사에 길이 남는다. '차붐'이 일었다. 경기 땐 다방마다 초만원을 이루었다. 그의 득점원은 초스피드의 주력에서 나왔고 종횡무진 적진을 향해 돌진할 때마다 탄성이 터졌다. 136경기, 58골로 독보적 플레이어가 되면서 78년에 독일 분데스리가에 진출하여 12년간 308경기 98골은 기록, 독일이 선정한 20세기 100대 축구 스타에 들었다.

5) 거포 타자 김응용, 역전의 명수 군산상고, 나는 제비 배구의 조혜정

- 1976년 21회 몬트리올 올림픽은 잊을 수 없는 해였다. 레슬링에서 양정
  모가 건국 이래 처음 올림픽 금메달을 걸었고, 여자 배구가 구기 종목 사
  상 최초로 동메달을 땄기 때문이다. 〈금1 은1 동4〉 덕분에 한국은 92개
  국 중에 종합전적 19위에 올랐다.
  여자배구의 똑순이는 '나는 제비' 조혜정(1954~)이었다. 164cm 단신에
  도 번쩍 솟아올라 높은 방어벽을 뚫고 강타를 날릴 때마다 박수가 터졌
  다. 조혜정은 2010년 GS칼텍스팀의 감독을 맡아 여성 배구 감독 1호를
  기록한다.

- 1963년 아시아 야구선수권대회에서 김응용(1941~)은 1루수 4번 타자
  로 출전하여 일본과 결승전에서 홈런으로 승리했다. 거포 본능은 70년까
  지 이어져 한국의 영원한 4번 타자로 매김 했다. 64년에 시작된 실업 야
  구 정규시리즈는 네 개 은행팀을 비롯해서 한전과 철도청, 육군 및 해병
  대 팀이 가세했다. 그는 한일은행 소속이었다. 투수는 김성근, 최관수, 김
  영덕, 김호중, 타자로는 박현식, 박영길, 강태정, 강병철, 한동화, 김우열
  등이 활약했다. 82년 해태 타이거스 감독에 취임하여 한국시리즈의 아홉
  차례 챔피언을 만드는 최다승의 명장으로 거듭난다. 명 타자가 명감독이
  되기 어렵다는 속설을 깼다.

- 창단 4년째인 군산상고가 '역전의 명수'의 전설을 만들어냈다. 미러클 메이커는 최관수(1943~1998) 감독, 일찍이 인천 동산고 투수로 2학년 때 국가대표로 뽑힌 그는 기업은행의 에이스로 활약했다.

  70년에 군산상고 야구감독에 취임, 이듬해 전국체육대회에서 배재고를 1대0으로 누르고 첫 우승, 호남야구의 서막을 알렸다. 72년 26회 황금사자기(동아일보 주최) 결승전에서 전통의 강호 부산고와 맞서 9회 말 3점 차이를 뒤집고 5대 4로 역전한 명승부는 야구 100년사에 길이 남는다. 김봉연, 나창기, 김일권, 김준환, 송상복, 김성한 등이 주역이었다. 이후 군산상고는 여섯 번의 우승과 다섯 번의 준우승을 일궈냈다. 재임 10년 만인 79년에 물러난 최 감독은 98년 파킨슨병으로 고생 끝에 56세로 떠난다. 그의 제자들은 82년에 출범한 프로야구 해태 타이거스의 주축이 되어 호남 야구의 기수로 거듭난다.

- 백옥자(1951~)의 기억은 아직도 생생하다. 175cm에 87kg의 여장부가 쇳덩이를 내던지는 모습은 그녀 외에 아직도 누구 하나 없기 때문이다. 1970년 방콕 아시안게임, 74년 테헤란 아시안게임서 각각 신기록으로 여자 투포환 2연패를 달성, 한국 여성으로서 첫 금메달을 거머쥐었다. 방콕 대회에선 시험 삼아 출전한 원반던지기에서도 동메달을 차지하여 화제를 더했다. 테헤란 대회 때 16.28m로 기록을 경신하자 싱가포르 기자는 마술을 부리는 여자라는 뜻으로 '동양의 마녀'로 별명을 붙였다. 투포환은 워낙 비인기 종목인 만큼 그녀의 인기는 상대적으로 높고 길게 갔다. 후계자가 없는 유일성과 고유성은 아직 유효하다.

- 자유형 14개, 개인혼영 12개, 접영 5개, 계영 2개 총 33개의 금메달을 보유한 놀라운 수영선수는 '아시아의 물개'로 알려진 조오련(1952~2009)이다. 70년과 74년 아시안게임의 400m, 1500m 자유형에서 금메달을 쓸기 시작했다. 이후 한국 수영 부문 신기록을 50차례나 수립했다. 독도 주위를 33번 돈 집념, 그리고 대한해협(48km)을 13시간 16분에, 영국도 버 해협(34km)을 9시간 35분에 각각 횡단한 저력을 보였다. 2009년 고향에서 심장마비로 57세의 아쉬운 생애를 마감했다.

- '신궁' 김진호(1961~)가 태어났다. 1978년 방콕 아시안게임에서 금메달을 시작으로 79년 베를린 세계 양궁선수권대회에서 5관왕을 달성했다. 지금까지 전무한 기록이다. 이윽고 80년 모스크바 올림픽을 맞아 금빛 기대주로 떠올랐으나 소련의 아프가니스탄 침공을 비난하는 미국 등 서방측이 보이콧, 한국도 불참하여 천상의 기회를 날렸다. 김진호는 서향순, 김수녕에 자리를 물려주고 오늘날 양궁 왕국을 이끈 원조로 조용히 남았다.

예능 카페, 메모리와 스토리
(1980년대)

예능 카페, 메모리와 스토리
(1980년대)

11. 일천만의 팔도잔치, '국풍 81'의 진실을 말한다

- 행사명: 국풍(國風) 81

- 행사 취지: 민족 단합의 대합창

- 때: 1981년 5월 28일~6월 1일 (5일간)

- 장소: 서울 여의도 광장 일대

- 행사 내용: 전통예술제, 가요제, 연극제, 팔도 굿, 팔도명물장 등

- 행사 구호: 새 역사를 창조하는 것은 청년의 열과 의지와 힘이다.

- 동원 인력: 16만 명

- 참석 관람 인원: 6백만 명 (본부 측 추산 1천만 명)

- 주최: 한국신문협회 및 KBS(주관)

이것이 '유사 이래' 최대 국가 행사이자 관제 축제인 '국풍 81'의 주요 내역이다. 기간 중 16만 평의 헛헛한 아스팔트 5.16 광장(이후 여의도 광장)은 차 없는 거리로 지정되었고, 야간 통행 금지도 해제되었다. 당시로는 파격이었다. 행사에는 전국 198개 대학, 250여 개 동아리 학생

들과 연예인 등 일만 삼천여 명이 참가하여 민속문화를 중심으로 각종 공연, 콘테스트, 축제, 장터 등이 진행되었다.

공교롭게도 그해 5월은 광주항쟁 1주년을 맞아 진실을 잠재울 수 있는 절호의 기회로 작용했다. 9월에 결정되는 '88 서울올림픽' 여부를 앞두고 국민들의 시선과 관심을 쏠리도록 하기 위한 대대적인 국면 전환이 필요했다. 당시 일본 나고야시와 치열한 경합을 벌이고 있을 때여서 극일 주의와 반일감정에 민족 자존심까지 내세우는 형국이었다. 무엇보다도 전두환은 '군사 반란 정부'의 이미지를 일거에 불식시키고 정권의 정당성을 홍보할 수 있는 '굿판'이 절실했다. 민주화의 열망으로 술렁이던 대학가를 잠재우고 정권에 반대하는 세력을 무력화시키기 위함이다. 5월 말이 축제에 최적 계절임도 노렸다. 제5공화국 헌법에 규정된 '민족문화의 창달'을 앞세워 전국 행사의 명분을 세웠다. 대규모에 따른 막대한 비용과 농번기임에도 불구하고 강행한 이유도 여기에 있었다.

행사의 바탕은 1979년 TBC-TV에서 주최했던 '제1회 전국 대학생 축제 경연대회'였다는 사실을 아는 사람은 많지 않다. 2회 행사는 1980년 언론 통폐합 이후, KBS로 옮겨가고, 추진 과정에서 청와대를 거치면서 거대한 '국풍 81'로 탈바꿈한다. KBS는 주관사로서 구성과 연출, 홍보 그리고 보도 중계와 특집 방송을 도맡았다.

■ 5공 국정지표인 '민족문화창달', '국풍 81'로 구체화하다.

대한뉴스는 당시 '국풍 81'이 "거대한 민중문화의 축제, 민족문화의 창조적 계승을 위한 보람찬 기틀을 마련했다"고 보도했다.

기본 얼개는 대통령 정무1비서관인 허문도(41)의 발상과 지시로 이루어졌다. 그의 판단력은 영민했고 추진력은 강력했다. 난세에 '돈, 권력, 언론'까지 동원한 신군부 세력 중 유일한 민간 브레인이었다.

"……넷째, 교육혁신과 문화창달로 국민정신을 개조하려는 것입니다."

1980년 9월, 육군 대장에서 대통령으로 등극한 전두환의 제11대 취임사 중 일부이다. 5공화국 정부는 헌정사상 처음으로 민족문화 창달을 국정 4대 지표로 결정했다. 문화가 통치전략으로 격상되는 시대가 도래 한 것이다. 허문도는 이 대목을 살리고 구체화했다.

청와대 타 부문 비서진들은 '국풍' 제안을 한결로 반대했다. 경제발전 등 더 시급한 문제가 많다는 것이다. 허문도는 집요했다. 대통령에게 대학의 동향과 정보를 분석하는 등 전향적 대안으로서 필요성을 설득하는 데에 성공했다.

그는 조선일보 동경 특파원과 주일 공보관을 지낸 엘리트로서 5공 출범에 전격 발탁되어 체제 홍보를 맡게 된다. 도쿄 대학원 시절, 일본의 근대국가 기틀을 마련한 메이지(明治)유신과 김옥균 연구에 각별했다고 한다. 통일 신라의 힘은 정치력, 군사력, 문화력에서 나왔다는 나름의 신념이다. 그는 문화력에 집중했고 '창조적 민족주의자'임을 자처했다.

이에 따라 문화예술계와 대학생 참여에 큰 비중을 두고 사방팔방 직접 나서 설파하고 독려했다. 때론 당근으로, 때론 채찍으로 추진했다.

회유 대상은 두 그룹이었다. 하나는 '5적(五賊)'의 저항시인 김지하와 '아침이슬' 작곡가인 가수 김민기, 마당극 소리꾼 임진택을 포함한 민중문화 운동그룹, 그리고 각 대학 탈춤반의 대부 격인 채희완 등이었다. 그들은 단번에 참가를 거절했다.

1970년대 후반, 대학의 사회과학 서클은 모조리 해체되었다. 반(反)체제의 온상은 대학의 '문제 서클'에서 발효된다는 이유였다. 반면 전통문화 서클인 탈춤반이 그 틈새로 등장했다. 전국 230개 대학 중 200개가 탈춤반을 보유, 우리 것을 찾자는 명분으로 새로운 대학문화의 아이콘이 되었다. 행사 의도에는 '학생들을 축제 속에 포용하여 문제 서클을 소수화하고 반체제적인 대학의 전통문화 붐을 체제 내로 끌어들인다.'라는 뚜렷한 목적이 담겼다. 전통문화 붐은 바로 탈춤을 겨냥한 것이었다.

'대학생 한 명 당 참가비 5만원을 지불했다. KBS의 특별 게스트 출연료보다 더 많은 금액이었다. 종료 후 격려금 조로 2만 원씩 더 추가 지급했다.' 총괄연출을 담당했던 김웅래 PD의 증언이다.

'도대체 문화지원을 거부하는 이유는 뭔가?'

유신체제 아래에서 탄압받던 문화 예술인들을 새 시대의 공개 놀이마당에 초치하고자 했던 허문도는 '분노와 실망'에 떨었다. '새 역사를 창조하는 것은 청년의 열과 의지와 힘이다.'라는 구호는 무색해졌다. 그는 모교인 서울대학교 풍물패 출신의 졸업생들과 복무 중인 군인,

공무원까지 데려와 "서울대"라는 이름으로 참여시켰다. 궁즉통(窮卽通)
이었다.

■ 민속축제 음식 축제 가요축제, 이용과 홍서범 '국풍 스타'로 급부상

서울 시청 앞 등 요처엔 대형 현수막이 걸리고 카퍼레이드로 분위기를 띄웠다. 주변은 경향 각처에서 올라온 대형버스로 진을 쳤고 농악 패거리, 고싸움과 사자놀이, 전통 공예품 판매가 이뤄졌다. 한강 둔치에서는 때아닌 연날리기, 활쏘기, 씨름판이 벌어졌다. 팔도 음식가에서는 '충무 김밥'과 '춘천 막국수'가 인기를 끌었다. 낮에는 전통행사와 민족 대축제, 밤은 가요공연으로 흐드러진 '볼거리 놀 거리 먹거리' 잔치를 구가했다. 엄혹한 5공 초창기 시절, 닷새 동안 주야장천 인산인해를 이룬 행사는 일반 참여 팀도 88개, 참관은 어린이 노인까지 망라했고, 언론들은 일천만의 '민중 시대, 민중 축제, 민중 횃불'로 연일 치켜세웠다.

가장 시선을 끈 코너는 가요제였다. 130개 팀 참가하여 이틀간 시행할 정도였다. 당시 MBC 대학가요제의 1등 상금이 20만~30만 원 정도였는데 '국풍'은 100만 원이었다, 지금 돈 1천만 원쯤이다. 금상은 '바람이려오'를 부른 이용이 차지했고, 은상은 '날개'를 부른 건국대 보컬 팀의 홍서범에 돌아갔다. 소위 '국풍 스타'의 탄생이다. 대상은 서울대학 그룹사운드가 수여 했는데 다분히 의도적이었다. 이후 그들은 교내민주화 세력에 의해 시종 지탄되었고 공연도 봉쇄당했다.

행사 후 언론사의 보도는 대규모 집회와 민족문화에 대한 자각을 긍정적으로 평가했으나, 고유문화의 원형 보존의 노력이 부족하고, 농번기로 시기 선택이 부적절했으며, 국회에서는 대학생들의 참가가 적었음을 지적했다. 민속학자 심포지엄에서는 자연 민속을 파괴할 수 있는 '모조 민속'으로 평가하기도 했다.

브라질의 '리우 축제'처럼 대대적인 국민통합을 노렸던 국풍은 당초 계획과는 달리 참가팀과 비 참가팀의 갈등으로 '절연과 결별' 등 심한 후유증을 겪었다. 강준만(전북대 신방과) 교수는 저서 〈한국 현대사 산책〉에서 '5공화국의 태평성대'를 선전하기 위한 대대적인 대중조작 이벤트로 규정했다. '국풍 81'은 5공화국의 우민화 정책, 이른바 '3S(스포츠·스크린·섹스) 정책'과 맥을 같이한다. 이듬해인 82년 프로야구가 출범하고 에로 영화가 쏟아졌다.

'국민의 눈과 귀를 끌어라.'

그 한해로 끝나버린, '관제 축제'의 대명사로 끊임없이 인용된 별칭 '국뽕 81'은 가수 이용으로만 남았다, 그의 히트송 '잊혀진 계절'처럼 말이다.

5공 출범부터 실세 그룹인 신군부의 허화평, 허삼수와 함께 '3허'(許)로 군림했던 허문도는 '언론 통폐합'이란 유례없는 사건을 밀어붙인 풍운아였다. 전두환 정권 종료 시까지 만 7년간 출세 가도를 달렸던 그는 문공부 차관(1982.1~1984.10), 통일원 장관(1986.8~1988.2)을 거치면서도 '국풍'에 대한 인터뷰 요청엔 일체 침묵했다. 2016년 지병으로 76세의 생애를 마감, 경남 고향(고성) 땅에 조용히 묻혔다.

12. 폭행, 협박, 납치, 스토킹, 해킹. 표적이 된 연예인들

1972년 12월 2일, 광화문 서울시민회관은 MBC 창사 11주년 기념 「10대 가수 청백전」 공연으로 북적거렸다. 삼천 오백 석의 초만원 공연이 끝나갈 즈음 전기과열로 의한 조명 장치가 터지면서 화재가 발생했다. 무대 쪽에서 발화되어 삽시간에 전체로 번져 3천여 평을 태우고 2시간 만에 진화됐다. 일순 암흑 속에서 질식사, 계단에서 압사, 2~3층에서의 추락사가 많았다. 53명이 사망하고 76명이 부상을 입었다.

당시 출연 가수는 남진, 나훈아, 김상진, 이상렬, 이용복, 정훈희, 조미미, 하춘화, 그리고 신인가수 수상자인 김세환과 정미조, 특별 가수상 김추자, 코미디언 구봉서, 곽규석이 합류한 호화 무대였다.

어둠 속 연기 속에서 모두가 필사의 탈출이었다. 문주란은 화장실 문을 깨고 뛰어내리다가 요추 골절상을 입었고 김상희는 왼손과 왼발에 타박상을 입었다. 6년 후 바로 그 자리에 '세종문화회관'이 들어서 지금에 이르고 있다. 세종문화회관은 수십 년간 연예(인) 행사는 허용치 않았다.

1977년 11월 11일 밤 9시경, 이리(현 익산시)역에서 경천동지의 폭발음이 들렸다. 철도공무원 16명을 포함한 59명이 사망하고 1,300명이 부상, 인근 건물 1600세대가 파괴되어 7,800명의 이재민을 낸 최악의 철도 사고였다. 인천발 광주행 화물열차엔 화약과 뇌관, 폭탄 30t 등 고성능 폭발물이 실려 있었다. 한국화약(현 한화)의 호송 담당 직원은 어둠을 밝히기 위해 켜놓은 촛불이 다 타들어 상자에 옮겨 붙자, 잠에서 깨어나 침낭으로 끄려 하였으나 불길을 잡지 못해 밖으로 피신한 사이 끔찍한 폭음이 연달았다. 1km 주변의 건물, 가옥은 전파되거나 반파되고 군데군데 지름 30m, 깊이 10m의 웅덩이가 보여 그 위력을 실감케 했다.

역 부근 삼남 극장에서 데뷔 16년 기념 '하춘화 쇼'가 벌어지고 있었다. 극장 건물이 붕괴되자 두개골이 함몰(전치 4주)된 코미디언 이주일은 하춘화를 업고 필사적으로 탈출했다. 5년 전에 서울 시민회관 공연 중 큰 화재에서 빠져나온 악몽이 가시기 전에 하춘화는 이주일 덕분에 또다시 지옥에서 탈출한 가수가 되었다.

2005년 10월 3일 초저녁, 경북 상주 시민운동장엔 일만 명 관객이 운집했다. 설운도, 태진아, 현철, 장윤정, 그리고 아이돌 휘성 등이 출연한 특집 공개방송 'MBC 콘서트'를 보기 위함이었다. 제3문에 대기 중인 수천 명 입장객이 문이 열리자 한꺼번에 떠밀고 들어서는 바람에 노약자들이 내리막 30도의 경사에서 겹쳐 깔리면서 사달이 났다. 순식간 11명이 사망, 70명이 부상했다.

■ 1970년대 초반, 깨진 병으로 습격당한 김추자와 나훈아

너무 예쁘거나 귀여우면 깨물거나 꼬집고 싶은 역심리가 도사린다. 이 비뚤어진 잠재심리가 쌓여서 공격적인 사디즘으로 변한다. 인기 스타에 대한 대중의 양면 심리는 환호와 질시로 교차하지만, 극히 일부는 빗나간 집착과 사이코패스에 의한 기행(奇行)으로 돌출한다. 최근엔

이벤트의 규모에 따라 근접 경호가 따르지만 대저 스타의 신변은 무방비 상태다. 그들은 화려한 만큼 매양 위협과 습격에 노출되어 있다. 가해자는 광팬, 폭력배, 스토커, 괴한, 치정 관계자, 정신질환자 등이다.

1971년 12월 초, 시민회관에서 대대적인 '김추자 컴백 리사이틀'의 개막 나흘 전에 끔찍한 일이 벌어졌다. 그녀의 매니저 겸 연인인 L모 씨가 소주병으로 얼굴을 그어 백여 바늘을 꿰매는 상처를 입혔다. 김추자 집안이 극력 반대하자 이에 앙심을 품은 것이다. 거액을 들인 행사는 갈팡질팡 끝에 강행됐다. 얼굴에 붕대를 칭칭 감은 김추자가 등장했다. 이와 함께 그의 히트송 '님은 먼 곳에'가 잔잔한 배경음악으로 흘렀다.

"여러분 앞에서 꼭 노래하고 싶었던 제 소원은 이루어지지 않았습니다. 그러나 제 건강이 회복되는 날, 다시 여러분 앞에 오겠습니다. 저는 평생 노래를 부르다 노래 속에서 죽을 결심입니다."

우렁찬 박수가 터져 나왔다. 두 손이 깁스 된 김추자는 눈물을 훔칠 수도 없어 한쪽 눈에서 계속 눈물이 흘러내렸다. 퇴장하는 그녀의 뒷모습을 향해 관객들은 그가 노래할 때보다 더 열광적인 박수를 보냈다. 그렇게 김추자는 하루 3회씩 마지막 날까지 무대를 지켰다.

'노래도 얼굴도 없는 김추자' 주간여성(1971. 12. 22.)은 이렇게 쓰고 있었다. 치료와 요양으로 정상을 회복하기까지는 꼭 1년이 걸렸다.

1972년 6월 서울시민회관, 나훈아의 리사이틀 공연 중 '찻집의 고독'의 노래가 끝나고 환호와 앙코르 소리가 교차한 순간, 한 남자가 무대에 뛰어올라 꽃다발 속에 감춘 깨진 사이다병으로 나훈아를 가격했다. 경황없이 왼쪽 얼굴에 큰 부상을 입어 70 바늘을 꿰매는 수술을 받았다. 상처 자국은 지금도 남아있다. 꽃다발 속에 흉기를 숨긴 계획적인 범행을 누가 예측했으랴? 그 사건 이후 연예인에 대한 '꽃다발 증정' 행위는 일체 중지되었다. 가해 남성은 전형적인 사이코패스로, 3년 후 남진에게도 습격을 가했고, 목포 생가에 불을 지르기도 했다.

2008년 한 날, 나훈아는 기자회견을 자청했다. 일본 야쿠자 애인인 탤런트 K 모 양과 사귀다 중요 신체 일부를 훼손당했다는 황당한 소문을 해명하기 위함이었다. 그는 악성 루머와 음해에 분통을 터뜨리면서 테이블 위로 올라가 '꼭 바지를 내리고 보여줘야 믿겠느냐?'는 담판을 토해냈다. 이 한 번의 퍼포먼스로 소문은 잠잠해졌다.

여느 가수와 달리 나훈아는 유명도에도 불구하고 장기간 '칩거형, 은둔형'으로 일관했다. 불통즉통(不通卽痛) - 통하지 않으면 탈이 난다. 즉 대중과 오랜 기간 소통의 단절이 이런 헛소문을 만들어낸 것이다.

■ 테러, 스토킹, 독극물, 해킹 폭로. 90년대 후 부쩍 는 사건들

1989년 늦가을 밤, 서울 타워호텔 카바레 주차장, 남진(44)은 승용차 뒷문을 여는 순간, 괴청년 3명에 의해 예리한 흉기로 허벅지를 찔렸으나 치명상은 면했다. 고향 목포에 유흥업소를 차렸는데 기존 조직들이 텃세를 부려 심한 다툼이 있었고 그에 보복을 당한 것이다.

쌍둥이 형제 '수와 진'(안상수, 안상진)은 착하고 아름다운 듀엣이다. 1989년 동생 안상진이 여의도 고수부지에서 괴한들에 습격을 당해 세

차례에 걸친 뇌수술로 가수 생활을 접었다.

1998년에는 7월, 탤런트 도지원이 강남의 스포츠센터 지하 주차장에서 두 명의 남녀에게 납치당해 5시간 동안 승용차 트렁크에 감금돼 있다가, 1천여만 원을 갈취당한 뒤 풀려났다.

탤런트 최진실도 1998년 12월 영화 촬영 후 자택 엘리베이터에서 흉기를 든 괴한에게 폭행당했다. 비명 듣고 쫓아 온 매니저는 난투극 끝에 배를 찔리는 사건이 일어나 세상을 놀라게 했다.

1999년 9월, 베이비복스의 간미연이 당시 최고의 인기를 누리던 H.O.T.의 문희준과 열애설이 난 것에 불만을 품은 한 팬으로부터 면도칼과 협박 편지를 받았다. 동봉된 사진 속 간미연은 얼굴 일부가 마구 훼손된 상태여서 간담을 서늘하게 했다.

채시라는 1999년 청담동의 자택 앞에 잠복한 스토커가 경찰에 붙잡힌 뒤 가슴을 쓸어내렸다. 이후 매일 밤 '귀가 공포증'에 시달려야 했다.

2000년 9월, 가수 김창완은 13년간 따라다닌 스토커에게 맞아 코뼈가 부러지는 중상을 입었다. god의 윤계상은 팬으로부터 독극물이 든 음료수를 전달받고 이를 마신 윤계상의 모친이 급거 위세척을 받았다. 2001년 3월, 배우 최진영이 주차장서 칼을 든 두 괴한으로부터 납치 위협에 처했으나 필사적인 저항과 기지를 발휘하여 탈출에 성공했다.

2002년 12월, 가수 하리수가 부산의 한 나이트클럽에서 폭력배

두 명이 인분이 든 비닐봉지를 뿌리는 난동으로 신변 위협을 당했다. 2005년 1월, 배우 송혜교의 전 매니저가 그녀의 어머니에게 2억을 요구하며 염산을 뿌리겠다는 협박 편지 보내 경찰에 신고했다.

2006년 9월, 글래머 배우 이지현(28)이 서울 강남구 압구정동 상가 주차장에서 2명의 괴한에게 납치, 손목 발목을 수갑으로 묶이고 신용카드와 현금을 빼앗겼다. 2시간쯤 끌려다니다 양평군 한 주유소에서 직원의 도움으로 구출되었으나 차량은 8킬로 떨어진 곳에서 화재로 타버렸다.

동방신기의 멤버 유노윤호는 그해 10월 20대 여성이 준 본드가 섞인 음료수를 마시고 변을 당했다. 습관대로 단번에 의심 없이 마셨다가 피를 토하고 실신했다. 한동안 공황장애가 왔다.

2007년 9월, 탤런트 김미숙은 한 여성 스토커에 장장 17년간 스토킹을 당하면서 1억 원을 요구해오자 경찰에 고발했다. 2007년 12월, 배우 이승신이 남편이 주도한 김종진의 콘서트장에서 괴한으로부터 뒤통수 가격을 받는 사건이 있었다.

2008년 2월, 개그맨 노홍철은 귀가 중 괴한 무차별 폭행을 당해 귀연골 봉합 수술을 비롯한 두개골 가슴 골반 어깨 등 전신 통증 호소했다. '소주병 테러'가 또 일어났다. 2012년 한여름, 가수 조관우(47)가 평소 광팬인 A 씨와 저녁 식사 후 일산 자택 지하 주차장에서 깨진 소주병에 목을 찔리는 중상을 당했다. 피의자는 경찰 조사에서 '술에 취해 정말 모르겠다'며 눈물로 사과의 뜻을 전했고 조관우는 용서했다.

2017년 3월, 방탄소년단의 멤버 지민이 살해 협박을 받았다. 한 네티즌은 자신의 SNS에 지민을 향한 협박 글과 함께 공연장의 좌석 배치도, 총, 피 묻은 손, 돼지 사체 등의 사진을 함께 게재해 충격을 줬다. 미국서 열리는 월드투어 콘서트에서 범행을 실행하겠다는 구체적인 계획도 밝혔다. 다행히 무사히 공연을 마쳤지만, 한동안 불안에 떨어야 했다.

2020년 봄, 디지털 범죄가 터졌다. 배우 하정우와 주진모를 포함한 연예인 8명의 휴대폰 내역을 해킹한 뒤 사생활을 폭로하겠다는 협박으로 5명에게 총 6억여 원을 갈취했다. 하정우, 주진모 두 사람의 끈질긴 증거전략과 추적 유도로 일당은 체포됐다.

'자작극 피습사건'도 있었다. 2006년 6월, 무명 가수 서 모(26)는 지하철 선릉역 화장실에서 흉기를 들고 위협하는 괴한에게 피해를 봤다고 신고했다. 경찰은 주변 CCTV를 분석하고 추궁한 끝에 허위신고임을 밝혀냈다. 그녀는 2001년부터 가수 생활을 시작했지만 별 인기가 없었고 목소리까지 나빠져 언론의 관심을 끌기 위해 자작극을 꾸몄다고 고백했다. 어설픈 노이즈 마케팅이었다. 경찰은 허위 신고 등의 혐의로 즉결심판을 청구했다.

팬들의 사랑과 질시를 동시에 받는 연예인들은 대부분 무방비 상태로 주야 장소를 막론하고 피습의 위험에 노출되어있다.

피습의 배경은 금품을 노린 강탈, 협박, 납치를 비롯하여 정신분열자의 돌발행위, 이해충돌의 앙갚음, 못 말리는 스토킹, 안티의 해코지, 배신감에 따른 증오와 복수, 악성루머 등 여러 형태로 나타났다. 사용된 흉기는 깨진 병, 칼, 오물, 독극물, 이물질 음료수 등이었다.

13. 대중가수들의 해외진출 도전사, 일본 최다, 미국 중국 대만 순

'목포의 눈물'로 유명한 이난영은 해외 진출에서도 존재감을 드러낸다. 그는 1932년 남녀 혼성 악극단인 '태양극단'의 멤버로 일본 오사카에서 처음 공연한다. 1934년에는 도쿄에서 열린 전국 명가수 음악대회에 참가한 첫 조선 가수로서 기록도 남겼다. 또한 국내 최초의 여성 그룹인 '저고리 시스터'로 일본 무대에 오른 조선 걸그룹의 대모이기도 하다.

우리 대중가수의 해외 도전은 일제강점기부터 시작된다. 해방 전까지는 일본 문화정책에 예속되어 공연 형태나 선곡에 한계가 있었다. 해방 후 70년대까지는 외국에 대한 정보 부재와 연구 부족으로 깜깜이였다. 몇몇 개인별 진출이 있었으나 그것도 어렵사리 이뤄졌다.

  – 길옥윤(1927~1995)은 일찍이 재즈를 배우기 위해 6·25 직전에 일본으로 밀항했다. 10년간 활동하면서 '작곡가, 색소폰 연주자, 가수'를 겸한 뮤지션으로서 명성을 떨쳤다.

- 1953년 결성한 한국 첫 공식 걸 그룹 김시스터즈(숙자 애자 민자)는 1959년 미국인 흥행사(톰 볼)에 의해 라스베이거스에 진출했다. 2009년 미국에 상륙한 원더걸스보다 무려 50년 앞선다. 당시 인기 TV 프로그램 「에드 설리번 쇼」 출연 후 현지에서 첫 앨범을 발표했다. 세계적인 사진 잡지 「LIFE」 1960년 2월호에 특집 화보로 소개되었다. 미국 진출 11년 만에 귀국하여 전국 투어 공연을 펼쳤다.

- 서울대 음대 출신 1호 여가수 릴리화(한국 이름: 최정환)는 유럽 진출에 첫발을 디뎠다. 1959년 서독에 유학, 국제 유학생 경연대회에서 160여 명의 참가자를 제치고 최고상을 받았다. 이후 세계적인 레이블 필립스 레코드사에 전속되어 팝과 민요 그리고 클래식을 넘나들며 폭넓은 가창력으로 '동양의 별'로 불렸다.

■ 60년대 미국 간 손시향과 패티 김, 70년대 국제가요 스타 정훈희

- '검은 장갑', '이별의 종착역'으로 유명한 중저음의 미남인 손시향(1938~)은 1960년 미국 플로리다의 마이에미로 이민을 떠나 리 손(Lee Shon)이란 이름으로 독집을 발표했다. 무명의 한국 가수가 무려 6개 언어로 12곡을 녹음하여 현지 언론의 호평을 받았다.

- 패티 김은 1960년 일본 NET-TV의 초청을 받아 톱클래스 악단 스타더스트와 3개월간 일본 전국 투어를 했다. 해방 이후 일본의 정식 초청을 받은 첫 가수로 기록된다. 당시 팝송은 물론, 한복차림으로 장고춤을 추

며 '아리랑' 등을 노래했다. 이어 1962년에 미국에 진출한다.

한명숙의 '노란 셔츠 사나이'(1961년)는 미8군 무대를 거쳐 일본, 말레이시아, 필리핀, 태국, 싱가포르, 홍콩 등 동남아 순회공연에 오른다. 단일곡으로 스타덤에 올라 다국 순회까지 이루어 냈다.

– 1964년 '동백 아가씨'로 국내를 평정한 이미자는 1966년 7월, 일본에서 첫 공연을 갖는다. 요청된 여러 곡도 녹음했다. 68년 일본 방문 때는 당시 악화된 한일감정 때문에 다수의 노래가 금지곡으로 묶였다.

– 1970년대는 국제가요제 도전 시대가 열린다. 선두자는 가수 정훈희와 작곡가 이봉조였다. 1970년 38개국 44개 팀이 벌인 1회 도쿄국제가요제에서 스웨덴의 혼성 4인조 아바(ABBA)가 탈락하고, 정훈희는 '안개'로 입상하여 파란을 일으켰다. 이어 72년 그리스국제가요제에서 '너'를 불러 아시아권에서 입상(4위)한 유일한 가수가 되었고, 75년 칠레가요제에서는 '무인도'로 3위 겸 최고가수상을 획득했다. 이로써 정훈희는 국제 가수가 됐다. '국위선양'은 스포츠뿐만 아니라 연예 부문에서도 발휘되었다.

– 1965년 '추풍령'으로 유명해진 남상규는 30세인 68년에 일본의 한 레코드사에서 앨범 취입 제안을 받는다. 이후 1983년까지 약 10년간 동경과 서울을 오가며 한국가요를 전파했다.

'일본 가수 층이 너무 두터워서 뚫고 나가기 힘들어요…'
1979년 동경 한 클럽에서 만난 필자에게 들려준 얘기였다. 60년대 당시 남일해, 오기택과 더불어 저음 가수 3총사로 불리던 그는 음색이 비슷한 일본의 엔카 스타인 이츠기 히로시와 모리 신이치의 벽을 넘지 못했다.

- 김상희는 1970년 패티 김과 함께 'EXPO 70'의 도쿄 아리랑 페스티벌에 한국 대표 가수로 한 달간 참여했다. 이때 관심을 보인 일본의 캐논 음반사를 통해 여러 곡을 취입해 주목을 받았다. 당시 야마하 음악제에서 영어로 노래하는 김상희를 눈여겨본 미국 MGM사와 음반 계약을 체결해 화제를 모았다.

- 펄시스터즈는 이봉조 곡인 '사랑의 교실'로 도쿄국제가요제 본선을 거쳐 일본 진출의 교두보를 마련했다. 1972년 봄, '준과 숙'으로 개명하고 소니 CBS와 2년 계약을 맺었다. 데뷔곡 '달빛에 젖은 꽃'은 제5회 신주쿠 가요제에서 은상을 쥐고 첫 독집 '하얀 가랑비 이야기'도 주목을 받았다.

- 169cm의 키에 부드러운 허스키의 이성애는 1973년 MBC, KBS, CBS의 연말 10대 가수제 신인상을 휩쓴다. 1977년 일본에서 남진의 '가슴 아프게'를 현지어로 불러 성공한 가수로 거듭난다. 현지 평론가들은 "엔카의 원류를 한국의 이성애에서 찾았다"고 극찬했다. 한국 가수들의 본격적인 일본 진출의 물꼬를 트고 노래방에 우리 가요를 진입시키는 데에 견인차 역을 했다.

■ 1980년대 일본 휩쓴 조용필, 나훈아, 계은숙, 김연자

- 일본의 중장년층 세대는 한국을 떠올리면 '돌아와요 부산항에'를 가장 먼저 들먹인다. 80년대의 슈퍼스타 조용필의 일본 진출은 하나의 사건이었다. 1983년 아사히TV에서 선정한 그해의 베스트 10에서 '작은 거인' 조용필은 6위에 랭크되었고, 최고의 가수들만 출연하는 NHK 연말 특집 홍백가합전(紅白歌合戰)에 4년 연속 출연하는 성과를 올렸다. 또한 일본 현지에서 3장의 음반이 50만 장 이상의 판매를 기록, 골든 디스크로 등극하면서 홍콩, 대만 등 동남아에서도 팬클럽이 결성되는 국제 가수로서의 면모를 보였다.

- 조용필과 비슷한 시기인 1984년 나훈아는 일본의 한 레코드와 전속 계약을 맺었다. 일본의 주부들이 자발적으로 후원회를 결성했고 87년 도쿄에서는 '나훈아 노래 전국노래자랑'이 열렸을 정도로 반응이 컸다. 언론들은 나훈아를 "엔카 가수를 위협할 한국의 대표"라고 평가했다.

- 모델 출신 계은숙은 1980년 MBC 10대 가수제에서 신인상으로 이름을 알렸다. 가능성을 간파한 한 일본 작곡가의 주선으로 23세인 1985년 '오사카의 황혼'으로 진출한다. 짙은 허스키의 감정표현에 섹스어필한 몸매로 NHK의 홍백가합전에 무려 일곱 차례나 출연한다. 또한 1988년 전 일본 유선방송 대상 가수 1위, 요코하마 음악제 일본 엔카 대상, 1990년 전 일본가요음악제 특별상을 받았다. 모두 전무후무한 기록들이다. 교통사고, 소속사와 환금소송, 세금 문제, 각성제 소지 혐의로 30년 가까운

일본 생활을 접고 2014년에 귀국했다.

- 김연자는 불과 열다섯 살인 74년 'TBC 가요 신인스타'에서 우승한 뒤 77년에 도일하여 '여자의 일생'으로 데뷔했으나 주목받지 못한다. 84년 '수은등'에 이어 1988년 서울 올림픽 찬가 '아침의 나라에서'를 일본어로 알리면서 일약 반전된다. 18살 연상인 재일 동포 음악 PD 겸 매니저 남편과 더불어 엔카계의 반열에 오르기까지 10년 세월을 더 필요로 했다. 2002년 '북녘 반딧불'로 오리콘 엔카 차트 5주 연속 1위, 2008년 '새벽 전'으로 3주 연속 1위를 차지하며 정상의 가수로 인정받아 NHK 홍백가합전에도 출연했다.

■ 1990년대 H.O.T.와 김완선, 2000년대는 보아, 동방신기, 원더걸스,

1997년 IMF 위기 후, 광범위하게 구축된 인터넷을 통해 불법 MP3가 만연하고 음반 시장은 추락했다. 위기감을 느낀 대형 기획사들은 해외로 눈을 돌리기 시작했다. 이후 H.O.T.가 중국 본토를, 클론과 김완선이 대만을 공략했다. 또한 일본에 진출한 보아가 오리콘 차트 정상에 오르면서 한류 열풍이 일었다.

- 1998년 5월, SM 소속 아이돌 그룹 H.O.T.의 히트곡 중, 중국인들의 기호에 맞는 10곡을 선곡한 베스트 앨범 '행복'을 현지에서 발매했다. 한글 가사의 이해를 돕기 위해 중국어 해석을 달아 낸 이 앨범은 한국 가수로는 최초로 중국에서 정식 발매된 음반으로 기록된다. 한 달 만에 5만여

장이 팔렸고 1, 2집 통산 14만 장의 판매고를 올렸다. H.O.T.가 물꼬를 트자, 남성 듀엣 클론, 박미경, NRG, 베이비복스, 유승준 등 인기 가수들의 앨범이 대거 중국에서 발매된다.

- 보아는 데뷔 전부터 일본어와 영어를 배워 치밀한 준비를 했다. 이후 현지 언어는 노래 이전에 터득할 필수 맞춤 전략이 되었다. 아담한 몸매, 우아한 미소, 유창한 일어로 젊은 층과 밀착하여 2000년 성공적으로 데뷔한다. 이후 레이블 AVEX와 계약을 체결하고 2001년 싱글 'ID; Peace B'를 발매하며 스타덤에 오른다. 첫 정규 음반 'Listen to My Heart'가 처음으로 오리콘 앨범차트 1위에 오르며 100만 장 판매를 돌파했다. 한국 아이돌의 일본 진출에 멘토가 되었다.

- 2004년 데뷔한 동방신기는 국내보다 일본에서 열풍을 일으켰다. 2009년 원더걸스는 미국에 진출해 빌보드 차트에 진입했고, 소녀시대의 '소원을 말해봐'는 필리핀 인기 차트 1위, 슈퍼주니어M의 'Super Girl'도 대만 음반 차트 1위에 오르면서 한류는 급물살을 탔다.

2010년 이후 해외 진출은 '현지에 가수의 출현' 형태를 고전형식으로 돌리고, 새로운 유통 매체인 '유튜브'를 통해 실시간으로 등장한다. 2012년 싸이의 '강남스타일'이 그렇게 튀었고 이어서 방탄소년단이 글로벌 스타로 비상한다.

14. 요절 가수 20인의 추억, 배호에서 김광석까지

　요절 가수하면 '사의 찬미'로 유명한 윤심덕이 먼저 떠오른다. 1926년 29세로 이룰 수 없는 사랑 때문에 현해탄에 몸을 던진 최초 성악가이자 대중가수다. 1946년, 황금심, 장세정과 삼총사로 활약하던 박향림은 절정의 25세에 쓰러졌다. 만삭의 몸으로 공연 중 졸도, 산후조리를 소홀했다. 히트송 '코스모스 탄식'처럼 추도 공연(서울 동양극장)은 인산인해를 이루었다. 가요 황제인 남인수도 44세에, '목포의 눈물'의 이난영도 49세로 갔다. 모두 해방 전 전성기를 구가한 명가수들이다.

　1960년대에서 90년대까지 요절 사연을 보면 '병사(病死)'가 대부분이다. 2000년대 이후는 의외로 자살이 많다. 징후도 예후도 없는 교통사고사는 시와 때를 가리지 않고 일어나고 있다. 미인박명에 재인박명(才人薄命)이 추가된다. 요절 가수의 히트송은 한순간 진혼곡이 되고 추모곡이 되었다.

1) 서른 전에 낙엽 따라, 안개 속으로 떠나버린 차중락과 배호

　차중락(1942~1968)은 보컬 그룹 키보이스의 원년 멤버로 활약하다가 1966년 솔로로 전향, 엘비스 프레슬리의 번안곡 '낙엽 따라 가버린 사랑'으로 이름을 알렸다. 토종 서울내기, 매끈한 얼굴, 건장한 풍채, 호탕한 성격, 달콤한 음성을 갖춘 완벽한 상남자로 여성 팬을 끌었다. 이어 내놓은 '철없는 아내'와 '사랑의 종말', '밤하늘의 연가'도 상종가를 쳤다. 1968년 급성 뇌막염으로 사망, 27세의 종말치곤 너무 허무했다.

그를 기리기 위해 제정된 '낙엽상'은 유망한 신인가수에게 주는 상으로 그 첫해(1969) 남자 부문 수상자는 나훈아였다.

배호(1942~1971)는 최희준, 남진 함께 1960년대 후반의 트로이카였다. 중후한 저음에 애절한 창법, 병마와 싸우면서 '혼신 절규'로 끓어올린 음정은 모방 불가, 대체 불가의 깊은 울림을 전했다. 당초 방송사 전속악단의 드러머로 입문, 1963년 첫 곡 '굿바이'에서 71년 마감한 '마지막 잎새'와 '0시의 이별'까지의 제목들은 마치 자기 죽음을 예견한 듯했다. '두메산골', '누가 울어', '안개 낀 장충단공원', '돌아가는 삼각지', '안녕', '당신' 등 모든 노래는 회색빛 하늘에 고독한 사랑과 별리를 슬퍼하고 있다.

막판 2년엔 국내 각종 가수 부문 30개를 수상했으나 지병인 신장염으로 서른을 못 채우고 떠났다. 5년간 앉아서 또는 누워서 취입한 30곡은 사후 늦게 서야 평가됐다. 시중에 나온 배호 테이프 절반은 모창 가수가 대음한 곡이 나돌았다. 2003년 옥관문화훈장 4등급 추서, 2005년 광복 60주 〈가요무대〉 여론조사에서 '가장 사랑받는 국민가수 10인'에 들었다. 용산구 삼각지에 배호로(路)를 비롯해 묘지(경기 장흥), 경주, 강릉, 인천 등에 노래비가 세워져 있다.

2) 6·25둥이 트로트 가수 – 29세 남정희, 38세 최병걸

남정희(1950~1979)는 1967년 제작한 영화 〈새벽길〉(신성일, 남정임, 고은아 주연)의 주제가를 불러 탄생을 알렸다. '동백 아가씨' 이미지를 발굴한 작곡가 백영호가 트로트 스타를 키우기 위해 앳된 여고생인 남정희를 찾아냈다. 17세에 녹음한 '새벽길'이 대 히트하고 '가는 정 오는 정', '순정', '헤일 수 없는 세월' 등 40여 곡을 취입했다. 10년 내공을 들여 이제 막 뜨려는 1979년에 뜻밖의 교통사고로 하직했다. 29살이었다.

최병걸(1950~1988)의 대표곡 '난 정말 몰랐었네'는 1978년 MBC의 〈금주의 인기가요〉에서 5주 연속 1위에 오르며 그해 MBC, TBC 10대 가수상을 안겨줬다. 이후 노래보다는 가요 창작에 더 몰두했지만 간암 말기로 1988년 떠났다. 38세였다.

3) 중저음 가수들의 잇따른 비보, 하수영과 김정호

하수영(1948~1982), 나는 다시 태어나도 당신만을 사랑하리라. 1976년 '아내에 바치는 노래'는 남편들의 속마음을 잔잔히 전한다. 과묵형 신사 하수영은 이 곡을 위해 태어나서 이 곡을 남기고 떠났다. 1981년 말 뇌출혈로 쓰러져 이듬해 정월 초하루 34세로 눈을 감았다. 같은 이름의 영화(한진희, 정소녀 주연)가 나와 그를 기렸다.

김정호(1952~1985)는 '사월과 오월' 듀엣으로 출발, 74년 '이름모를 소녀'로 히트했다. 이듬해 대마초 사건에 연루되어 한동안 모습을 감췄다.

생각을 말아요. 지나간 일들, 그리워 말아요. 떠나갈 임인데. 그의 노래 '하얀 나비'처럼 음울한 표정에 실은 반 허스키의 음색은 울고 싶은 추임새를 조용히 북돋운다. 평소 호흡기가 약해 요양하던 중 33세 폐 질환으로 떠났다.

4) 같은 해에 간 남매 가수, 떠난 후 더 유명해진 유재하, 김현식

인형처럼 예쁘고 아담한 남매 가수 장현과 장덕은 1976년 듀오 '현이와 덕이'로 출발하여서 한 눈에 들어왔다. 동생 덕이는 1976년 안양예고 시절 진미령이 노래한 '소녀와 가로등'를 작곡하여 음악적 천부성을 보였다. 불행히도 설암으로 죽은 현이 오빠를 간호하면서 우울증이 쌓였다. 1990년 수면제 과다복용으로 같은 해 6개월 후 영원히 잠드니 각각의 나이 35세, 28세였다.

유재하는 조용필의 '위대한 탄생'의 멤버로 활약했다. 87년 솔로 전향, 첫 앨범 '사랑하기 때문에'로 떴다. 작곡과 출신답게 클래식에 재즈를 접목하고 순수음악에 대중성을 더하여 세련되고 다채로운 작 편곡, 연주까지를 겸했다. 1987년 11월 새벽, 친구의 차를 타고 가다 강변북로의 중앙선을 침범, 마주 온 차와 충돌하여 25세를 마감했다.

김현식의 1980년 '사랑했어요'를 비롯 '비처럼 음악처럼', '신촌 블루스'는 노래방에서 지금도 차트곡이다. 과음, 흡연, 과로로 간 경화를 초래하여 1990년 33세로 졌다. 유작 '내 사랑 내 곁에', '추억만들기'는 사후 더 큰 찬사를 받았다. 고교 중퇴 후 80년대 싱어송라이터를 대표했던 인재였다.

김재기는 3옥타브 고음에서 중저음까지 자유롭게 구사한 음역, 우수에 찬 음색, 독특한 비브라토, 고급스러운 변조 능력이 탁월했다. 그룹 '부활'의 김태원과 짝을 이룬 세 곡 '사랑할수록', '소나기', '흑백영화'는 대박을 터트렸다. 사후 1년 만에 KBS〈가요톱10〉에 1위를 차지하고 100만 장의 판매고를 올렸다. 1993년 한여름 서울 한 고가도로에서 빗길에 미끄러져 마주 온 차와 충돌하여 목숨을 잃었다. 25세였다.

5) 도로에 웅크린 날벼락, 줄지 않은 교통사고사

김인순(1953~1988)은 이화여고 시절부터 소문난 노래꾼이었다. 다정 다감한 음색으로 소녀적 감성을 실어내어 중·고등학생에겐 단연 으뜸 이었다. 아무도 몰라 누구도 몰라 우리들의 숨은 이야기를 노래한 '여 고 졸업반', 1975년 하이틴 영화와 함께 나와 각 차트에 1위를 차지했 고 고교 졸업식 시즌이면 으레 주제가처럼 나타났다. 라디오 DJ로도 활약, '친구 사이', '선생님 안녕히', '푸른 교실' 등 그의 노래는 학창시 절의 추억을 환기했다. 1988년 인천 공연을 마치고 귀가 중 과속 트럭 이 추돌하여 비명에 갔다. 35세 주부였다.

유재하와 김재기도 그랬듯이 원티드의 멤버 서재호(24)도 그랬다. 2004년 강릉 행 중 중앙고속도로 풍기 나들목에서 교통사고를 당했 다. 스타덤에 오르려는 참에 당한 죽음이었다.

'너의 목소리'를 낸 먼데이키즈의 멤버 김민수(23세)는 배우 권상우를 닮은 아담한 체구에 중저음 허스키를 자랑했다. 2008년 한 아침, 오토바 이 주행 중 서울 관악 IC 커브 길에서 가로등을 받고 일어나지 못했다.

동승 차 사고로 나란히 죽음을 맞은 안타까운 예도 있었다. 2014년 9월, 레이디스 코드의 멤버 고은비(21)와 권리세(23)는 영동고속도로 신갈 분기점 부근 갓길 방호벽을 들이받았다. 은비는 현장에서 숨지고 리세는 닷새 후 세상을 떴다. 재일 동포인 리세는 2009년 미스코리아 선발대회에서 해외 동포 상을 받은 재원이었다.

6) 극단적인 선택-악플 우울증, 미래불안 스트레스, 미제사건도

김광석은 '노찾사'의 단원으로 '거리에서', '흐린 가을 하늘에 편지를 써' 등 주옥같은 명곡을 남겼다. 1989년 솔로로 전향, 일천 회가 넘는 소극장 콘서트로 가객(歌客)이란 별명을 얻었다. '부치지 않은 편지', '서른 즈음에', '어느 60대 노부부 이야기', '이등병의 편지' 등 통기타에 실은 낭랑한 노래는 여전히 들려온다. 32세인 1996년 자택에서 식은 몸으로 발견되어 죽음의 의혹은 아직도 남아있다. 90년대 김현식에 이어 귀중한 음원의 손실이었다. 대학로 학전소극장 앞에 노래비가 섰고, 고향 대구 대봉동에 '김광석 거리'가 조성되었다.

23세의 김성재는 '말하자면', '작지만 큰 행복'을 내고 1995년 어느 날 변사체로 발견되었다. 약물 과다 투여로 추정됐다. 그는 소리보다 비주얼 감각과 이미지 관리에 탁월했다. 180센티에 힙합, 모던패션, 자유분방함, 부모의 외국 무역업 덕분에 몸에 밴 외국어 실력 등 오색 아티스트였다. 2019년 8월 제작한 SBS의 〈그것이 알고 싶다 – 김성재 사망 사건 미스터리〉는 그의 여자 친구가 낸 방송금지 처분이 받아들여 불방되었다. 이례적이었다.

꽃미남의 원조인 서지원이 1996년 1월, 20살에 하늘로 갔다. 미국 이민에서 가수 꿈을 안고 귀국하여 발라드풍의 '내 눈물을 모아', '메이드인 헤븐'을 남겼다. 불투명한 미래와 가족의 큰 기대, 기획사와의 조율 실패 등 절망감을 이기지 못해 유서를 남기고 떠났다.

2014년, 의료사고(복부 수술 후유증)로 비명에 간 영원한 '마왕' 신해철 (46)의 죽음은 아직도 석연치 않다.

2019년 11월에 두 아이돌 가수가 연달아 비보를 울렸다. f(x)의 출신 설리는 25세로, 카라 멤버였던 구하라는 28세로 각각 자택에서 숨진 채 발견되었다. 두 가수는 모두 댓글 악플로 우울증을 앓았다. 한류 중심축인 아이돌 가수의 인성교육 부재가 도마 위에 올랐다. 상품성을 높이기 위한 노동 훈련과 혹독한 일정 운용도 지적되었다.

15. 美人대회 공화국, '미스코리아'에서 '고추 아가씨' 선발까지

해마다 5월이면 미스코리아 선발대회가 열렸다. 수많은 미녀가 TV 속에 넘쳐났다. 나이와 관계없이 남성들의 눈을 즐겁게 했다. 이젠 보기 어렵다. 1972년부터 시작된 중계방송은 여성단체들의 극력 반대로 30년 만에 지상파 TV 중계에서 사라졌다. 2002년부터다.

'미스코리아'의 성가가 높아지면서 왕관을 쓴 자는 곧바로 대중의 '별'이 됐다. 만인이 보증하는 신데렐라가 되어 명성을 얻고 연예계에 데뷔했다. 탤런트 고현정, 김성령, 이승연, 염정아, 성현아, 오현경, 궁선영, 김예분, 유하영, 이하늬, 김사랑, 한성주 등이 역대 미스코리아 출신들이다. 서현진, 김주희, 장은영 등 아나운서도 이 무대에서 나왔다.

그러나 90년대 들면서부터 여권(女權)신장과 함께 비판적인 시각이 확산하였다. 각종 미인대회가 미에 대한 획일화된 기준과 외모지상주의를 부추기고 여성을 상품화함으로써 여성에 대한 사회적 편견을 심화시킨다는 이유다.

이 땅에 처음으로 '미스코리아 선발대회'가 열린 때는 1957년이었다. 한국일보가 주최했다. 응모자는 57명에 지나지 않았지만, 본선은 온 국민의 관심사가 되어 인산인해를 이뤘다고 기록한다. 이후 오늘날까지 빠짐없는 5월 잔치로 이어지고 있다. 15개 시·도에서 예선을 거치고 해외 동포까지 포함하여 약 60명이 본선에 오른다. 최근엔 성형미인, 인공미인 시비도 그치지 않았다.

'출연 여성이 방긋방긋 웃으며 외모로 평가받는 모습이 이질적으로 느껴진다.', '각자의 외모는 개성의 대상이지 평가의 대상이 아니다.', '신체지수로 재단되고, 규격화에 맞춰 순위가 정해지는 획일화된 미의 기준이 문제다.', '미인대회는 여성 인권 신장이라는 시대적 흐름에 역행한다.' 이는 반대의견의 요지다.

'오랜 행사를 댕강 잘라버린 것은 무책 단견이다.', '사람은 누군가에게 긍정적인 평가를 받고 싶은 것이 본능이다.', '미인대회의 출전권마저 박탈하는 것은 과도하다.', '대회에 참가하고 이를 시청하는 것은 개인 선택권이다.' 이는 폐지 반대의 목소리였다.

중계 여부에 관계없이 미스코리아 대회는 2020년으로 64회째를 맞는다. 여기서 선발된 미녀는 세계 3대 미인대회인 미스월드(영국, 1951~), 미스유니버스(미국, 1952~), 미스영인터내셔널(일본, 1960~)의 한국 대표로 출전한다.

■ 첫 계기는 1908년 시작한 이화여대 '메이퀸' 선발

이화여대에서 1908년부터 시작된 '5월의 여왕'(May Queen·메이퀸) 선발대회가 있었다. 개교기념축제(5월 말)에서 창립자 스크랜튼 부인에게 '메이퀸'이라는 상징을 바치면서 생화를 엮어 만든 왕관을 올렸다. 조선 여성들에게 반듯한 교육기관을 만들어준 스승에 대한 존경과 감사의 마음을 담았다

1927년 이후는 메이퀸을 학생 중에서 투표로 뽑기 시작했다.

"졸업반 학생 중에서 성적이 우수하고 품행이 단정하며 신앙이 돈독하여 진·선·미의 이화 정신을 대표할 수 있어야 한다."는 전제가 붙는다.

해방과 한국전쟁 기간에 부침하다가 창립 70주년인 1956년에 정착한다. 매년 5월, 각 과에서 후보가 선출된 후, 교수와 동창생들로 구성된 선정위원회의 최종 심사를 거쳐 최고 득점자가 메이퀸으로, 나머지 차점자들은 과 퀸으로 대관식에 참석했다. 1960년대에서 70년대 초반까지는 인기와 규모 면에서 언론과 사회의 뜨거운 시선을 모았다. 까다로운 선발 과정을 통해 뽑힌 메이퀸은 최고의 대접을 받았다. 취재용 헬기에서 축하 꽃다발이 떨어지고, 몰려드는 인파에 여왕의 옥좌가 무너지기도 했다.

메이퀸에 대한 사회적 관심이 과열되자 1978년 동문과 재학생을 중심으로 회의론이 불거지기 시작했다. 동문회에서 반대의견이 속출하고, 대부분의 학과에서 과 퀸 선발을 거부해 사실상 메이퀸은 폐지된다.

'개인 우상화 및 여성 관상용 화의 습관 조장'의 주장과 '소중하고 아름다운 이화의 전통'이라는 견해가 한동안 맞서 엇갈렸다.

70년간 한 시대를 풍미한 대학축제의 상징인 메이퀸 왕관은 역사의 유물이 되었지만, 5월의 하늘을 아름답게 수놓았던 그 시절의 뜻과 낭만은 여전히 많은 이들의 가슴 속에 남아있다. (이화여대 100년사에서 발췌)

■ 지역 특산물 홍보, 지역 발전의 명분, 지역 미인대회 붐

미인대회 반대 운동이 활발히 일어나던 1990년대와 2000년대 초반, 'OO 아가씨'라는 이름을 건 지역 대회가 활기를 띠었다.

2002년 7월, '미인대회를 통해 본 지역축제의 문제점과 개선방안 토론회'(시민단체 연합 주최)에서 집계한 전국 미인대회는 99개였다.

이 중 지자체 예산이 투입된 대회는 43개, 2002년을 기준으로 하여 이미 폐지됐거나 지자체 예산이 들어가지 않는 미인대회는 56곳으로 나타났다. 당시 시민단체인 '함께하는시민행동'은 "2001~2002년 전국 지자체들이 미인대회에 지출한 예산은 총 12억여 원"이라고 밝혔다. 토론회에선 "대한민국은 'OO아가씨 공화국'"이란 비판도 나왔다.

그 후 17년이 지난 2018~2019년 사이에 개최된 지역 미인대회를 간추려 보면 다음과 같다. (한겨레신문 2019. 7. 20. 요약 발췌)

- **'김천 포도 아가씨'** (경북 김천시 예산 9천만 원)
- **'영양 고추 아가씨'** (경북 영양군 예산 2억2천만 원)
- **'영천 포도 아가씨'** (경북 영천시 예산 5천6백만 원)

- '**안동 한우 홍보 사절 선발대회**' (경북 안동시 예산 8천만 원)

- '**전국 춘향 선발 대회**' (전북 남원시, 국비 2억9백만 원)

- '**아랑규수 선발대회**' (경남 밀양시 예산 1천10만 원)

- '**미스 변산 선발대회**' (전북 부안군 예산 5천만 원)

- '**사선녀 선발 전국대회**' (전북 임실군 예산 2억 원)

- '**새만금 벚꽃 아가씨**' (전북 군산시, 시 예산 지원 없음, 28회째 개최)

지방별로 보면 경북이 6곳으로 가장 많다. 성주군, 영양군, 영천시, 김천시, 영주시, 안동시 등에서 '특산물 아가씨'를 뽑았다. 수상자는 미스코리아 경북 '본선 진출' 기회가 주어진다. 경북 성주군은 2019년 5월, '미스 성주 참외'를 선발했다. 김천과 영천은 똑같은 행사인 '포도 아가씨' 선발을 하고 있다.

반면 시민단체의 반대에도 강행한 경우도 있다. 2019년 5월 경남여성단체연합은 "'밀양 아리랑 대회'의 '아랑규수 선발대회'를 폐지하라"는 성명서를 냈다. '아랑규수의 정절을 기린다'는 취지를 넘어 여성의 성적 자기 결정권을 해친다는 지적에도 불구하고 시 예산을 지원받아 시행했다.

이 같은 대회들은 대체로 신청 자격을 '17~25살 미혼 여성'으로 한정하고 예·본선, 합숙을 거쳐 외모, 말하기 솜씨, 장기자랑 등 여러 항목을 평가한다. 수상은 '진·선·미' 등 서열을 매기는 방식으로 진행된다.

여성의 성 상품화 논란을 피해가기 위해 표면적으로 '미인대회'를 내세우지 않고 '향토문화 육성', '지역경제 살리기' 같은 지역축제와 결합해 열리는 대회도 있다. 2018년 10월 개최된 '안동 한우 홍보 사절 선발대회'는 언뜻 지역 한우를 홍보하는 사람을 두루 뽑을 것 같지만, 지원 대상을 18~28살 미혼 여성으로 제한하여 미인대회와 다를 바 없었다. 경북 경산시가 지원하는 '경산 대추 알리미'는 여성만 뽑았던 대추 아가씨 선발대회를 개선해 2017년부터 명칭을 바꾸고 남성도 지원할 수 있게 했다. 하지만 주요 수상자들은 대부분 젊은 여성이었다.

김해 진영 단감 축제의 '단감 아가씨 선발대회'는 2016년이 마지막이었다. 1988년에 시작한 전남 '영광 굴비 아가씨' 선발대회 역시 5년을 겨우 넘기고 2003년에 폐지되었다. 경북 영주시 '풍기 인삼 아가씨' 대회는 2017년 3천만 원을 지원받아 지속하다가 2018년부터 지역에서 비판 여론이 높아지자 결국 취소했다.

'아가씨 좀 집어치워라', '아가씨 말고 시민이 다 함께'는 지역축제의 '미인계'를 개선하기 위해 직접 거리로 나선 구민들의 어깨띠 문구다. 서울 중랑구 몇몇 친목 단체 회원들은 매년 5월 구 행사인 '서울 장미축제'에 '장미 아가씨'를 내세우는 데에 반대했다. 시민의 힘이 작용했다.

군대에도 미인대회가 있었다. 1962년 국방부가 여군 모집을 홍보하면서 육본에서 '미스 여군 선발대회'를 열었다. 미스코리아처럼 군복·드레스·수영복 심사를 했다. '성 상품화' 비판이 일자 '모범 여군 지(知)·용(勇)·미(美)선발대회'로 이름을 바꿨지만 10년째 1972년을 끝으로 사라졌다.

■ 세금 낭비, 찬반 논란 계속, 미인대회 전용 학원도 생겨,

    미인대회는 주로 봄과 여름철이 성수기며 아나운서, 쇼호스트, 배우, 승무원 등을 꿈꾸는 여성의 필수 코스로 간주한다. 소위 '스펙'이라 불리는 다양한 요소 중 하나라고 할 수 있다. 이에 대응한 학원도 생겼다. '미인대회 준비반'이나 '1대1 코칭'을 열어 이미지 메이킹, 스피치, 예상 면접, 워킹 포즈, 개인 장기자랑 등을 지도하고 수십만 원을 받는다. 미인대회 준비생들이 모여 정보를 교환하는 인터넷 커뮤니티의 회원 수도 6천여 명에 이른다.

    이처럼 거센 반대 운동에도 미인대회가 명맥을 유지하는 이유는 지역 언론사와 지자체의 기업, 기관들과 이권이 엮여 있고, 이를 제한할 명확한 규정이 없기 때문이다. 더불어 타 지역과 옆 동네가 하니까 경쟁적으로 따라 한다. 대열에서 밀리고 싶지 않아서다. 예산은 모두 국민 세금이다. 한 여성단체 대표는 국가인권위원회 같은 기구가 나서서 근본적으로 조처를 해야 한다고 말한다.

■ 각 방송사, 탤런트 선발 겸한 미인대회 경쟁적 개최

    1970년대부터 90년대에 이르러 지상파 TV사가 미인선발 대회의 경합을 벌인 때가 있었다. 기업과 제휴하여 화제를 유도하고 자사 전속 탤런트로 합류시키는 데에 안성맞춤이었다.

- 춘향의 얼과 정신을 선양하기 위한 남원의 '춘향제'는 1931년에 시작되어 2020년에 90회를 맞는다. 전국 700여 지역축제 중 가장 오랜 연륜을 자랑한다. 춘향제 기간에 열리는 '전국춘향선발대회'는 1957년(27회)부터 시작했다. 600년이 넘은 광한루 경내에서 행하여 정취를 더한다. KBS(전주총국)가 오랫동안 주관을 맡았다. 전통미와 재능, 품위와 맵시를 겸비한 신여성 상을 본다. 합숙까지 열흘이 걸린다. 진선미에 이어 정(貞)숙(淑) 현(賢) 등 여섯 명을 뽑는다. 약 300명의 미스 춘향이 나왔다.
  배우 박지영(1988년), 국악인 오정해(1992), 탤런트 윤손하(1994) 이다혜, 장신영(2001), 기상캐스터 강아랑(2014)을 들 수 있다.

- TBC는 롯데와 제휴하여 '미스롯데 선발대회'를 주관했다. 1975년 제1회 선발대회에서 명현숙을 뽑았다. 1978년 2회는 원미경, 차화연, 이미숙, 경인선, 이문희가 선발되었다. 모두 연기자가 되었다. 81년 당선된 김현주, 조용원, 82년의 안문숙. 임경옥, 84년 채시라, 권재희, 87년엔 이미연이 뒤를 이었다. 라이벌 업체인 해태가 가만있을 리 없었다.
  1978년 '미스 해태 선발대회'를 열고 여고생인 이미영(1961년생)을 탄생시켰다. 그는 MBC 탤런트 10기로 편입하여 이혜숙, 나영희와 동기로서 활동했다.

- MBC는 1981년 11월, 창사 20주년을 기념하여 '컬러TV 시대에 걸맞은 스타 발굴'의 명분을 내걸고 '미스 MBC 선발대회'를 열었다. 전국 19개 계열사의 예선을 거친 미녀들은 이덕화, 김보연의 진행으로 본선을 치렀다. 미스 MBC는 임지영, 준 미스 MBC는 이휘향과 김청, 장려상엔 홍진

희, 김혜정 등 5명이 뽑혔다. 이들은 자연스레 14기 MBC 탤런트로 들어 갔다. 서울예전 여대생인 이휘향은 화려한 외모를 뽐냈고, 김혜정은 〈전원일기〉에서 복길이 엄마가 되었다. 김청은 주말극 〈사랑과 야망〉에서, 홍진희는 〈대장금〉에서 두각을 냈다. 외부평가가 좋지 않아 1회로 끝났다. 5공 당시 방송 사장들의 엉뚱한 경쟁 발상이 문제였다. KBS(이원홍 사장)에 '국풍 81'로 바람을 몰자 이에 MBC(이진희 사장)도 맞대응한 행사였다.

－ SBS 슈퍼모델 선발대회는 개국 이듬해인 1992년부터 SBS가 주관해온 국내 유일의 슈퍼모델 선발대회다. 단순한 모델을 넘어 다양한 분야에서 끼와 재능을 가진 톱스타의 등용문임을 자처한다. 2021년엔 30회를 맞는다. 1992년 첫 스타는 이소라, 이후 한고은, 송선미, 김선아, 이다희 등을 배출했다. 2011년 20회를 맞아 남자에게도 문호를 개방했다. 한 해 많게는 12명까지 뽑으며 현재 160명을 넘었다.

미인대회의 공통으로 '지역 PR과 특산물 홍보'를 기본으로 내세운다.

장점은 가시성(可視性)과 화제성(話題性)이 높다, 사람들의 발길, 눈길을 대번에 모을 수 있다. 미인은 누구에게나 상찬과 선망의 대상이 된다. 진(眞)의 개념은 숨겨져 있고 선(善)은 기다림을 필요로 하지만 미(美)의 개념은 즉발적, 직감적이다.

미인을 줄 세워 뽑고 순위를 매기는 잔치는 그 과정을 즐기면서 자신의 감각을 투영할 수 있다. 주최자는 단발의 결과물로서 뚜렷한 증표를 얻게 된다. 더불어 일회용이 아닌 사후 활용도가 높고 지역 심벌로서 유기적인 쓰임새도 다양하다. 물건보다는 역시 사람이다. 산물보다는 인물이 오래간다. 그래서 찬반 논란은 매년 되풀이된다.

제4부

햇빛 예능 & 달빛 예능
(1990년대)

햇빛 예능 & 달빛 예능 (1990년대)

16. '마당놀이' 30년 역사, 아날로그 시대의 마지막 뒤안길

'마당놀이'는 당초 1981년 MBC 창사 20주년을 맞아 시청자를 위한 특별 무대로 기획되었다. 제작은 극단 민예에 일임했다. 당시 민예(73년 창단, 대표 허규)는 '전통 연희의 현대적 수용'이라는 연극이념을 지향하고 있었기에 안성맞춤이었다.

첫 작품 '허생전'을 올렸다. 민예의 창단멤버인 손진책 연출로 주요 배역은 민예 단원들이 맡고 군중은 시립가무단(현 서울뮤지컬단)이 맡았다.

마당놀이는 동네의 넓은 마당이나 시장 또는 빈터에서 구경꾼들에 의해 둘러싸인 채 벌이는 고유의 민속놀이들을 일컫는다. 춤과 노래, 재담 등을 통해 사람들로 하여금 신명이 나도록 흥을 돋우는 것이었다. 더불어 해학과 풍자를 통한 서민 애환을 토로하고 현실비판과 민중의 저항정신을 표출하는 것이 핵심이었다.

출발은 미미했다, 정동 문화체육관에서 무료입장이었다. 전두환 정부의 출범과 맞물려 언로가 막혀있던 때라 '신명 난 마당'을 기대하기는 어려웠다. 새로운 형식의 시도나 풍자의 강도 역시 불안하여 1회용 행사로 마감하려 했다. 그러나 정월 초의 녹화방송에 의외로 시청률이 높아지자 연례행사로 승격하여 매 연말에 '놀이판'을 벌렸다. 입소문을 타고 반응이 증폭되자 1983년 3회째는 지방공연을 시작했고 5회부터는 유료화했다.

■ 1981년 MBC 창사 20주 특별 공연으로 시작, 2009년 3천 회 맞아

마당놀이는 전형적인 농경사회의 산물이다. 집단노동, 상부상조, 품앗이, 두레 형식의 공동체 의식이 밑바탕이 된다. 협동심과 단결력을 높이기 위해 농한기나 명절 때에 동네에서 놀이를 펼쳤고, 주로 마당에서 행했기 때문에 마당놀이라 불렸다. 한국적 뮤지컬 형태의 놀이극으로 평가하기도 한다.

MBC는 서울 공연이 끝나면 전국 주요 도시 순회를 펼쳤고 정월 초와 설날엔 으레 녹화방송을 틀어주었다. 입장료가 평균 삼천 원대로 저렴했고 부모를 모신 가족 관람 형태가 많아 '친서민적인 공연'으로 바람을 탔다.

소재는 춘향전, 월매전, 심청전, 방자전, 놀보전, 변강쇠전, 애랑전, 홍길동전 등 독특한 우리 고전의 친근한 캐릭터를 내세워 일관성을 유지했다. 여기에 그때그때 당면한 사회 테마를 패러디로 풀어 매겨 현실감을 높였다.

3락(樂) 주의로 버무렸다. 마당엔 노래와 춤과 극이 어우러졌다. '민속, 민요, 민초'를 아우른 3민(民)주의 충실했다. 우리 민족에 대한 정체성 확인이었다. 특히 1970년대 이후 전통 민속문화의 중요성이 인정되면서 관심이 커졌다. 오늘날은 각 대학의 동아리와 일부 예술단체의 단골 레퍼토리가 되었다.

마당놀이는 참여와 평등이 본질이다. 우리 관객은 완상(玩賞)으로만 그치지 않는다. 함께 공연에 동참하고 어우러져야 직성이 풀린다. 마당은 살아서 꿈틀댄다. 소용돌이친다. 게다가 객석은 VIP 등이 없다. 특별대우를 하지 않는다는 뜻이다. 잘난 사람도 시골에서 막 올라온 사람도 한데 어울려 볼 수밖에 없다.

다년간 선도자는 마당놀이 문화재 격인 윤문식, 김종엽, 김성녀 3인방이었다. 이 '로열 트리오'가 나와야 마당놀이 정품(正品)으로 인정받을 만큼 세 사람의 충성도는 높았다.

■ 마당놀이의 성공 요인, 흥과 가락이 어우러진 혼연일체의 마당

마당놀이는 일종의 떼(群) 극으로 약 30~50명이 출연한다. '오늘 오신 손님 반갑습니다.'로 시작되어 막판 '한바탕 놀아보세.'까지 꽉 찬 무대는 흥과 가락을 부여하여 독특한 포맷으로 정착했다. 이는 마당놀이라는 전통 연희를 현대 장르로 재편한 또 하나의 '민속자원'이다.

초창기엔 국악도 아니고 연극도 아닌 '요상한 놀이판'으로 백안시되어 모두 시큰둥했다. 그럴 만했다. 있어야 할 게 없고 갖춰야 할 게 너무 없어서다. 마당놀이는 5무(無) 주의로 전통극에 비해 없는 게 많아서 오히려 성공한 특례를 낳았다.

커튼이 없다. 무대와 객석 사이의 가림막이 없다. 열린 공간엔 마당과 객석이 있을 뿐이다. 출연자 대기실 등 모든 장소는 어느 곳에든 가능하다.

벽이 없다. 마당에 벽이 어디 있으랴, 기존 극의 무대는 삼면 벽이 만들어준 공간에 자리했다. 마당놀이 무대는 관객석 가운데로 진입함으로써 제4의 벽도 없애버렸다.

붙박이 세트가 없다. 언제든지 이동 가능한 휘장이나 만장, 휴대 가능한 간단한 소품만 있을 뿐이다. 그래서 전국 순회가 원만했다. 한 마당은 칸막이 없이 다양한 장소를 골고루 수용한다. 한쪽은 동헌과 양반집 대청이 되고 다른 편은 마을 길과 주막이 된다. 이쪽은 동네 골목과 정자가 되고 저쪽은 우물터와 저잣거리도 된다. 무언의 약속 때문에 무장치, 무경계로 넘나들면서 여러 장소를 만들어 낸다.

배우들의 출입구가 따로 없다. 좌우에서만 이뤄진 전통극의 등·퇴장 장소를 지워버렸다. 출연자는 동서남북 어디든지 사통팔달로 드나든다. 고정 선을 지워 배우와 관객의 자유로운 행동 선을 보전한 셈이다.

종료 인사(커튼콜)가 없다. 끝판은 출연자와 구경꾼이 혼연일체가 되어 흐드러진 '한마당 한바탕'으로 마감한다.

무대에 보이지 않은 6명의 공헌자가 있었다. 기획·진행의 표재순 MBC 제작국장, 연출 손진책, 작곡 연주의 박범훈, 극본 김지일, 안무 국수호, 그리고 홍보와 순회공연을 주선한 MBC 스태프들이다. 이들은 초창기에 마당놀이를 성안하고 정형화(장르화)하고 장기 흥행의 기틀을 만들었다.

■ 20년 만에 상표권 소송 – 미추와 MBC, 협력자에서 경쟁자로 급전

1987년 손진책은 '우리 것을 찾자'는 신념 하에 극단 미추를 창단하여 MBC와 손잡고 제작을 전담했다. 미추에게 마당놀이는 유일한 '캐시 카우'였다. 서울에서 2~3개월 공연 뒤 지방 순회를 통해 벌어들인 수입은 이듬해 두어 편의 연극 제작비와 단원들에게 쏠쏠한 생활비를 보장해 주었다. 무엇보다 관객들은 윤문식, 김종엽, 김성녀 트리오가 나오는 미추 공연을 압도적으로 선호했다.

그러나 양측은 작품에 대한 해석과 방향 설정에 견해차로 갈등을 겪었고, 1989년, 1995년, 1996년엔 각각 다른 마당놀이를 선보이며 갈라서기도 했다. 세불십년(勢不十年)인가. 오직 하나였던 마당놀이 주체는 이미 둘로 쪼개져 각자가 딴 살림으로 살아나가기 시작했다.

MBC는 미추 스타일을 벗어나 가요나 뮤지컬 요소를 강화하고 다수의 연예인을 출연시켰다. 예술성보다는 대중효과를 높이고 매체파워를 이용한 마케팅 전략을 극대화하는 것이다. 그동안 윤복희, 이덕화, 최종원, 김자옥, 이정섭, 오정해, 예지원, 홍경인, 이창훈, 이재은, 서승만 등 배우, 가수, 개그맨 등이 거쳐 갔다. 흥행은 괜찮았다. 문제는 수준이었다. 대본의 완성도가 높지 않은 데다 연예인들 대부분이 TV와는 달리 마당 연기에 녹아들지 못했다. 모처럼 기용한 코미디언은 찰방진 재담보다 말장난 입담에 치우쳤다. MBC는 2003년 '어을우동', '마포황부자', '변강쇠', '쾌걸 박 씨', '학생부군신위', 그리고 2009년 '토정비결'을 세세로 올렸지만, 옛 성가를 찾지는 못했다.

2001년, 미추는 '변강쇠전'을, MBC는 '암행어사 졸도야!'를 각각 준비하고 있었다. MBC가 미추에 요구했다. '마당놀이' 명칭은 94년 MBC가 상표등록을 했으니 허가 없이 사용할 수 없다. 상표사용을 중지하고 광고, 현수막, 유인물 등을 모두 폐기하라는 취지였다.

미추는 거부했다. '마당놀이'는 70년대부터 쓰인 보통명사다. 국어 사전에도 나와 있다. 연극이나 영화 같은 예술 장르의 명칭이지, 상표 명이 아니라는 견해였다. 결국 MBC는 상표권의 사용 중지 가처분 신청을 냈다. 이에 미추는 특허청을 상대로 '상표권 등록 무효심판'을 청구하여 맞섰다. 양측은 경쟁자로 돌변했다. 20년간 마당놀이에 힘써 온 동업자인 만큼 서로에 대한 서운함은 컸지만, 속내는 복잡했다.

MBC의 입장은 이제 새로운 방향으로 가야겠다는 것이다. '물갈이'가 필요했다. 작품 형식과 방향성도 바꾸고, 출연자도 교체할 것을 요청했다. 반면 미추는 전통 연희 양식을 고집했다. MBC의 상업성 추구가 못마땅했다. 담당 부서도 제작부에서 사업부로 바뀌면서 불신과 갈등이 누적되었다. 마당놀이를 '예술'보다 '사업'으로 인식하는 방송사의 요구를 더 받아줄 수 없다는 뜻이었다.

MBC 측은 '마당놀이'의 기원과 용어를 창안한 주체임을 내세워 반박했다. 이에 미추는 'MBC는 일련의 사업인 만큼 마당놀이를 언제고 포기할 수 있지만, 우리는 끝까지 마당놀이를 만들어가야 할 사람들이다. 판단오류로 고유의 문화이자 독자적인 장르가 좌지우지될 수는 없다.'고 맞섰다.(시사뉴스 2001. 11. 9.)

이 송사에서 미추가 일단 판정승을 거두었지만, 양측은 여전히 서로가 마당놀이의 '원조'라고 주장하고 있다.

마당놀이가 '보통명사'로 판정된 이후 고유성과 희소가치는 엷어졌다. 여러 극단이 경쟁적으로 마당놀이를 내놓았다. 2004년도에 나타난 마당놀이는 셋이었다. 미추의 '삼국지', MBC의 '제비가 기가 막혀' 그리고 극단 예인과 서울문화재단의 '빵파전'이다. 서로가 모두 마당놀이의 본류임을 자처했다.

■ 2010년은 원조 마당놀이의 최후의 해, 30년 역사 뒤안길로

3000회째 공연은 2009년에 맞았다. 그 간 '시대에 뒤진 굿판'이란 편견을 타파했다. 고전 캐릭터의 익숙함을 재미있게, 재미를 깊이 있게, 깊이를 진지하게, 진지함을 유쾌하게 풀어냈다.

2010년은 마당놀이 공연 30주년이자 1세대의 종언을 고하는 해로 기억된다. 그 간 좌석 점유율은 매번 90%를 넘어 250만의 관객을 모았다. 이순(耳順)의 나이쯤에 도달했을까?

그해 MBC는 '평강온달전'을 끝으로 후속을 끊었다. 미추 역시 최후 작으로 마당놀이의 종합판인 '2010 마당놀이전'을 상암 월드컵 경기장 전용 극장에서 올렸다. 그간 인기 작품의 캐릭터인 춘향, 심청, 놀보, 변강쇠, 홍길동, 이춘풍 등을 혼합한 '갈라쇼' 형태를 띠었다. 원년 트로이카인 윤문식(67), 김종엽(63), 김성녀(60)의 마지막 출연 무대를 겸했다. 지정석 관람료는 4만 5천 원이었다.

변화도 왔다. 손진책이 (재)국립극단의 초대 예술감독에 임명되어 떠났다. 미추는 원년 멤버들의 은퇴로 '새 수혈, 새 변화'를 추구해야 하는 단계다. 이는 극단의 존폐가 달린 문제다. 신예 극작가 배삼식, 작곡가 조석연, 안무가 안은미 등이 후계자로 주목받는 이유다.

4년 뒤인 2014년, 손진책은 국립극장 주관으로 '시리즈 형태'의 마당놀이를 부활했다. 해오름극장에서 국립창극단, 국립무용단, 국립국악관현악단의 단원들이 나와 첫 작품 '심청이 온다'를 냈지만 옛 모습이 아니었다. 삼면 벽과 프로시니엄을 없애기 위해 무대를 특설 변조하여 2탄 '춘향이 온다'(2015)를 벌렸으나 특유의 힘과 야성을 잃었다. 시사 풍자와 패러디는 엄두를 내지 못했다. 박근혜 퇴진의 촛불시위로 온 나라가 숭숭해지자 문체부로부터 공연 취소 압력을 받았다. 상황이 반전되어 '최순실 게이트'를 반영한 2016년 '놀보가 온다'에서 겨우 호응을 되찾았다.

장소를 돔형극장인 'KB 청소년 하늘극장'으로 옮겨 옛 무대 형태를 회복했다. 오년간 앙코르 공연으로 13만을 넘는 관객을 모았다. 2019년 '~온다.' 시리즈는 '춘풍이 온다'로 역시 낯익은 소재의 리메이킹이었다. (이상 장지영 컬럼 요약)

■ 겹치는 작품 소재, 구성의 획일화, 고유가치와 격조의 유지 문제

세월은 약도 되고 병도 되었다. 우선 소재가 겹쳤다. 춘향전, 월매전, 방자전은 같은 통속이다. 심청전과 뺑파전도 동색이다. '춘풍이 온다'는 이춘풍전의 속편을 뜻한다. 소재 고갈에 따른 발상 패턴이 반복되어 도돌이표 놀이가 되었다. 2000년부터는 초창기 배우들의 노쇠와 피로를 드러냈다. 그러는 사이 공연계는 뮤지컬이 대세로 떠올랐다.

한 해 한 차례를 제작해왔던 마당놀이는 아날로그 시대의 마지막 콘텐츠인지 모른다. 경쟁력을 높이고 관객을 모으기 위해서는 새 시대에 적응한 새 도전의 창출이 과제다.

딜레마는 있다. 마당놀이는 완성된 장르가 아니라 끊임없이 변하고 새로워져야 한다는 전제다. 그러나 형식과 내용의 변화만이 전진이라고 생각하는 것도 바람직하지 않다는 후제가 따른다.

어쨌든 옛것의 승계와 옛 틀의 답습은 별개의 문제다. 큰 틀에서 보면 고유가치의 보전문제, 예술성과 상업성의 조화, 스펙트럼의 다원화에서, 작게는 정형화된 구성의 탈피, 새 얼굴 개발과 세대 조화, 동일소재의 재해석과 특화 문제, 다양한 시사 풍자의 기교, 전용 극장의 문제 등이 숙제로 남는다.

17. 도박, 마약, 탈세, 병역기피… 연예인의 칠거지악(七去之惡)

연예인의 일곱 가지 죄(七去之惡)는 생각기보다 가혹하다. 후폭풍은 크고 후유증도 오래간다. 도박, 마약, 사기, 탈세, 폭행, 병역기피, 성추행… 여기에 하나라도 걸리면 그 순간 파문은 빛의 속도로 퍼진다.

우선 팬들이 돌아선다. 대국민 사과는 기본이다. 고정 배역 하차, 광고 방송 중지, 향후 출연 및 섭외단절에서 녹화 분은 통편집 또는 불방된다. 복귀까지엔 오랜 자숙과 동면기를 거쳐야 한다. 숨은 지병이 도진다. 이민 또는 은퇴도 재촉한다. 최악은 극단선택이었다.

■ 〈도박〉 끊이지 않는 배금주의와 일확천금주의

- 2019년 8월, 경찰은 '원정도박 의혹'을 받아 온 A씨 연예기획사 전 대표 와 아이돌 전 멤버 B씨를 입건했다. 적용된 혐의는 '상습도박'과 '환치기 수법'(현지서 외화를 차용, 국내에서 갚는 방법)이다. 두 사람은 라스베이거스에 서 수억 원대의 불법 도박을 벌인 것으로 알려졌다.

- 2005년 도박 때문에 방송계에서 퇴출당했다가 2007년에 돌아온 C씨는 또다시 빠졌다. 필리핀 세부에서 바카라 도박을 하는 모습이 관광객과 교 민들에게 목격됐다. 그는 팬 카페에 '뎅기열에 걸려 병원 치료를 받았다' 는 사진을 올렸으나 이내 거짓임이 드러나 더 큰 비난을 받았다. 그는 이 듬해인 2011년 귀국했고, 징역 8개월을 받았다.

- 2013년에는 불법 도박이 줄줄이 드러났다. 방송인 D씨는 2008년부터 3년간 사설 스포츠토토로 불리는 불법 사이트에서 억대 도박을 벌인 혐 의로 징역 8개월, 집행유예 2년을 맞았다. 소위 '맞대기 도박'이라고 해 서 브로커를 통해 배팅하는 방식으로 잉글리시 프리미어 축구 리그의 승 리 팀을 예상해 휴대전화로 돈을 건다. 전화로 하므로 휴대폰 명의만 바 꿔 놓으면 신분을 쉽게 숨길 수 있다.
○씨, ○씨, ○씨는 2009년부터 2012년 초까지 각각 2억 이상을 불법 도박에 사용했다. 세 사람 모두 징역 6개월, 집행유예 1년을 선고받았다. ○씨, ○씨, ○씨도 '맞대기' 방식으로 수천만 원대 불법 도박을 벌여 각 각 500만 원, 300만 원 벌금형을 받았다. 도박으로 물의를 빚은 연예인

들은 대부분 1년~2년 전후의 자숙기간을 필요로 했다.

- 1997년 사업 빚을 갚기 위해 거액의 필리핀 카지노 도박을 벌인 개그맨 E씨는 2년간 도피 생활 끝에 결국 귀국 자수했다. 처벌과 이혼, 피눈물 나는 후회로 다시 나기엔 상당한 인내와 세월을 요했다.

■ 〈마약〉 '피로 불안 긴장감'에서 해방, 창작의 촉진제?

- 2019년 봄, 가수 겸 배우 A씨가 여친과 마약 투약 혐의에 연루됐다. 그는 '결단코 한 적이 없다'고 주장했다. 그러나 국과수 검사 결과, 떠들썩했던 혐의가 인정되어 19일 만에 '배신극'으로 막을 내렸다. 팬들은 '눈물의 결백'으로 위장한 '빨간 거짓말'에 큰 분노를 나타냈다.

- 2019년 봄, 한국말이 능숙한 방송인 B씨가 입건됐다. 순순히 인정했다. 미국인에서 한국으로 귀화, 결혼하여 세 아이를 두고 있었다.

- 1975년 12월 3일, 돌연 대마초 단속이 시작되고 순식간에 54명이 넘는 음악인들이 잡혀갔다. 대중음악계는 하루 새에 초토화됐다. 지금은 대마초가 향정신성 의료법 위반이므로 불법이지만, 당시에는 '해피 스모크'라고 부르며 다방, 술집에서 담배나 소주처럼 흔하게 접할 수 있었던 기호품쯤이었다. 다음 해인 1976년 4월에 대마관리법이 제정된다.
5명이 줄줄이 구속되고, 6명의 당시 인기가수들이 3년간 활동이 금지됐다. '대중가요의 암흑기'로 기록된 '대마초 파동'은 박정희 정부의 '건전한 민족문화 창달' 정책에 근저한다. 장발하고 현실을 빗대고 체제에 저항하고 히피족의 환락적인 정서를 유포하는 청년문화를 눈엣가시로 여긴 것이다.

- 작곡가 C씨는 '마약 왕초'으로 찍혀 4개월간 감옥에 갇히고 연예인협회에서도 제명당한다. 1981년 신군부 집권 후 해금되었으나 그의 노래는 87까지 금지되는 등 12년 수난을 겪었다.
  억울한 경우도 많았다. D씨는 눈을 감고 노래를 부르다 보니 오해를 사서 6년 공 세월을 보냈다. E씨는 훈방된 후 성대결절로 가수를 포기했다. 가수는 '부를 음악이 없다'고 하였고 방송사는 '틀어줄 음악이 없다'고 했다.

- 마약은 끊이지 않았다. 가수뿐만 아니라 배우, 개그맨도 포함되었다. 1980년대에 7명, 90년대에서도 7명, 2000년대에는 4명이 구속되었다. 배우 ○는 '문제의 배우'로 오인되어 연기대상 후보에서 제외되는 불이익을 당했다. F씨는 2007년 11월 일본에서 각성제 상습으로 징역 1년 6월을 선고받았다. 귀국 후 2015년에는 자택에서 필로폰 투약으로 구속영장이 발부됐다.

- 마약이라면 과거에는 필로폰, 마리화나, 코카인, LSD 등이 대상이었으나, 2000년대에는 신종마약으로 엑스터시가 추가됐고 여배우들이 피부미용으로 즐겨 다루는 프로포폴도 향정신성 약품으로 마약에 해당한다.

■ 〈사기 혐의〉 인기와 함께 도사린 유혹과 함정

- 2020년 4월 초, A그룹 멤버중 한 명이 만우절 농담으로 '코로나바이러스 감염증에 걸렸다'고 SNS에 올렸다. '코로나 사태'는 장난 대상이 아니었다. 사과에도 불구하고 뿔난 팬들은 처벌을 요구했다.

- 2001년, B씨는 운동과 식이요법을 통한 자신의 다이어트 비법을 공개했다. 무려 10킬로나 뱃살이 빠진 몸매를 인증했다. 자신이 광고모델로 나온 다이어트 제품도 자랑했다. 그러나 성형외과 의사는 그녀의 감량은 자신이 행한 세 차례의 지방흡입 시술을 통한 결과라고 폭로했다. 그는 대국민 사과를 하고 사실이 아님을 눈물로 호소했다. 대중의 반응은 서늘했다. 이윽고 방송에서 사라졌다. 2년 후 2003년 조심스럽게 복귀했지만, 비호감을 떨치지 못했다. 7년간 낮은 자세로 자중함을 더하여 고군분투, 2011년, 2012년에 KBS연예대상 최우수상을 획득하고, 2018년 KBS, MBC의 연예 대상을 동시에 석권하여 다시 눈물을 흘렸다.

- 2002년, 중견 탤런트 C씨는 황토팩 사업으로 무려 1,700억대의 매출을 올렸다. 연기 생활도 청산하고 사업에 전심했다. 그러나 2007년 KBS의 탐사프로인 〈먹거리 X파일〉에서 황토팩에서 기준치 이상의 산화철(중금속)이 검출되었다는 내용이 방송되면서 문제가 터졌다. 순식간에 매출 급감, 환불요구, 회사도산, 이혼, 건강 악화가 이어졌다. 식약청은 해당 제품에서 검출된 쇳가루가 건강에 전혀 해롭지 않다는 결과를 발표했지만 5년 송사에 시달리면서 그녀의 속은 시커멓게 타버렸다. 충격과 스트레

스로 결국 2017년에 췌장암으로 66세의 생을 마감했다.

- 드라마 〈대장금〉이 세계 90여 개국에서 인기리에 방영된 이래, 아시아 국가에서 L씨의 대리인을 사칭한 자들이 위조된 도장으로 초상권 사용계약을 체결하고 금액을 챙기는 사례가 빈번히 발생했다. 2016년까지 국내에서도 김치, 김, 초콜릿, 홍삼 등을 제조, 판매하는 업체들이 그렇게 엮였다. 위조 서류와 양도에 의한 초상권 남발, 이에 따른 판매금지 가처분 소송, 명예훼손, 사기 혐의, 손해배상청구, 배임죄 등 민형사상의 송사는 10년을 넘었다. 〈대장금〉의 영광 10년과 비례하여 송사도 10건을 넘었다. 승소, 패소도 연달았다. 그녀는 개인별 대응을 할 수가 없어 아예 초상권 관리 사업체를 설립하고(리예스) 법률문제를 처리하는 대리법인(다담)을 두어 전담토록 했다.

- 2009년 가수 D씨가 부동산 사기 혐의로 법정에 섰다. 부인이 벌인 기획부동산 사업이 원만치 못해 연대 보증으로 엮였다. 토지분양권 행사도 걸렸다. 집도 땅도 다 날리고 수십억대 부채에 몰렸다. 애처가인 그는 방송금지령에도 불구하고 십 년간 밤낮없이 뛰면서 큰 빚을 갚았다.

- 아이돌 가수 ○○○는 2018년, 호텔 카지노에서 지인 두 명에게 각각 3억, 2억 원을 빌린 뒤 갚지 않아 사기 혐의로 고소되었다. 세 아이를 둔 ○○○는 엄마 빚을 갚기 위해서라고 했다.

■ 〈탈세〉 부지 부식 간에 저지른 조세의 허실, 비난도 커

- 2011년 9월, A씨는 세무조사를 받았다. 착오로 누락된 8억 원대의 추징금을 납부했다. 고의적이고 의도된 탈루는 아니어서 무혐의 처리되었다. 앞으로 세금납부를 성실히 하겠다는 공식 입장도 밝혔다. 그러나 비난 여론이 거세게 일었고 한 사이트에서는 방송 퇴출 서명 운동까지 벌였다. 마녀 사냥식 비난이 한꺼번에 쏟아졌다. 그는 긴급 회견을 열고 관리 불찰임을 사과한 뒤 은퇴를 발표했다. A씨 다운 싹싹한 결정이었다. 고정 출연 중인 4개 프로에서 하차했다. 그는 실망하지 않고 외식(치킨)사업에 전념하면서 1년 끝에 2012년 8월, 방송계에 복귀했다.

- B씨는 2005년 종합소득세 신고가 논란이 돼 추징금 21억여 원에 대한 취소소송을 냈지만 결국 패소했다. 배우 C씨는 국세청으로부터 미신고로 6억 원대의 추징금을 부과받았다.

- 2012년, 인기 탤런트 D씨가 세금 조사를 받았다. 2009년부터 3년 동안 종합소득세를 신고하면서 137억의 수익 중 54억에 대한 세금을 탈루한 혐의다. 수익에 따른 필요경비를 증빙 없이 처리하거나 부풀린 것으로 드러났다. 그녀는 팬들 앞에 사과했다. 결국 30여 억의 세금을 추징하면서 사건은 마무리됐다.

- 2014년, 충무로 간판스타 F씨가 건강보험료를 축소 납부한 사실이 밝혀져 7천만 원을 추징당했다. 보험공단 측은 박의 연간 수입은 6억 4천

만 원. 매달 228만 원의 건강보험료로 내야 한다. 그러나 그는 아내 회사에서 월급 70만 원을 받는 프리랜서 직원으로 이름을 올려놓고 건보료는 고작 2만 1천 원만 냈다고 설명했다.

- 2015년 E씨는 탈세 왕자의 오명을 썼다. 일본 등 해외에서 번 돈이 불씨였다. 무려 100억 원대 외화 수입 탈세로 특별 조사를 받았다. 소속사 측은 회계상의 오류로 누락 신고가 생겨 수정신고 후 납부를 완료한 상태라며 의혹을 부인했다.

- 2016년, 한 가수는 '소득축소 신고에 따른 탈세'라는 날벼락을 맞았다. 매니저에 맡긴 세무 업무는 여의치 못했다. 행정법원의 항소도 기각됐다. 가족에 계좌 입금, 혹은 증여 등 10년간 총 30억이 넘는 소득을 누락, 추가 납부액이 그 절반이나 되었다. 몇 년간 이거저거 쥐어짜서 해결했다. 정신과 병원에 다닐 정도로 아팠다.

■ 〈폭행〉 스타의 권력화냐, 뒤바뀐 갑을관계냐

- 저음가수 A씨는 '불의를 보면 못 참고 주먹이 먼저 나가는' 기질 때문에 폭행죄로 세 번 수감되고 6년간 수배됐다. 80년대 말 가수협회장을 맡아 연예인 아파트 건축사업을 주도했으나 상황이 꼬여 사기 혐의로 다년간 쫓기는 신세가 되었다.

- 2007년 12월, 탤런트 B씨가 아내가 출연 중이던 SBS 사극의 녹화 현장

에서 김 모 CP와 이 모 PD(조연출)를 폭행, 각각 전치 4주와 이를 부러뜨렸다. 이유는 항상 대본이 늦게 나와 직·간접 입은 피해 때문으로 알려졌다. 개인 유감이 아닌 관행의 악습에 맞선 그는 일단 공개사과했다. PD연합회(회장 양승동)는 성명을 통해 "스타의 권력화에 따른 연출권 침해"로 규탄했다. 이에 B씨는 연예인노조에 일임하여 맞대응했다.

- 배우 C씨가 2018년 9월, 서울 여의도의 한 도로에서 보복 운전을 하고 상대 운전자에게 욕설한 혐의로 불구속기소 됐다. 그는 분개했다. '접촉 사고가 의심되는 상황에서 그냥 지나칠 수는 없었다. 경적 등을 울리며 세우라고 하는데도 듣지 않아 시속 10km 정도로 따라가 제동한 것을 보복 운전이라고 보는 것은 상식적이지 않다.'는 것이다. 그는 '사과 한마디면 끝날 수 있는데 상대는 결국 법정까지 일을 끌고 왔다'며 "표면적으로는 내가 갑의 위치처럼 보이겠지만 상대가 적개심을 갖고 '언론을 사주하고 여론을 조작한다.'라는 발언 등을 하는 걸 보면 을(乙)의 갑(甲)질이라 생각된다."고 주장했다. 법원은 결국 특수협박 등의 혐의로 징역 6개월에 집행유예 2년을 선고했다.

■ 〈병역기피〉 기발한 수법, 별처럼 많은 면제 사유들

- 병역기피로 가장 큰 논란에 섰던 사람은 바로 가수 A씨다. 최고의 인기에 '당당한 군 복무를 약속한 연예인'으로 칭송을 받았으나 25세인 2001년 입대 3개월을 앞두고 돌연 미국 시민권을 취득하면서 스스로 약속을 저버렸다. 법무부는 이를 병역기피 목적에 의한 국적 포기로 판단, 출입국

관리법 11조에 의해 영구 입국 금지 조처를 내렸다. A씨는 이후 17년째 고국에 들어오지 못하고 있다.

- 1990년대 초반 혜성같이 나타났던 랩 가수 B씨는 성격장애와 학력 미달로 군 면제를 받았다. 가수 C씨와 D씨는 성격장애로, E씨는 학력 미달로, 가수 겸 작곡가인 F씨는 조기흥분 증후군이라는 낯선 병명으로 각각 군 면제가 됐다.

- 배우 2명은, 소변검사를 조작해 사구체신염 판정으로 면제된 사실이 드러나 지탄을 받은 바 있다. 어떤 가수는 산업 기능 요원으로 복무하면서, 부실 복무 사실이 뒤늦게 드러나 재입대하는 해프닝을 벌였다. 가수 N씨는 면제를 받기 위해 고의로 치아를 발치한 혐의로 모든 방송 활동을 중단했다.

연예인들의 병역기피 이유는 '공백기에 썩는다'는 선입감이 작용한 탓이다. 그 기간을 돈으로 환산하면 완전 '마이너스 인생'이다. 팬들에게 잊히고 제대 후 불투명한 미래도 공포로 다가온다. 군 자체가 싫고 막연한 두려움도 따른다. 이런 심리를 교묘히 파고드는 알선자가 쉬이 개입한다. 연예인들의 1순위는 군 면제, 다음이 공익 요원으로 출퇴근, 3순위가 방위산업체 요원으로 빠지기, 마지막은 입대 후 조기 제대하는 것이다.

면제 사유는 모래알처럼 많고 기상천외의 수법도 꼬리를 문다.

허위 건강진단서 제출, 위장 약물 사용, 환자 바꿔치기, 자해와 고의 수술, 해외도피 유학 및 국적변경. 여기에 질병도 각가지다. '조기흥분 증후군', '사구체신염', '수핵탈수증', '좌슬관절 불안정성' 등 생소한 병명이 등장한다. 성격장애, 학력 미달, 생계 곤란도 애매한 항목이다.

이름만 대면 그냥 알 수 있는 스타가 즐비하다. 멀쩡한 사지에 어깨가 떡 벌어진 발차기 왕으로 나오는 액션 배우가 신체 이상으로 병역을 회피하고, 건장한 장군이나 영웅이 되어 천하를 호령하는 연기자가 중병으로 군 면제를 받는 걸 보면 겉 다르고 속 모르는 일이 아닐 수 없다.

■ 〈성추행 스캔들〉 순간 실착, 빠지면 치명적인 대가

- 2016년 5월, 개그맨 A씨가 모텔에서 20대 여성을 성폭행한 혐의로 경찰에 고소됐다. 같은 해 두 달 동안 여섯 명의 연예인들이 줄줄이 성범죄 논란에 휘말렸다.

  탤런트 B씨는 유흥주점과 주거지에서 20대 여성 4명을 성폭행한 혐의로 입건되었다. 가수 C씨는 클럽서 20대 여성 2명을 강제 추행한 혐의를 받고 경찰에 소환되었다.

  배우 D씨가 30대 여자의 집에서 성폭행한 혐의로 불려갔다. 이윽고 7월 말에 탤런트 E씨 사건이 터졌다. 마사지 업소에서 여종업원 A씨(30)를 성폭행한 혐의다. 당시 A씨는 여기저기서 3천만 원을 가로챈 사기 혐의자임이 밝혀졌다. 한편 출국 금지(CF 해외촬영)까지 당한 D씨는 11시간 조사를 받으면서 '합의된 성관계'라고 주장하고 대화 내용을 증거로 제시하며 무고로 맞고소했다.

B씨, D씨는 무혐의 처분을 받았지만, 오히려 상처는 크게 남았다.

- 방송인 겸 사업가인 E씨가 전격 구속되었다. 2000년 11월, 서울 용산구 이태원동에서 여대생을 자칭한 강씨를 추행한 죄다. 고소인은 일행과 어울려 술을 마신 E씨가 '집까지 태워주겠다.'며 자신을 승용차에 태워 성폭행하고 주먹으로 때렸다고 주장했다. 오랜 추적 끝에 강씨는 술집 종업원으로 친구와 모의해 자신의 얼굴에 고의로 상처를 낸 사실이 밝혀지면서 8개월 소송 끝에 2002년 7월 무죄 판결이 확정되었다.
  E씨는 자신을 범인으로 몰아간 방송사 PD, 잡지사 기자, 의사, 경찰관 등을 상대로 손해배상을 청구했다. 그러나 본인은 7년 세월 지탄의 눈길에 멍이 들었다.
  F씨는 2013년, 22세 연예인 지망생 폭행혐의로 기소되었다. 쌍방 간의 고소와 맞고소는 취하했지만 자숙기간과 후유증은 3년을 넘었다.

- 가수 G씨는 2010년 미성년자 3명에게 상습 성추행을 한 혐의로 구속됐다. 결국 2년 6월의 수감 생활을 마치고 출소했다. 그러나 '바르게 살도록 노력하겠다'는 소회에도 불구하고 연예인 최초의 전자 팔지가 부착되었다. 2018년 H씨는 신인 배우 송모씨와 청주대 연극과 졸업생 등 30명이 구체적인 추행 행위를 폭로함으로써 조사를 앞두고 최극단의 선택을 했다.

- 단체 채팅방 멤버들과 집단 성폭행에 가담한 가수 I씨와 J씨에게 1심은 각각 징역 6년, 5년을 선고했다. 2019년 11월, 재판부는 "피고인들은

여러 여성을 상대로 합동 준강간을 저지르고 카톡 대화방에 내용을 공유하며 여성들을 단순한 성적 쾌락 도구로 여겼다"고 했다. 이어 호기심 혹은 장난으로 보기엔 범행이 너무 중대해 엄벌이 불가피하다고 밝혔다.

– 2019년 12월, 가수 K씨가 3년 전에 강남 유흥업소에서 범한 성폭행 혐의로 고발당했다. 피해 여성은 사과나 해명이 없어 깊은 트라우마에 시달렸다고 밝혔다. K씨 측은 사실을 부인했다.

연예인들은 좋은 타깃이 된다. 범하기도 쉽지만 당하기도 쉽다. 유명도는 반대급부로 작용한다. 꽃뱀에 물리든 마녀사냥의 표적이든 인기가 높을수록 함정은 의외로 넓고 깊다. 삐끗한 사생활이나 탈선행위는 불온한 상상력을 부추기는 매스컴들의 '가열찬 먹거리'가 된다. 일단 엮이면 유무죄와 관계없이 예상 밖의 혹독한 대가를 치러야 한다.

*〈일러두기〉 여기서 쓴 연예인 이름은 모두 가명입니다. 비 온 뒤 땅 굳는다는 뜻과 타산지석의 정(情)으로 이들 모두를 성원하는 마음입니다.

18. 칠순에도 홀로 우는 두 소리꾼 – 곡소리 장사익, 판소리 임진택

칠순에도 홀로 우는 바람, 늦깎이임에도 혼자 내는 외침, 여기 그런 두 소리꾼이 있다. 민족 가수 장사익(1949~)과 열두 바탕 임진택(1950~)

이다. 둘의 행장은 화려하지는 않지만 꾸준하고 소리는 요란하지는 않으나 끈끈하다. 운신은 꼿꼿하고 팬 층은 딴딴하다. 고희(古稀)를 넘은 두 노익장은 눈물 밥을 먹으면서 외곬 한 길로 '우리 소리'를 지켜왔다. 공통점은 '소박·질박·투박' 함이다. 시골 토박이에 두루마기, 마고자 차림도 똑같다. 지향점은 같지 않다. 장사익은 삶과 죽음에 대한 관조, 일상의 애락을 읊조린 반면, 임진택은 역사의 성찰과 사회 현실을 각성하라 한다.

1) 46세에 입문한 '찔레꽃 아저씨' 장사익

미스터 화이트, 삼백(三白)의 신사, 그의 이미지다. 머리와 수염이 희고 한복 차림이 희다. 자작 대표곡 '찔레꽃'은 하얀 꽃, 하얀 슬픔이다, 그래서 항상 흰색으로 다가온다. 홍성군 광천읍 고향의 아버지는 북을 잘 쳤고 아재는 날라리(태평소)의 명인이었다. 일찍이 목을 틔웠지만, 농악패, 사물패에서 태평소 연주자로 청춘을 날려 보냈다. 덕분에 대사습과 국악전, 민속경연에서 대여섯 번 큰 상을 거머쥐었다. 하지만 매양 객원 신세였다. 공연 후 뒷여흥은 그 차지였다. '뒤풀이 가수'에도 볕이 들었다. 1994년 한 날 '대전 블루스'를 뽑아냈다. 내친 앙코르 요청에 '봄비', '동백 아가씨', '님은 먼 곳에'로 답했다. 질감이 달랐다. 무게도 느낌도 달랐다. 괴짜 피아니스트 임동창의 강력추천과 주위 패들에 등 떠밀려 국악 밖 세상으로 나갔다. 이게 '가수 전업'의 발단이었다.

불혹의 46세에 유혹의 강에 빠졌다. '대중성'이란 복마전의 강 말이다. 가요계는 발라드와 트로트, 서태지의 랩 음악 3파전으로 뜨거웠다. '듣보잡'의 중년 소리꾼이 디딜 땅은 어디에도 없었다. 이듬해 95년 첫 독집음반 '하늘 가는 길'을 냈다. 처음 앞소리꾼이 되어 망자의 저승길을 어르며 토해낸 장송곡이었다.

천생의 국악인, 그가 보였다. 붉은 수수밭에 홀로 솟은 하얀 목화 같았다. 희끗희끗한 중년은 백의민족을 상징한 듯했다. 전통음악과 대중음악의 벽을 트고 현대적으로 변주한 리듬이 귀에 들어왔다. 나지막한 음색에 '원통, 한탄, 비애'를 실어냈다. 화려한 비주얼과 기계 음향에 묻혀 실종된 '사람의 소리'가 비로소 들렸다. 인생유전이 곰삭은 통곡의 소리였다. 그것은 초로가 외친 곡소리이자 우리 소리였다. 그는 가객이 아닌 곡객(哭客)이었다.

까마귀 속의 백로는 삶의 굽이굽이 상처를 어루만지고 응어리진 사연을 절절한 소리에 태웠다. 청자는 숨이 멎는다. 처연함은 가슴으로 파고든다. 불덩이로 뭉쳐 타는가 하면 폭포수처럼 한꺼번에 무너져 내리기도 한다. 그가 등장하면 무대가 두터워진다. 생의 춘하추동이 뭉쳐있는 지긋한 연륜과 내공이 느껴진다. 하여 어떤 노래든 그가 부르면 그의 노래가 된다. 그리고 슬픈 하루, 슬픈 계절이 된다.

대통령 취임 경축음악회에서 축가를 부르고 평창 동계올림픽 폐막식에서 어린이들과 애국가를 제창했다. 현충일 추념식에서는 진혼가를 올리고 박태준 전 국무총리 영결식에서 조가(弔歌)를 불렀다. 민주열사 김근태 영전에서 천상병의 시 '귀천'을 무반주에 태웠다. 해외공연에서 전통가요로 동포들의 눈물을 짜냈다. 그는 무소불위의 맞춤형이었다. 그의 음역은 크다. 가녀린 문풍지 소리부터 계곡을 몰아치는 굉음까지 낸다. 성량은 깊다. 국악으로 다져진 목청은 청탁불문의 바다와 같다.

하얀 찔레꽃, 슬픈 꽃향기… '찔레꽃 가수'가 되어 울다

하얀 꽃 찔레꽃, 순박한 꽃 찔레꽃, 별처럼 슬픈 찔레꽃, 달처럼 서러운 찔레꽃, 찔레꽃 향기는 너무 슬퍼요, 그래서 울었지 목 놓아 울었지…

1993년 5월, 집 주변에서 빨간 장미꽃 속에 가려진 은은한 찔레꽃을 보고 영감을 얻었다. 너무 힘들고 어려워 더 내려갈 수 없을 때 보인 꽃이었다. 뭐 하나 잘난 것 없는 자신을 닮았구나 생각했다. 작곡 작사를 겸한 자전적 곡이자 국악 대상 수상 곡이 됐다.

'때로는 사람들 속에서 길을 잃고, 때로는 사람들 속에서 길을 찾고' 그의 찔레꽃 단상이다. 2000년에 개설한 카페명도 '찔레꽃 향기 가득한 세상'이다. 해마다 5월이면 경남 산청군에서 찔레꽃 축제가 열린다. 물론 '찔레꽃 가수' 장사익을 위한 초대 잔치다.

공녀(貢女)로 몽골에 끌려간 고려 소녀가 탈출하여 고국 부모·형제 찾아 헤매다 쓰러져 꽃으로 환생하니 소복한 여인처럼 하얗고 짙은 향기는 아우성 되어 산천을 흔든다. 꽃말은 외로움이요 기다림이니 그 사연 또한 애달프다.

젊은 날의 초상은 열 가지 직업과 면허증 취득으로 얼룩덜룩했다.

보험외판원, 과일 노점상, 전파상, 가구점, 독서실, 카센터 직원. 닥치고 생계형이었다.

1970년 난생 첫 취입한 '대답이 없네'를 뒤로하고 입영하여 문선대(軍 예대)에서 독공(篤功)했다. 예명 장나신(張裸身)처럼 맨몸 투혼으로 음악학원에서 3년간 발성 수련을 쌓았다. 그 간 주름만 부쩍 늘었다.

그 스타일은 한 곡마다 잔잔함과 회오리를 섞고 한 소절마다 영혼과 열정을 싣는다. 형식에 구애 없다. '한국 사람이 부르는 한국 노래'가 그의 장르다. 호흡이 가는 대로 기분 내키는 대로 간다. 오선지가 없고, 악보도 없다. 반주가 없어도 좋다. 몸 전체가 소리통이자 악기가 된다. 고달픈 삶을 연민의 흐느낌으로 담아 자기 몸에 맞춘다, 무릎과 어깨를 15도만 굽히고 펴가며 소달구지 박자에 발효된 소리를 빚는다. 그의 아리아는 유체합일(幽體合一)로 후비고 일곡입혼(一曲入魂)의 절창이된다.

이미자가 인정하는 유일한 가수가 됐다. '노래를 참 정성스럽게 한다.'는 선배의 말은 큰 격려였다. '난 내일이 없어, 항상 오늘이 마지막이라 생각하고 노래한다.'는 말은 큰 감동이었다. 2015년 한국방송공사 창립 42주년을 맞아 〈이미자. 장사익 콘서트〉를 열만큼 아끼는 후배가 됐다. 미국, 일본, 호주, 캐나다, 브라질 등 해외공연에 합류한 무대에서도 단연 돋보였다. 가장 한국적 모습, 가장 한국적인 소리 덕분이었다.

2019년 2월, 데뷔 25주년 기념 모스크바 공연명은 〈한국의 소리, 장사익 찔레꽃〉이었다. 1,500명 관중은 모처럼 귀중한 한국의 소리를 들었다. 한국의 소울이었다. 그는 한국의 소울리스트였다.

죽음에 대한 관조 그리고 타박타박 삶의 애환과 무게

- '하늘 가는 길'은 10분 넘는 최장곡이다. 바람 속 구름 속의 하늘 길, 왔던 길을 다시 간다는 윤회설을 노래한다. 청명한 종소리에 낮은 신음으로 연다. 어허허… 가사를 절제한 마디마디가 씻김굿이 된다. 잃어버린 소리를 다시 찾았다. 북망 길을 채근하는 요령(搖鈴)꾼의 앞소리 말이다. 노 젓는 소리, 뱃고동 소리, 기적 소리, 다듬이 소리. 잃어버린 소리는 얼마나 그립고 많은가. '하늘 가는 길 정말 신나네요.' 마지막엔 느닷없이 신 난다는 어깃장이다. 유족을 위로하기 위한 다시래기다.

- 아들 등에 업혀 꽃구경 간 노모(老母)는 산자락에 휘감긴 숲길이 짙어지자, 그만 말을 잃는다. 그러자 한 움큼씩 솔잎을 따서 가는 길 뒤에다 뿌린다. 아들은 솔잎은 뿌려서 뭐 하냐고 묻는다, 속절없이 또 묻는다.
'꽃구경'은 구전설화를 직설화법에 실었다. 꽃구경 길이 왜 저승길이 되었나? 이건 모노드라마다. 인제 보니 노래꾼을 넘어 얘기꾼이었다. 서사는 압축되어 흐느낌으로 쏟아진다. 아는가, 그 옛날의 얘기를. 아니 혼자 내려갈 길 잃을까 걱정하는 마지막 애틋한 모정을.

- 태풍 후 허허바다에 떠 있는 겨자씨 같은 인생, 그래서 살아도 살 것이 없

고 죽어도 죽을 것이 없는 우리 인생. 정호승의 시 '허허바다'는 '하늘 가는 길'과 비슷한 분위기다. 메멘토 모리(죽음의 상징)다, 해금 음을 뚫고 나온 샤우팅(吐聲)이 구성지게 파고든다.

- 새우마냥 허리 오므리고, 뉘엿뉘엿 저무는 황혼을, 언덕 넘어 딸네 집 가듯이, 나도 인제는 잠이나 들까. 저승에 갈 노자도 없는 '황혼길' 역시 죽음에 대한 서늘한 달관이다. 현실적 자아와의 화해다. 미당의 시를 느릿한 모놀로그로 녹여냈다.

- 산 설고 물선 낯도 선 땅에, 아버지를 모셔드리고 떠나 온 그날 밤, 얘야 문 열어라! 아버지가 사립 밖에서 소리친다. 목소리로 세상을 향한 눈의 문을 열게 해주신 아버지… '아버지'는 떠나서도 꿈속에 현전하여 변함없이 아들을 가르친다.
  죽음에 대한 이런저런 단상은 그의 나이와 주름에 접속되어 담담한 격조를 띤다. 죽음은 결국 살아있는 나날의 소중함과 일상의 반추로 환치된다. 그 자리는 곧 '고독, 연민, 회한'으로 가득하다.

- 우리는 늘 하나라고 건배하면서도 등 기댈 벽조차 없는 생각으로 나는 술잔에 떠 있는 한 개 섬이다. 그대 또한 한 개 섬이다… '섬'은 단절이다, 고독이다. 함께 있어도 현대인은 외롭다. 쓸쓸한 은유다.

- 사람이 그리워서 시골 장은 서더라. 연필로 편지 쓰듯 푸성귀 늘어놓고 노을과 어깨동무 하며 함께 저물더라… '시골장'의 장터는 사람 터다. 사

람과 사람의 만남이 그립다. 그래서 괜시레 기다려진다.

- 파도를 보면 내 안에 불이 붙는다. 망망대해 하얗게 눈물 꽃 피웠네, 파도를 보면 우리네 삶이란 눈물처럼 따뜻한 희망인 것을… '파도'는 오늘도 천 번 만 번 밀려왔다 사라진다. 그래도 파도는 희망이 아닌가.

- 이게 아닌데 사는 게 이게 아닌데 그러는 동안 꽃은 지고 봄날은 가고 그렇게 사람들은 살았다지요… '이게 아닌데'는 가는 세월의 무상함을 탄하다 보니 어느덧 반백이다. 아닌데… 아닌데… 하면서도 말이다.

- 삼식아 어서 와 손 씻고 밥 먹어. 소낙비는 내리구요, 업은 애기 보채구요, 허리띠는 풀렸구요, 논의 뚝은 터지고요, 시어머니는 부르고요. '삼식이'는 여섯 살쯤일까, 어린 동생을 업은 채 시부모를 모신 시골 엄마의 바쁜 하루가 소담한 풍경처럼 눈에 선하다.

- 알아도 모른 척, 들어도 못 들은 척, 보아도 못 본 척, 좋아도 안 좋은 척… 엄마는 우리를 그렇게 키웠다. '바보 천사'는 또 하나의 사모곡이다.

- '장돌뱅이'는 메밀꽃 필 무렵의 달밤이었다. 나귀 타고 장 따라 사람 찾아 오늘도 떠도는 장돌뱅이의 행색은 곧 우리의 모습이다.

- 열무 삼십 단을 이고 시장에 간 우리 엄마 안 오시네. 배춧잎 같은 발소리 타박타박 안 들리네. '엄마 걱정'은 춥고 배고픈 시절의 추억이다. 찬 밥

처럼 빈방에 홀로 담겨 훌쩍거리던 유년의 안쓰러움이다.

  - 아줌마, 희망 한단 얼마래요? 희망이요? 나도 몰라유. '희망 한단'이다.
    으흐흐~ 단가라지만 그 의미는 스멀스멀 장가가 된다.

시와 시인에 길을 묻다. 노래하는 음유시인이 되다.

시에서 길을 찾다. 그의 노래엔 많은 시가 딸린다. 서재는 시집으로
빼꼭하다, '무대에서 잘 노는 것도 중요하지만 가슴 속에 감성 그 무엇
하나 담고 가셨으면 하는 마음에서 시를 골랐유.'

시는 그의 소리를 거쳐 달리 태어난다. '이게 아닌데'는 김용택, '꽃
구경'은 김형영, '아버지'는 허형만, '엄마 걱정'은 기형도의 시다. 동주
의 '자화상', 목월의 '나그네', 김영수의 '시골장', 신배승의 '섬'도 그렇
게 그의 노래가 되었다.

  - 지름길 묻길래 대답했지요, 물 한 모금 달라기에 샘물 떠주고, 인사하기
    에 웃고 받았지요, 평양성에 해 안 뜬데도 난 모르오, 웃은 죄밖에.

김동환 시 '웃은 죄'다. 나그네에 물 한 바가지 떠 주고 뜬소문에 시
달린 시골 색시는 억울하다. 이렇게 재밌는 광경에도 음유는 슬프다.

  - 여기서부터 멀다. 칸 칸마다 밤이 깊은 푸른 기차를 타고 대꽃이 피는 마
    을까지 백 년이 걸린다. '여행'은 서정춘의 시다, 아~ 아! 그곳에 임이 있

고 벗이 있다면 백 년 걸려서 가도 좋으련만.

'시에 노래를 합치면 금방 달지는 않지만 오래 씹으면 단맛이 나오지유. 그리고 부르면 부를수록 싫증이 안 나유. 그래서 늘 시와 노래를 한 뜸에 놓고 봅니다.'

노래를 부르면 하루하루가 꽃이었다. 노래를 못 하는 날들은 눈물이었다. '꽃과 눈물'은 김춘수 시인의 구절 한 대목이다. 2016년 공연 이름 '장사익 소리판 - 꽃인 듯 눈물인 듯'도 그런 내력이다. 인생이란 게 꽃과 눈물의 그런 이야기들을 펼쳐놓은 것이 아닌가.

'마음이 세상에 나오면 꽃이 되는 것 같다' 그래서 그의 가슴엔 꽃이 많이 핀다. 상사화(相思花)인 찔레꽃부터 동백꽃, 모란꽃, 달맞이꽃, 복사꽃, 산수유, 민들레. 모두 형형색색의 깊은 사연을 간직한 꽃이다.

– '목에 칼을 댔유.' 몇 년 전 성대에 혹이 발견되어 제거 수술했다. 아찔했다. '사람은 앞만 보고 가는 것이 아니구나.' '인생은 후반기에 더 잘 나가야 하는데.' 상당 기간 묵언 수행 후 인생 2막을 열었다.

석가탄신일엔 빠짐없이 아차산 기원정사에 공양한다. 세사에 시달려도 번뇌는 별빛이라. 불자들에 전하는 소리는 범패가 되고 사위는 승무가 되어 고이 접혀 나빌렌다.

그는 반갑다. 잃어버린 우리 것을 찾아주기 때문이다. 빈소에서 사라져버린 곡소리를 찾아주고 잊어버린 어버이의 목소리를, 그리고 숨어버린 찔레꽃을 찾아주었다. 그는 슬프다. 슬플 땐 같이 울어라 한다.

신나게 울어라. 개운해진다. 소낙비 내린 뒤 하늘이 맑아지듯이.

그는 그립다. 매양 아쟁과 피리 소리, 풍경소리가 나서다. 도레미파보다는 궁상각치우의 음계다. 그는 새롭다. 붓으로도 노래했다. 몇 차례 서예전도 열었다. 역시 마음 가는 대로 쓴다. 물오른 긴 고기가 엉키듯 살랑거리고 뭉치듯 용쓰는 일견 장어체(長魚體)다. 그건 '황홀한 고통'이란다.

시대가 초심을 요청한다. 차림에서 순백(純白), 향기에서 담백(淡白), 지조에서 결백(潔白). 그의 3백(白)주의가 연년세세 승화하길 바란다.

2) 판소리의 '새뚝이'로 거듭난 임진택

그때여 도청 상공, 갑자기 군 헬기가, 저공비행터니, 따따따따따따따, 기총소사를 가한다, 시민들 피 흘리며 사방으로 피할 적에, 금남로가 삽시간에 아수라장이 되는구나!

1990년에 낸 〈오월광주〉는 항쟁의 걸개그림부터 수상하다. 소리는 온통 청자(聽者)의 뇌리에서 심상으로 접속된다. 아닐리(대사)는 엄청난 분량이다. 연주가의 악보대처럼 '보면대'가 자리한다. 사설은 해설이 되고 소리는 강론이 된다. 한 마디 속에 그때가 보이고, 한 줄 속에 오늘이 보인다.

일렬횡대의 일곱 남녀의 분창(分唱)과 합창이 이뤄진다. 한술 더 뜬다. 끝판에 관객을 일으켜 세워 '임을 위한 행진곡'을 제창하라고 한다. 2018년 작 〈윤상원가〉에서 구현된 장면이다. 이런저런 게 무슨 경운가? 원래 판소리는 돗자리와 병풍 하나 그리고 소리꾼과 고수(鼓手)가 전부인데.

이상 몇 가지는 임진택의 마당에서만 볼 수 있는 광경이다. 전통무대에 감히 담을 수 없는 이질적인 요소의 집합이다. 과연 그는 판소리계의 이단아다.

역사 인식, 현실 비판으로 교직한 창작 판소리

시 한 줄로 세상을 바꾼다, 김지하의 '오적' 시가 그랬다. 노래 한 곡으로 세상을 흔든다, 김민기의 '아침이슬'이 그랬다. 춤 굿 한마당으로 세상을 묶는다. 채희완의 '탈춤'이 그랬다. 소리 한 판으로 세상을 깨운다. 임진택의 '창작 판소리'가 그렇다.

임진택은 일찍이 고교 시절(경기고)에 1960년대 후반부터 일기 시작한 민족의 주체성에 대한 자각과 함께 우리 것을 찾으려는 흐름을 목격했다. 그 열기는 70년대 초 대학(서울대) 시절 마당극, 탈춤, 판소리와 같은 전통문화 형태로 나타났다. 시대를 막론하고 전통에 대한 관심은 주체성의 위기를 경험하는 시기에 강하게 표출된다. 왜정 때, 나운규의 영화 '아리랑', 윤동주의 '서시'를 비롯한, 이상화와 이육사가 문예운동을 통해 민족혼을 일깨우고 자존을 지키려 했던 역사적인 실례를 봐도 그렇다.

70년대까지 보조에 머물던 문화 운동은 80년대 전두환 정권에 맞서 사회 변혁 운동으로 확산되면서 민중투쟁 차원으로 급진한다. 진택은 소리마당을 통해 '민중의 정체성'을 확립하는 외유내강의 힘을 믿었다.

전공(외교학과)과 무관한 판소리 작업은 이런 사회물결 속에서 무르익었고 보성소리의 명인 정권진(1927~1986)에게 다년간 사사한 이유도 여기에 있었다.

대부분의 명창이 전통적인 소리틀에만 매여 있는 것이 답답했다. 박제된 내용과 형식을 깨는 도전이야말로 '살아있는 소리'로 거듭날 것이라고 믿었다. 그의 지향점은 역사 질곡과 시대 아픔을 소리로 녹여내는 것이었다. 왜곡된 현대사의 질타, 권력 이데올로기에 대한 비판, 민중 의식의 발현 등을 선명하게 주제화했다. 우리 구어체로 전환하여 전달력을 높이고 이해의 폭도 키웠다. 내용과 형식에서 그의 내재적 차별화는 그렇게 시작되었다.

민중 문화 운동의 일환에서 꾸준히 특화된 그의 창작 마당엔 일군의 젊은 관객들이 모여들었다. 그가 추구하는 '소리의 장'에는 역사 인식에 대한 교술(教述)적인 메시지를 공유할 수 있어서다. 하여 주로 사회운동에 관심을 가진 대학생이나 지식인층 그리고 의식 있는 시민층에 의해 제한적으로 향유되어 왔다.

1975년 TBC 12기 PD로 입사한 그는 있는 듯 없는 듯 '절에 간 색시'처럼 얌전했다. 언행도 진양조처럼 느릿하고 조곤조곤했다. 별명은 아기보살, 그래서 얼굴엔 매양 염화시중의 미소를 띠고 있었지만, 마음은 판소리에 있었다. 불과 1여 년 전, 뜻을 같이한 선후배 동료들이 투옥된 처지여서 외롭고 괴로운 '홀로 앓이' 나날을 감내했다.

그는 제작을 마다하고 방송 심의업무를 자원했고 6개월 후 80년 11월, 5공의 언론 통폐합으로 KBS로 이적한다. 그리고 다음 해 5월, KBS를 자퇴한다. 갓 출범한 5공의 최대 축제인 '국풍 81'의 참여를 거부했기 때문이다. 청와대에 불려간 임진택은 축제의 기획자에게 갖은 회유와 압박을 받았으나 즉석에서 거절했다. 회사명령 불복 죄와 괘씸죄가 더해져 KBS에 더 있을 수도, 있을 이유도 없었다. 그는 주저 없이 '소리꾼'으로 돌아가 득음의 세계로 침잠한다. 그리고 창자가 갖춰야 할 네 가지 법례인, '인물치레·사설치레·득음·너름새'에 대해 현대적 해석을 가했다.

통통한 176cm 키에 숲처럼 빽빽한 머리 그리고 반듯 온화한 표정과 개량 한복은 그의 독특한 아우라다. 구연(口演)에 필요한 팔색 발성과 득음 과정은 녹록지 않았다. 거칠고 부드러운 소리를 엇물리고 청음과 탁음을 맞물리고 뜬 소리와 곰삭은 소리를 교차하는 작업이었다. 성량과 음역을 확장하고 뱃(腹)소리를 끌어올리는 데 절차탁마의 훈련을 거듭했다. 너름새(춤, 짓, 표정)는 크지 않다. 사설 전달의 보조 역이나 자발적 추임새로 절제하여 사용했다.

2016년 66세에, 위암 수술로 66%를 잘라냈다. 나머지 33%로 33년을 살면 백세 인생이라는 너스레를 떨 만큼 낙천적이다. 12kg가 빠졌다. 목숨 잃을 걱정보다 목소리를 잃을 것을 염려했다. 그럼에도 그의 소리는 여전히 들끓은 유장함과 결연함을 잃지 않고 있다.

사형수 김지하와 운명적 만남, 사회 고발과 패러디로 시작

임진택의 소리는 팩트에 대한 정황을 담시(譚詩)조로 얘기하고 떠도는 말모음을 비어(蜚語) 형식으로 풀어낸다. 역사와 사회에 대한 자기 해석을 직설화법에 실은 그의 낭송은 살가운 노변정담에 가깝다. 그의 공연에 청중들이 공감하는 이유는 음악적 요인보다는 사설이 담고 있는 현실적 문제의식 때문이다.

그의 문화 운동에 불을 지핀 사람은 사형선고를 받은 김지하 시인이었다. 1974년 '민청학련' 사건으로 서대문 구치소에 수감된 두 사람은 호송차에서 문화 운동에 대한 강한 일념과 동지의식을 확인했고 출옥한 임진택은 그 약속을 지키면서 무고한 연루자의 구명운동도 함께 벌였다.

초반 작품들은 거의 김지하 원작에서 취했다. 고발적 담론 형식으로 품어낸 사회비판과 울림대가 뚜렷해서다.

"내 별별 이상한 도둑 이야길 하나 쓰것다"며 관객에 도발 형식으로 시작한 〈오적〉은 권력층의 병폐와 가치의 전도 사회를 비틀었다. 다섯 도적들(재벌·국회의원·고급 공무원·장성·장차관)의 축재(蓄財) 놀이와 호화생활이 걸쭉하게 고발되고, 이들을 잡으려는 포도대장이 오히려 도둑들의 '충견'이 되는 역설이다.

〈소리내력〉 역시 지하의 담시에 소리를 입힌 창작 판소리다. 농촌을 떠난 한 농민이 서울에 올라와서 '개 같은 세상'이라는 말 한마디 때문에 열 가지 죄를 씌워 수족 등 온몸이 잘려 나가는 얘기다. 이 역시 서민의 고초를 통해 지배층의 횡포를 고발했다.

마당극 〈밥〉은 김 시인의 이야기 모음집 '밥'을 3개의 마당으로 재구성한 작품이다. 밥의 나눔을 통해 이기와 독선을 재우고 평등과 공동체 삶을 강조했다. 전편에 풍자와 해학이 넘쳤다.

1994년, 그간 금지됐던 '소리내력'과 '오적'은 학전에서 공식적으로 공연된다. 영국에서 돌아온 김대중 전 대통령 부부도 함께 관람했다.

자나 깨나 고시 합격에 판검사를 바랐던 홀어머니도 처음 아들 공연을
봤다. '그 많은 것을 외느라고 욕봤다. 이 길로 나가 일등 혀라.'는 격려
에 그만 눈물을 훔쳐야 했다.

광주항쟁 시민군 대변인 윤상원과 숙명적인 인연

그의 유전자는 3민(민주·민중·민족)주의다. 즉 민주화, 민중예술, 민족혼
의 관철이다. 군사독재의 80년대는 김지하 작품을 통한 '민주'에 천착
했지만, 90년대 들어 '민중'을 키워드로 광주항쟁에 대한 역사해석에
치중했다. 2000년대 들어 '민족' 테마를 부각했다.

〈오월 광주〉(1990년)는 전남 사회연구소의 자료와 황석영 등 3인 작
가의 광주 항쟁 열흘간의 기록인 '죽음을 넘어'에 바탕을 뒀다. 투항파
와 투쟁파의 갈등이 고조되고 도청을 사수하다가 장렬한 최후를 맞는
다. 운동가요를 비롯한 가두방송, 연설, 전단 등과 같은 '시위문화'의
요소를 여과 없이 수용했다. 결말에서 시민군 대변인 윤상원의 죽음을
부각했고 '임을 위한 행진곡'을 띄워냈다.

윤상원과의 인연은 숙명적이었다. 1979년 말, 광주의 송년 행사 뒤
풀이에서 뜻밖에 그가 부르는 〈소리내력〉을 듣게 된다. 임진택의 카세
트를 듣고 흥을 낸 것이다. 판을 장악하는 유별난 그의 소리에서 임진
택은 오래된 친구나 다름없는 동료애를 느낀다. 6·25둥이 8월생 동갑
에, 국립대학(전남대)출신, 전공마저 정치외교과로 같았다. 대학 시절 연
극과 탈춤에 빠져 지냈던 점, 부모님의 기대를 저버리고 좋은 첫 직장
(서울 주택은행)을 때려 치고 운동권으로 나선 점 등. 절절한 우연 일치였

다. 첫 만남에서 두 사람은 의형제 결의로 투합했다.

둘은 80년 3월 광주 '극단 광대'의 창립행사에서 재회하지만, 운명은 이 만남을 오래 두지 않았다. 불과 두 달 후 5·18이 일어난다. 모두 꽃 같은 서른 살 나이였다.

1990년, 광주항쟁 10주년을 맞아 윤상원에 대한 부채감이 누구보다 컸던 임진택은 〈오월광주〉를 작창한다. 이어 2018년에 낸 〈윤상원가〉는 그의 헌사로 사건 중심의 전작과 달리 사람 중심의 해원가(解冤歌)다.

들불 야학가 박기순(22세 사망)과 영혼결혼식으로 열고, 말미엔 생사의 갈림길에 선 인간적 고뇌를 우려냈다. 숙명의 고리는 이어진다. 해마다 5월이면 윤상원은 이 소리를 통해 우리 곁으로 소환되고 현대사의 가장 아픈 곳에 관해 물음을 끊임없이 던져낼 것이다.

창작판소리 열두 바탕이란 전대미문의 작업 중

다섯 마당(춘향가, 심청가, 흥보가, 수궁가, 적벽가)과 김지하의 프레임에서 벗어나 자기류(流)의 창작에 정진하고 싶었다. 기존의 '수궁가'는 바다와 땅이 몽땅 더럽혀진 환경오염 차원에서 재해석, 주 캐릭터인 용왕, 토끼, 거북을 새롭게 변주하고 싶었다. 환갑 이후, 그는 현대 창작 판소리 12바탕을 추진하게 된다. 전대미문의 작업으로 3민주의의 마지막인 '민족혼'을 완성하는 단계다. 일련의 작품을 통한 간절한 메시지는 '역사 정의와 적폐 청산'이었다.

첫 작품은 '백범 김구'(2010)는 서거 61주기를 맞아 분단역사의 치명적 오류와 좌우대립의 폐해를 상기했다. 2019년 8월, 70주기를 맞아 백범기념관에서 형제 명창 왕기석, 왕기철와 더불어 3부작을 속연했다. 7백 명 관객은 분단의 원초에 대한 새로운 사실에 놀랐다.

두 번째 '남한산성'은 세계 문화유산으로서 가치복원과 굴욕의 역사를 넘어 국난극복의 거점으로서 관점을 부각했다. 이어 '다산 정약용'과 '세계인 장보고'를 냈다. '다산'은 2017년 2월, 그의 고향인 남양주 실학박물관에서 초연했다. 마침 박근혜 탄핵 시기와 맞물려 현실감을 키웠다. 관객들은 다산시대의 부정과 문란을 '국정농단'으로 간주했고, 부패 정치에 맞선 백성들의 민란을 '촛불시위'로 연결 지었다.

'세종', '홍길동', '전봉준', '안중근', '전태일'은 맘속에 간직한 후보작들이다. 모두가 민족의 자주와 해방, 만민의 평등을 위해 초개같이 목숨을 던진 사람들이다.

관람석은 매양 허전했다. 흥행은 당초 멀었다. 대부분 금기 소재에다 홍보마저 막혔다. DJ정부, 노무현 정부의 좋은 시절에도 야심 찬 공연의 객석은 빈약했다. 90년대 중반부터 2009년까지 약 15년간 임 명창의 판소리는 들리지 않았다. CD도 팔리지 않았다. '개점 휴업' 시기에 창극 연출과 국제축제의 감독 행보로 전환했다.

완판 장막 창극 '춘향전'과 마당 창극 '비가비명창 권삼득', 서사극 '직녀에게'와 '나는 빠리의 택시 운전사'를 연출했다. '권삼득'편은 자신의 행로가 투영되어 남다른 애정이 갔다. 안동 권씨 명문가에서 파문을 무릅쓰고도 소리에 전념한 생애는 드라마처럼 뭉클했다. 바람 소리, 새 소리, 사람 소리를 얻은 '삼득(三得)'의 이름은 임진택에게 오히려 '자유, 예술, 영혼'으로 오버랩 되었다. 전주 세계소리 축제, 세계 야외 공연 축제, 가야 세계문화 축전을 총감독하면서 관료들과 견해 차이로 이골나게 싸우고 부딪쳤다.

2014부터 '판소리 치유 프로그램'을 시도했다. 고문 등 국가폭력 피해자 가족을 대상으로 '김근태 기념센터'에서 행해진 주간행사였다. '30년 동안 짓눌려 숨도 못 쉬었다.', '이제 소리 좀 질러보자!' 하고 치유 모임을 시작했다. 참석자들은 소리로서 '한과 응어리'를 토해냈고, 익힌 판소리로 다른 피해자들을 위로했다. 치유 효과가 크게 나타나 국제치유학회에 사례 보고까지 했다. 판소리가 멘탈 클리닉으로서 훌륭한 처방이 되는 것은, 누구도 예상치 못한 또 한판의 가치 확인이었다.

그는 자유와 진실을 호도하는 압제에 맞서 부당함을 바로 잡고자 호소한 첫 세대 '앙가주망'의 실현자다. 또한, 이 시대 독보적인 '비가비 광대'로 불린다. '비가비'란 권삼득처럼 상당한 학식과 신분을 갖춘 소리꾼으로 판소리의 격과 차원을 높인 재인을 말한다.

그의 미학은 옛 법통을 지키면서도 주제와 기법을 개발한 입체창과 혼연일체 무대로서 현대적 계승에 답한다. 예술은 현실과 긴밀한 연관을 맺고 유통될 때 그 존재감이 살아난다. 하여 그가 든 부채는 세상을 깨우는 죽비(竹扉)며 그의 마당은 청자와 함께 '현실, 역사, 시대'에 참여하는 각성의 장이 된다.

전북 김제 촌놈인 임진택은 애초 그렇게 태어난 것은 아니다. 환경과 상황이 그렇게 '새뚝이'로 만든 것이다. 동편제, 서편제를 넘은 임편제(林便制)다. 마음 가는 소리꾼이 되었으니 무슨 후회가 있겠는가. 현재도 한국판소리 연구원 예술 총감독 직을 맡고 있다. 하여 금세기의 신재효로 불려도 과언은 아닐 듯하다.

"소리만 잘하는 명창보다는 평등하고 정의로운 세상, 사람답게 사는 세상을 위해 소리로 한 생을 바친 광대로 기억됐으면 한다." 칠순을 넘긴 그가 밝힌 소원이다.

19. 〈애창가요 100곡 vs 인기가수 100인〉 열전

KBS의 〈가요무대〉는 2015년, 방송 30주년을 맞아 본 무대에서 공연된 최다 방송곡 100선을 모아 음반(CD)을 발매했다.

〈1권〉 (괄호 안은 원창 가수)

찔레꽃(백난아), 꿈에 본 내 고향(한정무), 비 내리는 고모령(현인), 울고 넘는 박달재(박재홍), 나그네 설움(백년설), 번지없는 주막(백년설), 불효자는 웁니다(진방남), 황성옛터(이애리수), 목포의 눈물(이난영), 선창(고운봉), 물방아도는 내력(박재홍), 애수의 소야곡(남인수), 전선야곡(신세영), 한 많은 대동강(손인호), 고향초(송민도), 물새우는 강언덕(백설희), 대전 블루스(안정애), 눈물젖은 두만강(김정구), 타향살이(고복수), 고향만리(현인)

〈2권〉

짝사랑(고복수), 노란 셔츠 사나이(한명숙), 추억의 소야곡(남인수), 신라의 달밤(현인), 대지의 항구(백년설), 돌아와요 부산항에(조용필), 알뜰한 당신(황금심), 동백 아가씨(이미자), 유정천리(박재홍), 내 마음 별과 같이(현철), 귀국선(이인권), 고향무정(오기택), 어머님(남진), 아내의 노래(심연옥), 비 내리는 영동교(주현미), 굳세어라 금순아(현인), 여자의 일생(이미자), 가슴 아프게(남진), 청춘의 꿈(오계수), 산장의 여인(권혜경),

〈3권〉

갈대의 순정(박일남), 삼다도 소식(황금심), 이별의 부산정거장(남인수), 청춘고백(남인수), 무너진 사랑탑(남인수), 아빠의 청춘(오기택), 만리포사랑(박경원), 해조곡(이난영), 홍도야 울지마라(김영춘), 목포는 항구다(이난영), 봄날은 간다(백설희), 나 하나의 사랑(송민도), 하숙생(최희준), 닐리리맘보(김정애), 임과 함께(남진), 단장의 미아리고개(이해연), 바다의 교향시(김정구), 외나무다리(최무룡), 향기 품은 군사우편(유춘산), 개나리 처녀(최숙자)

〈4권〉

청실홍실(안다성, 송민도), 추풍령(남상규), 서울야곡(현인), 허공(조용필), 잃어버린 30년(설운도), 산 너머 남촌에는(박재란), 사랑은 나비인가봐(현철), 아주까리 등불(최병호), 섬마을 선생님(이미자), 마포종점(은방울자매), 봉선화 연정(현철), 비내리는 호남선(손인호), 낙화유수(남인수), 열아홉 순정(이미자), 낭랑 18세(백난아), 안개낀 장충단공원(배호), 청춘을 돌려다오(현철), 앵두나무 처녀(김정애), 코스모스 피어있는 길(김상희), 경상도 아가씨(박재홍), 뜨

거운 안녕(쟈니리)

〈5권〉

청춘브라보(도미), 가는 봄 오는 봄(백설희, 이미자), 모녀기타(최숙자), 호반에서 만난 사람(최양숙), 황혼의 엘레지(최양숙), 물새 한 마리(하춘화), 앉으나 서나 당신 생각(현철), 그리움은 가슴마다(이미자), 물레방아 도는데(나훈아), 동숙의 노래(문주란), 덕수궁 돌담길(진송남), 바다가 육지라면(조미미), 강원도아리랑(조용필), 산유화(남인수), 오동동타령(황정자), 울어라 열풍아(이미자), 과거를 묻지 마세요(나애심), 달 타령(김부자), 카추샤의 노래(송민도)

100선 중에 최다는 일곱 곡을 차지한 남인수의 노래였다. 여섯 곡의 현인과 이미자, 다섯의 현철, 네 곡 백년설, 그리고 조용필과 송민도가 각각 세 곡을 차지했다

가요 60년사(1930~1990)를 빛낸 가수 100인 열전

'황성옛터', '강남 달'을 부른 이애리수(1910~2009)는 음색과 창법이 비슷한 윤심덕의 빈자리를 채웠다. '황성옛터'는 영원한 고전이 되어 가수마다 자기 소리를 내고 있다. 이어 으뜸 가수로는 '나는 열일곱살이예요'의 신카나리아(1912-2006), '목포의 눈물'의 이난영(1916-65)이었다. 모두 고음처리가 뛰어났다. 신카나리아는 민요풍을 탔다. 이난영은 일본진출로 해외 도전의 길을 텄고 자녀들인 김시스터스도 미국에 상륙했다. 남편 김해송은 작곡가로 음악 가족이었다.

이어 새 트로이카로 1921년생 동갑내기인 황금심, 장세정, 박향림이 등장한다. '외로운 가로등', '삼다도 소식', '뽕 따러 가세'의 황금심(1921-2001)은 폐부를 휘감는 호소력을 보였다. 일본, 만주 등지의 동포 위문 공연에 남달랐고 남의 노래도 잘 불러 1천여 곡을 발표한 '가요 여왕'이 됐다. '고향초', '연락선은 떠난다', '울어라 은방울'의 장세정(1921-2003)은 클래식풍의 유연한 창법으로 1970년대 초까지 활약하며 후배들의 전범이 되었다. '오빠는 풍각쟁이', '코스모스 탄식'의 박향림(1921~46)은 25살의 짧은 생애에 많은 화제를 모았다. 17살 데뷔, 발랄 당돌함, 어리광과 투정이 섞인 코믹송, 양대 레코드사(OK, 콜럼비아)의 스카우트 촉발, 박정림이라는 두 개의 예명 등으로 두각을 냈다.

남자 가수로는 황금심과 부부가수로 활약한 고복수(1911~1972)를 잊을 수 없다. 만인의 애창곡이 된 '타향살이', '짝사랑'은 지금도 회자한다. '나그네 설움', '번지없는주막', '대지의 항구', '고향설'로 유명한 백년설(1915~1980)은 방황하는 내면과 청춘의 꿈을 갈구하는 '나그네' 가수로 각인됐다.

'바다의 교향시', '왕서방 연서'의 김정구(1916-98)는 재즈와 맘보풍을 담았다. 민족의 노래 '눈물 젖은 두만강'은 조선의 독립을 부추긴 죄로 발매금지 당했다. 최초로 보관문화훈장(1980)을 받았다. '불효자는 웁니다'의 진방남(1917~2012)은 모친상 중 노래를 불러 애절함을 더했다. 그는 '반야월'이라는 작사자로 더 유명하다. 울고 넘는 박달재, 단장의 미아리고개, 고향만리 등 많은 노랫말을 남겼다.

'애수의 소야곡', '낙화유수', '감격시대', '서귀포 칠십리', '이별의 부산정거장'의 남인수(1918-62)는 50년대 말까지 사통오달의 전천후 가수였다. 1천곡을 취입하여 20년간 명성을 떨쳤다.

김영춘(1918~2006)의 대표곡 '홍도야 울지마라'는 신파극 '사랑에 속고 돈에 울고'의 주제곡이다.

'빈대떡신사'를 부른 한복남(1919~1991)은 최초의 싱어송라이터다. '엽전 열닷냥', '백마강', '오동동타령', '처녀 뱃사공', '한 많은 대동강' 등 200여 곡을 내며 전쟁과 빈곤에 찌든 서민 삶을 위로했다. '신라의 달밤'으로 자자한 가요계 신사 현인(1919~2002)은 별세 두 달 전까지 마이크 앞에 섰다. '비 내리는 고모령', '굳세어라금순아', '고향만리', '인도의 향불', '전우야 잘자라', '베사메무쵸', '세월이 가면' 등 그의 노래엔 한 결로 사회적 메시지가 배어있다. 성악가 출신의 국민가수답게 폭넓은 음역으로 번안곡, 군가, 가곡류를 소화했다.

변화무쌍한 '떨림과 꺾기' 창법은 아직도 국보급이다. 83세로 떠난 아쉬움은 오늘날 '현인 광장', '현인 동상', '현인 가요제'로 대신한다.

김정구, 백년설, 남인수, 현인, 송민도, 백설희, 금사향

이인권(1919~1973)은 해방 전 '꿈꾸는 백마강', 해방 후 '귀국선'으로 명성을 얻었다. 가수, 작곡, 영화음악을 겸하는 재사였다. '카추샤의 노래', '꿈이여 다시한번', '외나무다리', '바다가 육지라면', '산포도 처녀' 등 그의 작곡은 오래 기억되고 있다. 고운봉(1920~2001)의 롱셀러는

'선창'이다. '울려고 내가 왔던가, 웃으려고 왔던가'로 연다. 부두에서 별리의 아픔을 추억하는 이 곡 하나로 붕 떴다.

'울고 넘는 박달재'의 박재홍(1924~89)은 피난처 부산에서 꿈을 이뤘고 극장 쇼의 출연을 도맡았다. '물방아 도는 내력'은 오늘날에 격이 맞고 더 맛이 나는 노래다. 신세영(1926~2010)의 출세곡 '전선야곡'은 병영 정서를 함축한 명곡이다. 2011년 영화 '고지전'의 주제곡으로 썼다.

'비 내리는 호남선'의 손인호(1927~2016)는 전통가요의 모범생이자 살아있는 앨범이었다. 그의 노래는 한탄으로 줄줄이 가슴속을 파고든다. '비 내리는 호남선', '해운대 엘레지', '울어라 기타 줄아', '동백꽃 일기', '나는 울었네', '물새야 왜 우느냐', '하룻밤 풋사랑' 등이 그렇다. 그는 음의 조율감이 탁월하여 영화음악의 녹음 기사로도 활동했다.

1920년대에 태어난 여가수 중 전 KBS 전속 가수 1기 송민도(1925~), 백년설의 부인인 심연옥(1928~)이 먼저 떠오른다. 두 사람은 은퇴 후 미국에 이민했다. 모두 구순을 훌쩍 넘긴 나이다. 송민도의 '청실홍실', '나 하나의 사랑', '청춘 목장', '여옥의 노래', 그리고 심연옥의 '한강', '아내의 노래'는 지금도 귓전을 맴돈다.

'찔레꽃' 다음으로 많이 불린 백난아(1925~1992)의 곡은 '낭랑 18세'다. 제주 처녀 백난아는 60년대까지 국민가수로서 왕성했다.

김정애(1925~87)는 전화 교환수에서 노래자랑을 거쳐 라디오 전속이

된 후 1956년에 낸 '닐리리 맘보'와 '앵두나무 처녀'가 대박을 터트렸다. 우물가 처녀 이뿐이가 물동이와 호밋자루를 팽개치고 서울로 가더니 작부가 되고 동네 총각 삼돌이가 달래어 귀향 봇짐을 싼다는 내용이다. 스윙 풍에 코믹한 가사지만 무작정 상경과 이촌향도(離村向都)를 고발, 풍자하고 있다. 이해연(1926~2019)의 단 한 방의 절창곡 '단장의 미아리고개'는 6·25의 주제 가요로 분단의 비애를 상기한다.

백설희(1927-2010)의 대표곡 '봄날은 간다'(1954년, 손로원 작사, 박시춘 작곡)는 2005년 유명시인 100인이 뽑은 애창곡 1위로 선정된 바 있다. 시적인 리듬 속에 구사된 토속 언어와 문학적 향기가 드높다. 봄날처럼 흘러가는 청춘의 안타까움과 인생 여정을 고즈넉이 읊조린 이 노래는 이미자, 조용필, 한영애 등 후배 가수들의 리메이크 선호도 1위를 차지한다. 이어 '차이나타운', '물새우는 강언덕', '하늘의 황금마차', '칼멘 야곡'을 남겼다. 영화배우 황해의 부인이자 가수 전영록의 어머니기도 하다.

'오동동타령', '처녀 뱃사공', '노래가락 차차차'로 유명한 민요 가수 황정자(1927~1969)는 42세로 별세하여 아쉬움을 더했다.

금사향(1929-2018)은 '홍콩 아가씨' 그리고 '임계신 전선' 딱 두 곡을 꼽는다. 하이힐, 실크 차림의 세련된 도시 감각에 목소리는 매양 기름지고 구성졌다. 2017년에도 노래와 걸쭉한 입담을 보였으나 구순을 앞두고 별세한 마지막 원로 가수가 되었다.

이상 1910년~1920년대에 태어난 원로 가수들은 각별히 기억해야 한다. 일제강점기에 활약한 1세대로서 격동기의 애환을 함께해서다, 그들이 남긴 소리는 단순한 복고풍의 회고 주의가 아니다. 거기엔 대중가요의 뿌리 의식과 현대사의 한 움큼의 시련을 담고 있다.

1930년대 출생한 가수들, 전쟁의 상처를 달래다.

1950년대 후반, 이른바 전후(戰後) 가수가 등장한다. 1930년대에 태어나 왕성한 활동을 보인 세대다. 미8군 전속 가수들이 중심을 잡았고 전쟁의 상처를 보듬는 힐링 역을 자임했다.

안다성(1930~)은 90세를 넘긴 유일한 가수가 됐다. '청실홍실', '바닷가에서', '사랑이 메아리칠 때', '에레나가 된 순희'는 모두 사연이 깊다. 한 곡 한 소절마다 열성을 다한 그의 무대 자세는 항상 진지했다.

박경원(1931~2007)은 동국대 학사 출신으로 1955년 내놓은 '이별의 인천항'을 불러 고향인들의 사랑을 받았다. 극장 가고, 다방 가고, 사교춤 추어야만 남자인가? '남성 남버원'은 남자들에게 준엄하게 충고한다.

명국환(1933~)은 1956년 '백마야 우지마라'로 데뷔 후, '아리조나 카우보이', '방랑시인 김삿갓'으로 연속 홈런을 쳤다. 빙글빙글 도는 회전의자에 임자가 따로 있나 앉으면 주인인데로 시작된 김용만(1933~)의 '회전의자'는 1965년 라디오 연속극 주제가로 '억울하면 출세하라'는 마지막 패러디가 기억에 남는다.

　도미(1934~)가 부른 '청포도 사랑' 덕분에 포도밭엔 데이트족이 늘었다. '비의 탱고', '하이킹 노래', '청춘 브라보' 등 현인과 가장 비슷한 음법을 구사했고 실명 주제인 '사도세자'와 '효녀 심청'도 별미를 더했다.
　짙은 눈썹의 미남 윤일로(1935~2019)는 청춘의 우상이었다. 경쾌한 리듬으로 만연된 우울증을 날렸다. 대표곡 '기타부기'는 우기부기 열풍을 불렀고 지금도 손뼉과 어깨가 들썩인다. 2019년 84세로 타계하니 '항구의 사랑', '월남의 달밤' 등이 새롭다. 남백송(1936~2015)은 '전화 통신', '방앗간 처녀', '죄 많은 인생'으로 〈가요무대〉에도 자주 섰다.

　50년대 말에 '포클로버'라는 4인조가 등장했다. 최희준(서울법대), 위키리(서라벌예대), 유주용(서울문리대), 박형준(외국어대)이 그들이다. 공통점은 미8군 가수, 고학력, 중저음, 非 트로트, 해체 후 각개 약진을 들 수 있다. 위키리(1936~2015)는 '종이배', '눈물을 감추고'를 불렀고 '쇼쇼쇼', '전국노래자랑' 등 MC로 날렸다. 최희준(1936~2018)은 '하숙생', '종점', '진고개 신사', '월급봉투', '길잃은 철새', '팔도강산' 등 많은 콘텐츠를 가졌다. 박형준(1938~)은 '첫사랑 언덕', '산마을'을 중후 음에 실었다. 유주용(1939~)은 소월의 시 '부모'를 부른 원가수였다.
　남일해(1937~)는 동굴 저음이었다. 데뷔곡 '비 내리는 부두'가 그랬다. 길 잃은 나그네의 나침판이냐 항구 잃은 연락선의 고동이냐의 '이정표'는 출세곡이다. '빨간 구두 아가씨'가 나오자 역시 빨간 구두가 유행했다.

전북 임실 출신인 최갑석(1937~2004)은 21살인 1958년부터 활동했다. '삼팔선의 봄', '고향에 찾아와도', '타향설'은 그의 고운 음성으로 빛났다. 신세영, 남일해와 더불어 대구 3인방인 손시향(1938~)은 '검은 장갑'으로 고교 동창인 신성일의 부러움을 샀다. '이별의 종착역', '사랑이여 안녕'으로 한국의 짐 리브스로 불렸고 1960년대 후반 미국에서 활동했다.

오기택(1939~)은 만능 스포츠맨이었다. 1962년 '영등포의 밤'은 '동백 아가씨'와 버금했다. 이 노래 하나가 부도 직전의 S 레코드사를 살렸다는 후문이다. 남궁원, 엄앵란 주연의 영화로도 나왔다. 원더풀 원더풀 아빠의 인생, 브라보 브라보의 '아빠의 청춘'을 비롯해 '고향무정', '마도로스박', '충청도아줌마'는 그가 아니면 안 된다.

코믹송 '쥐구멍에도 볕 들 날 있다'를 들고나온 김상국(1934~2006)은 한국의 루이암스트롱을 자처했다. 쉰 소리에 띄운 '송아지', '쾌지나칭칭', '불나비'도 독특했다. 좌충우돌 튀는 쇼맨십으로 악동 또는 괴물로 불렸다.

광주 출신 금호동(1938~)은 '내일 또 만납시다', '젊은 내 고향', '고향 하늘은 멀어도'로 촉망을 받았으나 의외로 빠른 은퇴가 아쉬웠다. '추풍령'과 '고향의 강'을 들고 나선 남상규(1938~)는 미성(美聲)을 뽐냈다.

당시 여심(女心)을 사로잡은 네 가수는 나애심(1930-2017), 권혜경(1931~2008), 안정애(1936~), 최양숙(1937~)이었다.

나애심은 허스키와 이국적인 얼굴로 영화배우를 겸했다. '밤의 탱고', '백치 아다다', '미사의 종', '과거를 묻지마세요' 등 히트곡에 이어 출연 영화는 100편을 헤아렸다. 권혜경은 1957년 '산장의 여인'으로 올라선 뒤 '첫사랑 화원', '동심초', '호반의 벤치' 등 노래마다 슬픈 소망을 실어냈다. '병들어 쓰라린 가슴을 부여안고 나 홀로 재생의 길 찾으며'의 가사처럼 시골서 외롭게 투병하다가 77세를 일기로 떠났다.

'목포의 눈물'만 있는 게 아니었다. '대전 블루스'가 있었다. 하동 규수 안정애가 1959년 녹음한 '대전 블루스'는 폭발적이었다. '대전 발 0시 50분'으로 더 알려진 이 노래는 빗속 플랫폼에서 남녀가 이별을 슬퍼하는 전형적인 모습을 띤다. 대전 역전 광장에 노래비가 서 있고 일본 엔카 대열에도 섰다. 안정애는 '밤비의 블루스', '순정의 블루스' 시리즈로 '블루스 여왕'이 됐다. 짙은 신파조의 가사와 창법에 감정이입이 쉬워 이모, 누나 층의 팬들이 많았다.

최양숙은 1959년 박춘석 작곡의 '황혼의 엘리지' 하나로 훌쩍 올랐다. 샹송 가수로 별칭 될 만큼 클래식한 자기 음색을 분명히 했다. '가을 편지', '호반에서 만난 사람', '눈이 내리네' 등도 비슷한 색깔이었다.

1960년대 후반, 패티 김, 현미, 최희준, 남진, 나훈아, 김추자, 김상희

1960년대 전반에 들어 트로트 판도를 바꾼 얼굴들이 탄생했다. 패티 김(1938~), 현미(1938~), 한명숙(1940~), 박재란(1940~)이다. 넷은 모두 미8군 가수 출신이지만 완연한 4인 4색이었다. 패티 김은 일찍이 판소리로 달구고 뮤지컬 '살짜기옵서예'(1963)을 거쳐 풍부한 성량과 대형가수의 면모를 뽐냈다. '초우', '빛과 그림자', '가을을 남기고 간사랑', '9월의 노래', '이별', '서울찬가'로 대중가요의 품격을 한 단계 높였다. 우렁찬 현미는 '떠날 때는 말없이', '보고 싶은 얼굴'등 영화 주제가와 함께 떴다. 포근한 한명숙의 '그리운 얼굴', '사랑의 송가', '눈이 내리는데'는 연속 히트했다. 박재란은 수채화처럼 깔끔했다. '산 너머 남쪽에는', '님' 등으로 지금도 무대에 선다.

'개나리 처녀'의 최숙자(1941~2012)는 민요조에 도도한 이미지를 풍겼다. 때를 타지 않는 민요풍은 가수의 생명력을 연장해준다. 그 줄은 신카나리아부터 시작, 백난아, 황정자, 최숙자, 최정자, 하춘화, 김세나, 김부자에서 오늘날 송가인으로 이어진다. 반면 허스키를 동반한 저음 가수도 비교적 길고 오래갔다. '갈대의 순정'의 박일남(1945~)은 중간 계보를 잇는다. 고복수-남일해-최희준-오기택-남상규 이후 김정호, 하수영, 박우철, 홍민으로 이어진다. 여가수 역시 송민도를 필두로 조애희-문주란-성재희-강소희-이성애-곽순옥-이미배-정종숙-진미령-최진희-계은숙-전유나로 이어진다.

노래란 당초 울음이다. 가수의 노릇은 잘 우는 것이다. '울어라 열풍아'로 이미자(1941~)가 이 반열에 들어선다. 이어 '누가 울어', '당신', '안녕'으로 애끓은 배호가 답한다. '내 이름은 소녀', '사랑해봤으면'의 조애희는 깜찍한 소녀 이미지를 선보였다. 서울대 건축과 졸업생 한상일(1942~)의 부드러운 음성에 실은 '애모의 노래', '웨딩드레스'는 결혼 시즌의 테마송이 되었다. 고려대 법대 출신인 김상희(1943~)는 '대머리 총각', '코스모스 피어있는 길'로 감미로운 유연성을 뽐냈다.

다이나믹한 윤복희의 '여러분', 몸놀림이 바쁜 장미화의 '안녕하세요', '바다가 육지라면'의 조미미, '새타령', '갑돌이갑순이'의 김세나, '동숙의 노래', '돌지않는 풍차'의 문주란, '개여울', '불꽃'의 정미조, '처녀 농군' '초가삼간'의 최정자, '끝이 없는 길'의 단아한 박인희가 꼽힌다.

남진, 나훈아는 60년대 후반 한 묶음이었다. 살갑고 쾌활한 상남자 남진, 그리고 과묵한 터프가이 나훈아는 음색 대비, 개성 대비, 히트송 대비, 영호남 출신 대비 등 매스컴은 매양 라이벌 관계를 지펴냈다. '오동잎'의 최헌, '행복이란'의 조경수 그리고 '여고 시절'의 이수미. '당신의 마음'의 방주연, '강 건너 등불'의 정훈희도 비슷한 경합구조였다. '해 뜰 날'의 지각생 가수 송대관, '봉선화 연정'의 늦깎이 현철, '옥경이'로 다시 뜬 '태진아', '다 함께 차차차'의 설운도는 '트로트 4천왕'을 형성했고 최근 '보릿고개'의 진성이 합세한다.

김추자의 매끄러운 음색과 전신 웨이브는 가히 독보적이었다. 1970년에 내놓은 신중현 작곡의 '님은 먼 곳에', '거짓말이야'가 인기를 탔다. 두툼한 가슴과 청바지의 힙라인, 찰랑대는 엉클 머리에서 드러낸 바디 볼륨과 섹스어필이 일품이었다. 이른바 댄싱 가수는 이금희를 필두로 윤복희, 김추자, 장미화, 나미, 김완선, 엄정화로 잇는다.

기타에 실은 건전 노래 전도사 전석환, '달맞이꽃'의 이용복, 컨트리송의 서유석, 요들송의 김홍철, 칸초네의 이미배, 클래식 팝의 하남석 등의 외로운 분투도 눈에 띄었다.

1960년~1970년대에 나타난 특징 중 하나는 중창단의 활약이다. '즐거운 잔칫날'의 블루벨스, '빨간 마후라'의 자니브러더스, '육군 김일병', '꽃집아가씨'의 봉봉 등 남성4중창단의 씩씩한 모습을 빼놓을 수 없다. 이들 노래는 모두 밝고 건전하고 명랑한 분위기를 냈다. 듀엣엔 '벽오동'의 투코리언스, '편지'의 어니언스, '싱글벙글'의 서수남과 하청일, 혼성듀오로는 '사랑해 당신을'의 라나에로스포, '모닥불'의 뜨와에므와를 잊을 수 없다.

당시 걸그룹으로는 '검은 상처의 블루스'의 김치켓, '울릉도 트위스트'의 李시스터스, '커피 한 잔'의 펄시스터스, '마포종점'의 은방울자매, '파도'의 쌍둥이 자매 바니걸스, '왜 그랬을까'의 쿨시스터스, '마음약해서'의 와일드캣츠, '실버들'의 희자매 등을 들 수 있다. 유주용, 윤수일, 박일준, 인순이, 주현미는 혼혈가수로서 독특한 음색과 분위기를 자랑했다.

1970년대 우후죽순의 가수 출현, 80년대는 발라드가 대세

1970년대는 김상진의 '이정표 없는 거리'와 박인수의 '봄비' 그리고 김태희의 '소양강 처녀'로 연다. 이어 '빗물'의 채은옥, '곡예사의 첫사랑'의 박경애, '진정 난 몰랐네'의 임희숙, '밤차'의 이은하, '당신은 모르실꺼야'의 혜은이, '애심'의 전영록, '너무합니다'의 김수희, '내 마음

갈 곳을 잃어'의 최백호, '돌아와요 부산항에'의 조용필, '열애'의 윤시내, '그때 그 사람'의 심수봉 등 개성파들이 가세하면서 80년대 말까지를 점유한다.

80년대는 전두환과 신군부의 등장, 5·18과 언론 통폐합의 와중 속에서도 전방위 창법을 구사한 조용필의 '한오백년', '창밖의 여자', '단발머리', '허공' 그리고 '못생겨서 죄송합니다', '뭔가 보여드리겠습니다'로 시선 집중한 이주일밖에 보이지 않았다.

가요의 흐름은 단연 발라드였다. 이문세, 변진섭, 신승훈, 조성모가 맥을 잇는다. 함중아, 박남정, 주현미, 김현식, 최성수, 김경호, 김창완, 이승철, 한영애, 이은미 등이 백가쟁명을 이루고 중반대는 구창모, 김범룡, 김수철, 김승진, 나미, 이선희, 최진희, 정수라, 양수경, 신효범 등이 가세했다. 이윽고 90년대 초 랩 음악의 서태지로 이어진다.

20. 군(軍)과 예능- 실과 바늘, 사기 진작인가 소재 대상인가

'군과 예능'의 함수는 각별하다. 군의 사기진작을 비롯한 군과 국민을 잇는 유일한 가교 구실 때문이다. 그것은 전쟁과 분단, 독재정치를 거치면서 약 40년간 60만 군대와 함께 양성된 군사문화의 특수 산물이다. 군 예능은 군 출신인 박정희, 전두환, 노태우 정권 하인 60년대에서 90년대 초까지 가장 왕성한 모습을 보였다. 대부분 국방부의 '지원과 협조'로 성립됐지만 '간섭과 통제'를 함께 받았다. 동전의 양면 같은 것이었다.

징병제가 건재한 이 땅의 모든 부모와 형제는, 군과 복무에서 벗어 날 수 없다. 군 예능 방송은 단순한 남자의 오락 차원을 넘어 높은 관 여도를 나타냈고 높은 시청률도 유지했다. '진짜사나이'(MBC)는 오히려 여성들의 시청도가 높았다.

초반 군 예능은 노래와 춤을 중심으로 한 부대 방문의 일변도였지만 80년대 말부터는 '연예인 공연-군인 관객' 이란 등식도 깼다. 장병들 이 주체가 되어 직접 출연하고 공연도 했다(우정의 무대). 이어 코미디(동작 그만), 시트콤(푸른 거탑), 리얼 버라이어티(진짜사나이), 최근엔 군 뮤지컬(신흥 무관학교, 귀환) 등 다양한 장르가 개발되었다.

2005년 12월 초, 국방TV가 개국했다. '국민과 함께, 국군과 함께' 의 이념 아래 군 전용 채널이 탄생한 것이다. 이로써 국방일보, 국군라 디오(FM, 1954년~)와 함께 전문 TV를 겸비하게 되었다.

군 위문품, 위문 편지, 위문 공연에서 성 상품화 논란까지

'일선 장병에 위문품을 보냅시다.', '위문 편지를 씁시다.'

50~60년대에 학교에서 많이 들어본 소리였다. 영부인 육영수는 여 성대표들과 손수 위문대를 만들었고 그 장면은 '대한 뉴우스'를 탔다. 위문대 속에는 칫솔, 치약, 비누, 사탕 등이 들어 있었다.

군 위문 공연은 부대 연병장이나 큰 강당에서 치렀다. 레퍼토리는 노래, 춤, 만담, 코미디, 마술 요술 등이었다. 군의 단합성과 공개 쇼의 묘를 살려 박수와 환호로서 일체감을 유도했다. 위문 공연은 공공 행 사처럼 간주했다. '차출' 형식을 띠어 연예인이 함부로 출연을 거절할

처지도 못 되었다. 녹화 방송은 텔레비전의 몫이었다.

박정희 대통령은 월남 위문단에 갈 연예인 명단과 위문품까지를 직접 챙겼다. 월남 위문 공연은 목숨을 건 행사였다. 직항이 없는 때라 부대 현장까지 육·해·공로를 다 거쳐야 했다. 줄잡아 사나흘이 걸렸다.

전시 하의 위험지역엔 폭음이 들렸고 유탄도 터져 출연자들은 기겁한 적도 있었다(김세나의 증언). 장병들은 머나먼 이국 땅까지 찾아와 준 인기 가수들에 환호했고 감동했다. 모두에겐 하루하루 건투와 안전이 제일이었고 무사 귀국이 손꼽아졌다. 현지서 촬영된 영상은 극장 뉴스와 TV 뉴스에 올랐다.

군 위문 공연 60년 만에 여성의 권리와 주체성을 강화해야 한다는 이른바 페미니즘이 상륙했다. 2018년 8월, 수도권의 예하 부대에서 행한 위문 쇼에 '성 상품화 논란'이 일었다. 비키니 차림의 두 피트니스 모델은 각선미를 강조하는 자극적인 동작과 체위를 뽐냈다. 사회자가 기본포즈 4가지를 요구하자 뒤돌아서 엉덩이를 뺀 자세로 머리를 넘겼다. 나이를 묻는 말에 '21살입니다'라고 답하자 장병들의 환호가 이어졌다. 해당 영상을 접한 누리꾼들은 '위문 공연을 꼭 이런 식으로 해야 하나'며 불만을 터뜨렸다. 청와대 국민청원 게시판에는 '여성 상품화로 가득 찬 군 위문 공연을 폐지하라'는 글이 떴다. 국방부는 유사 사례를 방지하겠다고 약속했지만, 훈령에는 위문 공연 관련 규정이나 지침은 없었다. 선정성 문제는 계속 불거질 우려다.

군 영화의 상징 '배달의 기수', 첫 군대 코미디 '동작 그만'

- 1972년 초반부터 80년까지 TV 삼사에 똑같이 나타난 똑같은 프로그램은 〈배달의 기수〉였다. 국방부 산하의 국방홍보원이 제작한 10분짜리 홍보 영화로 매주 주말 낮에 자리했다.

  국군의 위용과 기상을 중심으로 임전무퇴의 승전보와 대민봉사까지 폭넓게 취급했다. 1987년까지는 영화관에서 반드시 상영하도록 했다. 80년대까지 모든 음반의 마지막 곡은 건전 가요를 넣었던 것과 같은 맥락이다. 6월 항쟁과 민주화 바람은 군사문화의 징표가 된 〈배달의 기수〉의 극장 상영을 폐하고 1989년에는 TV에서도 완전히 밀어냈다. 지금은 추억의 필름이 되었다.

- '동작 그만'은 KBS 2TV 10년 장수 코미디인 〈유머 1번지〉(1983~1992)의 한 코너로 자리했다(1988~1991, 3년간). 동작 그만! 은 병영의 생활용어다. 당시만 해도 군대를 소재로 다루는 것은 조심스러웠다. 그러나 1987년 민주화 열기와 노태우 민정당 후보의 6·29 선언에 힘입어 군대를 소재로 한 첫 코미디가 탄생했다.

  선임병이 후임을 무섭게 갈구고, 구타, 가혹 행위로 군기를 잡는 내무반의 관행과 상황을 실감 나게 그렸다. 군대는 곧 숱한 추억공장이다. 하여 제대한 남성이나 입대 전 청춘들은 물론 전 국민적인 인기를 끌었다.

  '동작 그만'은 군대의 리얼리티를 설정한 아이디어와 다양한 디테일에 충실했다. 김한국과 '메기 병장' 이상운, '내무 반장' 오재미, '곰팡이 이병' 이봉원, 김정식, 이경래 등 고정 개그맨 대부분이 군 필자였다.

국방부가 즉각 항의했다. '군인을 소재로 왜 이런 우스개 코너를 하느냐'
며 방송중단을 요구했다. 그러나 대세는 시청자 편으로 흘렀다. 60만 현
역군인과 수백만 예비군의 고정 팬이 지지하고 있었다. '동작 그만'은 개
그맨 후배들에 의해 'X세대 동작 그만'(1995. 코미디1번지), '신 동작
그만'(2004. 개그콘서트) 등으로 리메이크 됐다. 그리고 후일 군 시트콤
'푸른 거탑'과 리얼리티 예능 '진짜 사나이'의 밑거름도 되었다.

〈우정의 무대〉 8년 방송, '그리운 어머니' 코너 감동적

뽀빠이 이상용 MC에 주철환 PD의 히트작인 MBC 〈우정의 무대〉
는 1989년 4월, 백마부대 편을 첫 회로 하여 1997년 3월까지 8년간
일요일을 휘어잡았다. 노태우 정권과 김영삼 정부의 기간이었다.

방송사의 자발적인 의지로 성립된 이 프로는 군부대 현장 순례와 장
병들의 직접 출연으로 기존의 군 연예와 차별화했다. 사병들의 장기자
랑과 부대 자랑을 중심하여 초대 연예인은 당연히 젊은 여성들의 차지
가 됐다. 출연자로서 성적이 뛰어나면 휴가를 주었다. 은밀히 애인을
불러 극적인 만남을 유도했다. 두 남녀가 퇴장하는 장면에서 사회자가
날렸던 '고향 앞으로!'는 이 프로그램을 대표하는 멘트였다.

하이라이트 격인 '그리운 어머니'가 마지막 코너를 장식했다. 어머
니 목소리만 공개한 후 '자신의 어머니라고 생각한 장병은 나오세요.'
를 외치는 순간 수십 명이 무대에 올라 어머니는 누구를 막론하고 모
두의 어머니임을 연상케 했다. 아들은 어머니를 만나 안고 돌면서 감
동을 연출했다.

"엄마가 보고플 때 엄마 사진 꺼내 놓고" 작은 별 가족의 주제곡도 히트했다. 이런저런 장면들은 '나약한 군인 이미지를 부추길 우려가 있다.'는 일각의 논란도 잠재웠다. '충성과 효도'는 한 묶음이 아니던 가. 군도 어머니 품에서는 자유로울 수 없었다.

출연부대 간에 경쟁이 고조되었다. 이미 방송된 전편보다 더 우수해야 한다는 직간접 압박에 순번을 받은 부대는 갖은 아이디어를 짜냈고 애먼 정훈 장교들만 고생했다.

최초 군 시트콤 〈푸른 거탑〉, 리얼 버라이어티 〈진짜 사나이〉

- 〈푸른 거탑〉은 병영을 배경으로 '말년 병장'과 분대원들이 엮는 좌충우돌로 2012년 4월 말, tvN의 '재밌는 TV 롤러코스터' 시즌2의 한 코너로서 선을 보였다. 당초 1화 '신병 전입', 2화 '사단장 방문', 3화 '신병의 종교 활동', 4화 '걸그룹'까지만 기획했다. 그러나 예상을 뒤엎고 큰 인기를 얻자 이듬해 1월부터 〈푸른 거탑〉 시즌1으로 독립되고 9월부터는 '푸른 거탑 제로', 2014년 9월 '푸른 거탑 리턴즈'까지 시즌을 이었다. 2018년 2월, 네이버TV에 푸른 거탑 채널이 개설되어 99편의 영상이 올랐다

- 리얼 입대 프로젝트 '진짜 사나이'는 '아빠 어디가'에 이어서 방송되는 '일밤'의 2부 코너로 출발했다. 시즌 1(2013. 4~2016. 11)부터 시선을 끌었다. 개성이 강한 일곱 남자가 5박 6일간 병영 생활을 함께 한다.
  신병교육대의 기초과정은 생략하고 현장에서 장병들과 함께 제대로 훈련하고 복무한다. 서경석, 김수로, 류수영, 손진영, 샘 해밍턴, 장혁, 박형

식이 첫 주자로 나섰다.

닫힌 문이 열리고 군 내부 공개와 함께 새로운 그림이 펼쳐졌다, 훈련에 도전한 남성상이 부각되었다. 말로만 들었던 광경을 목격했다. 군대 가면 축구만 하는 게 아니었다. 어떠한 홍보보다 뛰어난 군에 대한 이해와 공감 폭을 키웠다. 단순 기획임에도 군대에 관심을 두는 여성들의 시청률이 의외로 높았다. 육군에서 해병대, 여군까지 순회하면서 부침을 거듭하다가 시즌 3(2018. 9~2019. 1.)까지 갔다.

군 연예병사 제도, 개인 일탈 행위와 특혜시비로 폐지

2013년 한여름, 국방부는 일부 연예병사들이 군인으로서 품위를 훼손하는 사건이 잇따르자 '연예병사 제도'를 폐지하고, 15명의 연예병사 중 복무기간이 3개월 이상 남은 12명의 병사를 야전부대로 재배치하기로 했다고 발표했다.

연예병사 제도는 국방홍보원에서 일괄 관리 운용해왔다. 연예 활동을 하다 입대한 장병들에 대한 심사를 거쳐 선발한다. 복무 중 연예인은 자신의 기량을 계속 보전할 수 있고 군복 차림의 딴 모습으로서 거듭나 새로운 이미지를 줄 수 있다. 연예병사는 각종 위문 공연, 군 관련 행사, 홍보 영화 출연 등으로 군 복무를 가름한다. 군 자체 콘텐츠 제작의 의무출연으로 예산 절감과 원-윈의 전략도 실현한다. 1996년 전까지는 문선대로, 해·공군은 문예대로 불렀다. 각종 우수 스포츠맨을 입영한 상무(尙武)팀의 시스템도 이와 비슷하다.

그간 연예병사 출신은 차인표, 서경석, 이훈, 홍경인, 윤계상, 이민우, 홍경민 등을 꼽을 수 있다.

2011년 가수 A가 150일의 휴가를 쓰면서 '귀족 병사'로서 특혜시비의 뒷말이 일었다. 그간 누적된 문제가 터졌다. 연예병 개인의 일탈과 공사(公私) 구분의 애매함이 드러났다. 사복 착용과 잦은 외박, 심야음주 등 군인복무 규율에 반하는 행위가 연달았다. 2013년 여름, 가수 B는 근신 처분, C와 D를 비롯한 7명은 영창 처분을 받았다. 이로써 '좋은 제도'는 관리·운용에 귀책 사유를 드러내어 15년 만에 폐지되었다. 단, 보완책으로 '파견제'를 검토했다. 연예 출신 병사를 작품 제작 기간에 파견하여 활용하고 종료와 동시에 원대 복귀하는 방식이다.

군 뮤지컬 새로운 '밀리터리 콘텐츠'로 등장

이른바 '군뮤'라는 군 뮤지컬이 새롭게 등장했다. 2008년 '마인'으로 시작하여 '생명의 항해'(2010년), '더 프라미스'(2013년)를 거쳐 '신흥무관학교'(2018년), 2019년은 '귀환'이 공연되었다. 모두 독립투사의 행장과 군사(軍史)에 빛나는 기념비적인 사건, 영웅의 면모를 소재로 취했다.

다수로 채운 웅장함, 각이 잡힌 군무와 절도 있는 동작, 재능을 가진 연예 병사들이 엮는 앙상블은 역동미와 에너지가 넘쳤다. 육군본부가 지원한 군 뮤지컬의 연간 예산은 10억을 웃돈다고 한다. 인력과 자본의 투자로 대민봉사에서 대민사업으로 진일보한 셈이다.

5공 때까지 '국군의 날'(10월 1일, 휴무일)은 온통 국방색으로 깔렸다. 1950년 국군이 북한군을 반격한 끝에 38선을 돌파한 날로서 그 뜻을 살려 국군의 날로 지정하였다. 60~70년대는 5·16 광장(현 여의도 광장)에서 시행했다. 오전은 사열식과 전투비행 쇼, 오후는 대대적인 시가행진을 벌였다. 다수의 연예인이 행진 장병들에게 꽃다발 걸어주는 장면은 뭇 시선을 집중했다. 육본이 충남 계룡대로 옮긴 후엔 그곳 광장에서 행하고 있다. 최근 시가행진은 남북관계를 고려하여 절제하고 있다. 국군의 날 행사나 3군 사관학교 졸업식 등은 모두가 국군 통수권자인 대통령의 행선(行先)과 관련이 있어 충실한 중계방송이 따른다.

'군과 예능'은 궁합이 좋다. 고금동서에 변함이 없다. 병사를 위로하고, 사기를 진작하며, 내일의 활력을 부여한다. 예능은 '애국, 충성, 승리'의 목표 달성을 부드럽게 촉진하는 윤활유가 된다. 군도 탈 권위 시대에 들면서 보편성, 유연성, 다양성의 코드를 찾고 있다. 결론적으로 군과 군대는 부가가치가 큰 예능의 소재이자 방송자산이 된다.

제5부

아낌없이 주는 예능
(2000년대)

아낌없이 주는 예능 (2000년대)

21. 너훈아, 이머자, 패튀김, 주용필…
짝퉁 가수의 속내와 눈물

-너훈아(나훈아의 모창 가수) **2014년 1월 12일 간암 별세,**

본명 김갑순(1957~2014) 57세, 논산 출신, 노래 인생 30년…

그는 마지막까지 김갑순이 되기 위해 신곡까지 출발했으나 소원을 이루지 못한 채 숨졌다. 빈소에는 고인과 뜻을 같이한 니훈아, 나운아, 나운하, 이훈아를 비롯한 동료격인 모창 가수들이 줄을 이었다. 따져 보면 진짜 가수가 죽은 것도 아닌 한 사람의 가짜 가수의 죽음일 뿐이다. 그러나 왠지 진짜 가수보다 더한 슬픔이 저미어 온다. 우선 원조 가수로부터 배척은 물론 주위로부터 던져지는 싸늘한 시선이다. 남의 흉내로 섭생하는 기생족으로 매도하는 것이다.

'싼 맛 가짜'에 쏟아진 시각은 따뜻할 수도 고울 수도 없다. 알아보는 사람은 있어도 좋아해 주는 팬은 없다. 별수 없이 감내해야 한다. 그의 노래 인생 30년은 그저 '짝퉁 나훈아'로 일관했다. 본인도 이런 가짜 가수를 기꺼이 자청했고 나훈아의 그림자로서 자기 역할에 충실했다.

원조 가수 수입의 10%도 못 미치는 대우에도 감지덕지했다.

1992년 모창 가수 협회가 탄생한 후 50여 명의 회원 수도 20명 이하로 줄었다. 불경기로 밤업소의 활동무대가 줄어도 그저 자신을 불러준 곳이면 불원천리 달려가 자신의 몫을 수행했다. 이런저런 걸음과 노력이 쌓이고 쌓이면 언젠가 진짜 가수가 되어 당당하게 내 이름을 내밀고 내 모습을 찾는 날이 오겠거니 희망은 저버리지 않았다. 그 숙원을 이루지 못한 채 짝퉁 가수는 세상을 떴다.

망자는 우리를 슬프게 한다. 용이 되지 못하고 사라져 버린 이무기의 얘기처럼 그의 승천은 색다른 슬픔으로 다가온다. 우선 내 인생이 아닌 남의 인생의 흉내를 업으로 삼고 살아 온 것에 남다른 연민이 가기 때문이다. 그것도 쉽지 않은 인생극장이다. 그러기 위해서 그는 철저히 자기를 죽이고 버려야 한다. 그리고 그 빈자리에 오마주 격인 나훈아를 들어 모셔야 했다. 나훈아의 아바타가 되는 순간에 그는 본명마저 버리고 '너훈아'로 변신했다.

나를 지우고 그를 닮으려는 처절한 뒷면에는 나를 다시 찾겠다는 일념이 숨어 있다. 그때까지 '가짜 가수'의 문패는 어쩔 수 없는 것이었다. 그래도 그를 가짜로 손가락질을 할 수 없는 이유는 무엇인가. 우리는 모두 과연 진짜 인생을 살고 있는가? 혹시 자신이 누구인지, 자기 마음이 어떤지조차 모른 채 등 떠밀리듯 살아가는 인생들은 아닌지? 우리 자신부터 관행의 틀, 조직의 틀, 위계의 틀에 갇혀 시킨 대로 움직이는 수많은 가짜 인생들이 아닌가.

자기주장은 접어두어야 안전한 사회다. 자기 상실에 둔감한 시대다. 그래서 불러준 대로 받아쓰고 명령대로 움직이고 시킨 대로 살아가는 껍데기 인생이 우리의 자화상이 아닐까. 짝퉁은 아무나 될 수 있는 게 아니다. 가수는 더욱더 그렇다. 적어도 10년 이상 한 우물을 파야 한다. 그들의 '가짜 자격증'은 상당한 조건과 전제가 붙는다.

■ 가짜가수가 되기 위한 몇 가지 조건

첫째는 비슷한 외모다, 진짜를 연상시키는 외적 풍모를 지녀야 한다. TV 시대의 비주얼이란 한 눈의 승부를 가름하는 요체다. 이름 석 자도 진짜 가수 이름과 어슷비슷하게 나와야 한다.

둘째, 가창력이다. 노래 실력은 기본이며 필요충분조건이다. 이 그릇이 없으면 자타의 노래를 담아낼 수 없다. 더불어 모창 능력이 있어야 한다. 원조 가수의 음색과 음성이 비슷해야 한다. 손짓, 몸짓이 같아야 하며 표정과 분위기가 똑같아야 한다. 그런 기예(技藝)와 테크닉이 있어야 가짜로 행세할 수 있는 명함과 자격을 인정받는다.

셋째, 끊임없이 대중에 다가가고 서민에 접근해야 한다. 진짜 가수가 가기 어려운 곳, 가기 꺼리는 곳에 두서없이 모습을 나타내야 한다. 그들은 태생적 관계 때문에 진짜와 한 번도 만날 수 없다. 똑같은 하늘에 해와 달이 함께 뜰 수 없는 이치다.

'스타 가수가 뉴욕 가고 파리 갈 때, 저는 속초 가고 해남 갑니다.' '와 주지 않는 스타보다 여러분 앞에 와 있는 제가 좋죠?'라고 외치면 '네~!' 하는 대답이 우렁차게 들려야 한다.

하여 군민 단합대회, 면민 운동회에서 마이크를 잡고 시골 공장 야유회, 재소자 위문 공연까지 뛸 수 있어야 한다. 매양 소외층의 위로자가 되고 삶이 절실한 사람들에 구원자가 되어줘야 한다. 진자리, 마른 자리를 어찌 가리랴. 불러줄 때 찬밥, 식은 밥을 마다하지 않고 눈썹 휘날리며 뛰어야 한다.

마지막으로 끊임없이 자기를 찾고 자기 목표를 위해 정진해야 한다. 자기완성을 위한 간절한 희망이 삶의 동력이다. 모창은 수단이나 과정에 불과하다. 진짜 가수로서 탈바꿈하여 홀로서기를 하는 것이다. 자신의 이름으로 신곡을 내는 것, 모창 가수들의 꿈은 바로 여기에 있다.

■ 진짜 자기 노래 '명사십리' 빛 못 보고 명을 달리해

KBS의 〈가요무대〉에 곧잘 나오는 배일호는 오로지 배호가 되고 싶었다. 그래서 〈전국노래자랑〉의 소품 담당부터 출발했다. 또 하나의 배호라는 뜻을 살려 그렇게 예명했다. 조용필이 그리운 주용필은 피나는 득음을 위해 치악산 천막에 칩거하면서 '웃고 있어도 눈물이 나는' 경지를 거쳤다. 패튀김, 주연미, 태쥐나, 설훈도, 이머자, 현숙이, 하추나, 방쉬리 등도 한 사람씩 헤집어 보면 이에 못지않은 사연이 숨어있을 것이다.

아무도 찾지 않은 바람 부는 언덕에 이름 모를 잡초야. 나훈아의 히트송 '잡초'의 한 대목을 부르는 너훈아의 모습은 진짜보다 더 처절하다. 자신의 비애를 표현하고 있기 때문이다.

그는 '명사십리'를 녹음하여 처음으로 가짜 탈을 벗었다. 김갑순이 부른 오리지널 가요였다. 이것이 빛을 보지 못하고 명을 달리했으니 더욱더 안타까운 것이다. 그의 죽음으로서 한 편의 실화극인 '너훈아의 눈물'은 막을 내렸다. 그는 그 드라마를 창안 구성하고 스스로 연기했던 훌륭한 탤런트였다. 명복을 빈다.

22. 대체불가 생방송 셋
〈TBC 최후밤, 이산가족 찾기, 월드컵 붉은악마〉

감격의 눈물이었다. KBS가 1983년 6월부터 11월까지 138일간 행한 이산가족 찾기 캠페인에서 30여 년 간 헤어진 1만여 가족들이 상봉했다. 무명가수 설운도의 '잃어버린 30년' 이 주제곡이 되어 전 국민을 적셨다. 통곡의 눈물이었다. 언론 통폐합 당한 TBC를 비롯한 12곳의 언론사는 1980년 11월 30일을 끝으로 역사 속으로 사라졌다. 고별 쇼에서 부른 이은하의 '아직도 그대는 내 사랑'은 진혼곡이 되었다.

붉은 함성과 물결은 폭풍이었다. 2002년 초여름 한일월드컵 4강 신화는 '붉은악마'가 일궈냈다. '오~필승 코리아'를 선도한 윤도현 밴드는 단연 돋보였다.

이들 세 방송은 기네스북 등재에 차고도 남는다. 모두 '유일한 이벤트'에 세계가 주목했고 '의외성, 폭발성, 결집성'의 평가는 대체 불가였다.

1) 눈물 보이지 마, 울지 마! - 언론통폐합 최후 날의 통곡(1980. 11. 30)

1980년 11월, 신군부는 계엄 해제 이후 예상되는 반발을 무마하고 여론통제를 위해 언론 폐합을 강행했다. 명분은 언론사의 난립으로 언론 기업이 부실화되고 민폐와 비위의 온상이 되면서 건전 언론풍토를 저해하고 있다는 이유였다. 더불어 신군부 체제에 저항하거나 비판적인 언론인을 제거하는 기회도 되었다.

1980년 가을, 전두환은 그 집행을 보안사(노태우 사령관)에 위임했다. 보안사는 '언론대책반'을 구성하고 바로 언론사 사주들을 소환하여 통폐합 조치를 일방 통보했다. 이의가 없다는 내용의 각서도 강제로 받았다.

▶ **언론 폐합, 언론개혁을 통한 군사정권 체제구축, 반 세력 제거**

- 1980년 11월 14일, 정부 지시 하에 방송협회, 신문협회 등은 소위 '대한민국 언론의 개혁'을 골자로 하는 건전 언론 육성과 창달에 관한 결의문을 발의했다.

  이에 따라 중앙지 신문은 7개에서 6개로, 지방지 신문도 14개에서 10개로 줄었다. 신아일보는 경향신문에, 서울경제는 한국일보에 각각 흡수되고 지방지는 1도1지(一道一紙) 원칙 하에 통합되었다.

  합동통신과 동양통신은 합병하여 '연합통신'으로 변신하여 유일한 통신사가 되었다. 지방 주재원 제도를 폐지하여 신문이 발행되는 지역 밖의 뉴스는 정부 지배하의 연합통신사에 의존할 수밖에 없도록 제도화했다. 정기간행물 172종의 등록도 취소했다.

- 방송에선, KBS가 민방인 TBC, DBS, 전일 방송(광주), 서해방송(군산), 한국 FM을 인수 합병했다. 이른바 '공영방송' 체계로 관영 KBS와 KBS가 주식의 70%를 소유한 준 관영 MBC로 네트워크를 이원화함으로써 방

송 매체를 완전히 장악했다. CBS는 보도기능을 폐지하고 종교방송만 전념하게 했다. KBS는 거대한 공룡이 되었다.

- 약 1천 명의 언론인이 강제 해직되었다. 이로써 군부는 통치의 주요 기반인 '체제언론'을 구축하는 데 성공했다. 언론기관은 권력과의 상호 공생하는 '권언(權言) 복합체'가 형성되고 체제 옹호자로 전락했다.

- 통폐합을 당한 방송사의 방송종료는 불과 보름 후인 11월 30일에 일제히 완료하도록 했다.

▶ 통폐합 당한 각 방송사의 마지막 고별방송 -1980. 11. 30.

- 계엄사령부에서 하달된 '고별방송에 대한 지침'은 80년 11월 30일에 한하고 그 이전의 편성은 일체 불허했다. 기존 프로는 고별인사 삽입만을 원칙 하되 부득이 특집 편성할 때는 반드시 녹음, 녹화해야 한다. 내용은 단순한 고별인사, 과거 하이라이트 소개, 출연자들의 회고담에 한한다. 감상적인 연기와 분위기는 배제한다. 시청자를 자극하는 내용이나 종료 방송에 대한 부정적인 표현은 엄금한다.

- 사전검열 역시 엄격했다. 모든 고별 멘트, 특집 녹화용 대본, 큐시트는 필히 계엄사의 사전 검열을 받도록 했다. 진행자 및 출연자는 검열받은 원고, 대본 이외는 일체 애드리브(즉흥 대사나 연기)를 금했다.

- 한마디로 요약하면 '울지 마, 허튼 소리 하지 마.'였다. 사달이 났다. 그날

밤엔 여기저기서 곡소리가 그치지 않았다. '흔들리지 말자, 끝까지 의연하자.' 결의만큼은 한결 그랬다. 보도방송 정지를 당한 CBS의 여자 아나운서의 울음이 신군부에게 찍히면서 감시와 압박이 가속되었다.

'시청자 여러분 이제 저희는 떠납니다. 부디 안녕히 계십시오…' 이런 최후 순간에 목메지 않을 멘트가 어디 있으랴, 당시 현장에 있던 제작진과 출연진들도 '울지도 말고 NG 내지도 말자'고 서로 다독였지만, 막상 눈물을 감출 수 없었으니 그 인지상정을 어찌 총칼로 막을 것인가.

- 고별 TV쇼 'TBC 가족 여러분, 안녕히 계십시오'에서 '아직도 그대는 내 사랑'을 부른 이은하가 눈물을 보이며 가사를 이어가지 못했다. 문제가 커졌다. 그녀는 '지침위반'에 걸려 3개월 출연 정지 당했다. 이 노래는 훗날 '아직도 TBC는 내 사랑'으로 환치되어 11월 말 제삿날이면 으레 등장하는 송가가 되었다.

- 곤혹스러운 일은 이어졌다. 언론 통폐합의 정당성과 시대적 요청을 반영한 불가피한 조치임을 시민 인터뷰로 전하라는 것이다. TBC 보도국은 자사 직원을 설득하여 얼굴을 가리는 조건으로 억지 촬영하여 종합뉴스 'TBC 석간'(앵커 노계원)에 실어야 했다.

- TBC 라디오 진행자들도 저미는 슬픔 속에서 작별을 고했다. 마지막 라디오 뉴스였던 '뉴스 기상도'의 맹관영 아나운서가 울먹거리고, 심야 프로인 '밤을 잊은 그대에게'도 시그널 음악인 폴 모리아의 '시바의 여왕(La Reine De Saba)'을 끝으로 DJ 황인용은 "기억하시죠? 이 시그널. 오래 기

억해 주세요."라며 최후를 알렸다. 그는 자정이 다가오자 고별사와 함께 마침내 참았던 울음을 터뜨리고 말았다.

- 최후의 주말 영화 '쿼바디스'(주여, 어디로 가시니까)는 그 날밤을 상징하는 듯했다.

▶ TBC는 새 사옥(현 KBS 별관) 앗기고, 채널도 KBS2로 바뀌고

- 1979년 말 TBC는 당시 국내 최대 규모였던 여의도 신사옥(현 KBS 별관)을 준공하여 컬러 시대를 완비하고 1980년 7월부터 가동했다. 통폐합 직전 70년대 말 TBC는 '트로이카' 정윤희, 장미희, 유지인을 앞세운 드라마와 예능을 필두로 순풍을 타고 있었다.

- 그 해 11월 13일, 홍진기 회장이 보안사에 불려가 '방송사 자진포기 각서'에 서명하면서 TBC(사장 홍두표) 조직은 와르르 무너졌다. 층마다 멘탈 붕괴의 비명이 흘렀다. 사원들은 캐비넷 속 서류를 모두 꺼내어 바닥에 깔고 나뒹굴면서 '분노와 비탄'을 토해냈다. 퇴사한 옛 사우들은 술안주까지 챙겨 들고 속속 찾아와 위로했지만 시대 흐름은 우군이 아니었다. 모든 것은 옥죄듯 끝나가고 있었다.
이병철 당시 삼성그룹 회장이 스튜디오를 방문하여 훌쩍거리는 연기자들을 어루만지며 '이렇게 울고만 있으니 난 어떻게 하란 말인가…'라며 안타까워했다.

- 16년간 정상에 서 있던 탄탄한 방송사는 한순간에 자취를 감춰버렸다.

인력과 시설, 기재 등 숱 자원은 자동으로 KBS에 인계해야 했다. 재산 1호 격인 영구보관용 녹화 테이프(2인치, 2천여 개)의 인수를 둘러싸고 접수자인 KBS 측과의 자존심 걸린 '밀당'은 한동안 이어졌다.

한편 최후의 쇼를 진행했던 허참과 정소녀는 다음날 12월 1일에 방송한 KBS2의 'KBS 새 가족'의 MC로 나서야 했다. '전날까지 자신이 서있던 터가 한순간 사라져 너무 허탈하고 마음이 아픈데, 그 다음 날 모르는 사람들 앞에서 웃으며 축가를 불러야 했다'고 회상했다.

- 600여 TBC 사원 중 70여 명은 KBS에 합류하지 않았다. 영업국 직원들은 신생 방송광고공사로 편입되고 나머지는 중앙일보, 삼성 홍보실 등으로 흩어졌다. 서소문 일대를 거점으로 '21세기 종합매스컴 왕국'의 원대한 미래설계도 거품이 되었다.

2) '이산가족을 찾습니다.' 138일간 장장 453시간 45분 생방송 (1983)

특별 생방송 〈이산가족을 찾습니다〉는 KBS가 1983년 6월 30일부터 11월 14일까지 무려 138일에 걸쳐 장장 453시간 45분으로, 세계 방송 역사상 그처럼 오랜 시간을 한 프로그램에 배정된 전례가 없었다. 총 100,952건의 이산가족이 신청하고 53,536건이 방송에 소개되어 10,189건의 이산가족이 상봉했다. KBS는 정규 프로를 취소하고 총력전을 폈다. 전담인력 1,641명을 투입했다. 방송공사 사옥 주변은 인산인해를 이루었고 가족을 찾는 벽보가 끝없이 나붙었다.

전쟁과 분단으로 인한 민족의 비극적 현실을 적나라하게 펼쳐 보인 순간들이었다. 온 세계 사람들을 동시에 감동의 도가니로 몰아넣어 '이산의 아픔'이 어떤 것인지를 실감케 했다.

애초 특집방송 타이틀 곡으로 '누가 이 사람을 모르시나요'가 선정되었다. 이 곡은 1964년 라디오 드라마 〈남과 북〉(한운사 극본)의 주제곡으로 곽순옥이 불렀다. 1983년 그녀는 홍콩에 거주하고 있어 가깝게 지내던 패티 김이 대신 불렀다. 이산가족 찾기 방송이 장기 편성으로 전환하자, 홀에서 '종일 대기 가수'가 필요했다. 패티 김 역시 미국에 체류 중이었다. 이 조건을 채워주는 가수가 나타났다. 25살의 더벅머리 무명가수 설운도였다. 그는 KBS의 '신인 탄생' 프로그램을 통해 1981년 데뷔했으나 2년 가까이 묻혀 있었다. 설운도의 매니저는 TV를 지켜보다 남국인 작곡의 '어머니'라는 미발표 곡을 작사가 박건호를 찾아가 하룻밤 만에 개사한 뒤 KBS에 던졌다. 애절한 노래는 맞춤형이 되었고, 24시간 대기할 수 있는 가수는 설운도 밖에 없었으니 톱니는 제대로 물렸다. 그는 종일 공개홀에서 기다리다가 부르면 즉시 무대로 올라갔다. 그 기간 동안 '잃어버린 30년'을 무려 천 번 정도 불렀다고 하니 하루 평균 똑같은 곡을 10번 이상 부른 셈이다.

'어머니 아버지 어디에 계십니까. 목 메이게 불러봅니다.' 객석에서 이런저런 사연들을 보고 듣고 같이 울다 보니 어떻게 노래를 불렀는지 기억도 안 나고 무엇에 홀린 듯한 느낌이었다고 회고한다.

이 '출세곡'은 방송을 타고 날마다 대박을 터트렸고 눈물의 상봉 장면과 어울려 감격을 촉발했다. 설운도는 이미 '벼락스타'로 우뚝 솟고 있었다.

▶ 유네스코 기록유산 등재, 한반도 전쟁과 분단의 참상 알리미

- 진행 절차는 간단했다. 우선 공개홀에 입장한 이산가족들이 자신의 신상 명세를 적은 '메모판'을 가슴에 들고 서면 아나운서가 그 내용을 소개한다. 그것이 전국에 방송되면 찾고 있는 당사자, 또는 주변 사람들이 방송사로 전화하거나 직접 찾아와 확인을 거쳐 스튜디오에서 상봉을 주선하게 된다.

  목이 메어 말도 제대로 못 하는 이들을 진정시킨 후 확인반이 그들을 홀 안으로 안내하는 순간, 서로가 이름을 부르며 마주 달려갔다. 포옹, 통곡, 그리고 눈물. 40년간 생사조차 모르던 혈육을 만난 반가움과 헤어져 살던 서러움이 한데 뒤엉켜 서로 울부짖는 장면… 지켜보던 모든 시청자들은 흐느꼈고 제작진도 함께 울었다.

- 당시 AP, UPI, 로이터, AFP 등 세계 4대 통신과 25개국의 일간지들은 방송의 열기가 더해 감에 따라 대규모 취재반을 서울로 파견, 상봉 소식을 실시간으로 전했다. 미국 ABC는 'NightLine'을 통해 생중계하기도 했다.

  그해 9월에 열린 제6차 세계언론인대회에서 '1983년의 가장 인도적인 프로그램'으로 선정되었고, 1984년에는 세계평화협력 회의에서 방송기관으로서는 처음으로 '골드 오서램상'을 수상했다.

- 본 기록물은 최대 규모의 단일주제로 세계 방송사의 기념비적인 유산이 되었다. 여기엔 녹화 원본 테이프 463개와 담당 PD 업무수첩, 이산가족이 직접 작성한 신청서, 일일 방송진행표 큐시트, 기념 음반, 사진 등 2만 건의 기록물을 포함한다. 이는 남북 이산가족 최초 상봉(1985. 9)의 촉매

역할을 했다. 또한 동족상잔의 징표로서 평화의 메시지를 전 세계에 전달했다. 2015년 10월 9일 유네스코 기록유산으로 등재되었다.

- 한국갤럽은 1983년 10월 10일에서 10월20일까지 1,450가구에 대한 조사 결과 53.5%가 새벽 1시까지 시청한 것으로 나타났다. 모처럼 KBS가 공영방송의 참모습을 보여 주었다.

3) 오 필승 코리아~ 대~한민국! – 월드컵 4강 신화와 '붉은 악마' (2002)

2002년, 한일 월드컵~! 하면 떠오른 게 무엇일까. 황선홍의 첫 골 감격, 재간둥이 박지성의 드리블 슛, 안정환의 반지 키스, 홍명보의 마지막 승부차기, 아니면 히딩크 감독의 어퍼컷 세리머니?

그러나 뭐니 뭐니 해도 거리를 꽉 매운 '붉은 악마'의 뜨거운 응원전을 빼놓을 수 없다. 한국은 폴란드와의 첫 승, 미국과 무승부, 포르투갈전 승리로 16강에 들고 이탈리아에 이겨 8강, 승부 차기 끝에 스페인을 꺾고 4강까지 진출했다. 이런 역사는 다시 쓰기 어려울 것이다. 일곱 게임을 치른 그해 5월 31일부터 6월 말까지 대한민국은 매일같이 축제의 장이었다. 한 달간 매일 TV 중계방송도 행복했다.

이변도 연달았다. 디펜딩 챔피언 프랑스가 개막전에서 세네갈에 패퇴하고, 막강 우승 후보 아르헨티나도 문턱에서 탈락했지만 터키와 한국은 나란히 3, 4위에 올랐다.

그 기간 내내 한국팀 서포터즈인 '붉은 악마(Red Devils)'는 서울 광화문, 시청의 40만 명 길거리 응원전을 주도했다. 총 7차례 경기를 하는 동안 연인원 2,400만의 붉은 악마가 쏟아져 나왔다. 그 충만된 열기와 에너지로 한국은 4강 신화를 이룩했고, 새로운 응원문화를 향도하여 전 세계의 깜짝 주목을 받았다.

오~필승 코리아, 오~필승 코리아, 오오레오레~ 대. 한. 민. 국!!! 짧고 명쾌한 응원가는 6월의 애국가가 되어 세계에 메아리쳤다. 그들은 뚜렷한 목표와 열정, 동포애와 일체감을 바탕으로 한반도를 한 번에 응집시켰다. 단군 이래 이때처럼 우리 국민이 똘똘 하나로 뭉친 적이 없었다. 대회가 끝나도 끝난 것이 아니었다. 국제게임이 있는 곳마다 붉은 악마는 나타났고 그들의 규모와 함성이 곧 대회의 수준을 갈음했다. 무엇보다 자발적인 평화집회 문화를 유도했다. 이는 이후 촛불집회 등 광장시위에도 본보기가 되었다. 또한 인터넷 동호회와 커뮤니티의 결집력을 보여 한국인의 고질병인 '레드 콤플렉스'도 날려 보냈다.

유래는 1983년 멕시코 세계 청소년축구전에서 4강에 오르자 빨간 유니폼을 입은 태극전사들을 '붉은 악령'(Red Furies)으로 부르는 데서 시작한다. 우리말로 번역되는 과정에서 '붉은 악마'로 거듭났다. 1995년 말, 저변 확대와 건전 여론을 통해 축구 발전에 기여한다는 이념 아래 국가대표팀 지원 클럽으로 조직화 되고 홈페이지도 개설했다. 최초 100명에서 오천 명, 그리고 십만에서 사십만으로 폭증했다. 이제 붉은 악마는 누구든 될 수 있다.

으쌰으쌰! 축구는 터와 공만 있으면 어디서든 할 수 있는 경기다. 축구는 목표 강화, 행동 통일, 단합촉진을 위한 최적의 경기로 자리한다.

〈자발성, 비폭력, 축제화〉로서 광장집회와 응원문화를 새롭게 창출했다. 해외 원정도 마다하지 않았다. 이는 국가주의를 넘는 민족주의 발현이다.

사운드 오브 월드컵 - '오~필승 코리아' 윤도현과 밴드는 이 짧은 훅송으로, 국민적 가수로, 떠올랐다. 노래로서 기를 모으고 힘을 합치고 몸짓을 함께 했다. 월드컵 4강 신화는 이제 추억으로 묻혀간다. 그러나 그 응집력과 파급성은 오늘도 지속한다. 향후 빅 A매치의 경기장에 한국의 열두 번째 선수들로서 나타나 '어게인 2002'를 외치며 여전히 붉은 물결을 이룰 것이다.

23. 한국 코미디, 그 흥망사와 수난의 발자취

■ 코미디 하나 : 대낮 서울 복판에서 배삼룡을 납치하라

1973년 12월, 광화문 일대 백주에 때아닌 '배삼룡 납치사건'이 벌어졌다. 동아방송의 녹음을 끝내고 나온 배삼룡을 모시려는 TBC 스태프들과 이를 저지한 MBC측 간의 살벌한 충돌이었다.

1964년 개국한 TBC는 5년간 독주했다. 69년 MBC가 출범하자 두 민방의 경쟁은 본격화되었다. 당시 주력 콘텐츠는 드라마와 코미디, 그러나 코미디는 MBC가 강세였다. 주말의 간판격인 〈웃으면 복이 와요〉와 일일 시트콤 〈부부 만세〉는 개국부터 시선을 끌었다.

배삼룡, 구봉서를 비롯한 이순주, 권귀옥, 박시명, 김희자, 심철호,

김영하 등 MBC 코미디언은 빵빵했다. TBC는 배삼룡의 영입전략에 갖은 수단 끝에 '강제로 모셔오는' 방법을 쓴 것이다. 결국 배삼룡은 MBC에 잔류했다.

작전에 실패한 TBC는 훗날 〈웃으면 복이 와요〉의 연출가 김경태 PD와 서영춘을 영입하여 주간물 〈고전 유머극장〉〈좋았군 좋았어〉로 맞선다.

■ 코미디 둘 : TV에서 코미디를 모두 추방하라

'실컷 보고 나서 저질이라고 욕한다.' 코미디 관계자의 볼멘소리였다. TV 코미디는 오랜 기간 억지웃음만 튕겨내는 '저질, 퇴폐, 날조'의 논란에 시달려왔다. 이 논란은 1977년 유신정권의 끝 무렵 문화공보부에서 '코미디 프로그램 전면 폐지'를 발표함으로써 극에 달하게 된다.

'야, 코미디 하지 마!' 이는 엉터리 짓 하지 말라는 일상 속어다. 이 말이 정말이 되었다. 각사 코미디언들은 '밥줄'이 끊기는 터라 난리가 났다. 그들은 총 연합해서 당국에 강력히 항의하고 요처에 탄원했다. '코미디 존폐는 방송사가 알아서 할 일'로 정부는 한 발 뺐다.

그해 10월, 폐지 소동은 '1사 1개 코미디 유지'라는 절충안으로 일단락되었다. MBC는 〈비실이와 땅딸이〉, TBC는 〈좋았군 좋았어〉를 스스로 걷어냈다. 웃음을 둘러싸고 벌어진 이 소동은 국민 정서에 직접 개입하는 국가권력의 단면을 여과 없이 드러낸 사건이었다.

■ 코미디 셋: 한국 정치도 코미디더라!

52세의 이주일이 본명 정주일의 이름으로 14대 국회의원이 되었다. 1992년 당시 정주영 회장이 이끈 통일국민당에 입당하여 경기도 구리시에서 당당히 당선되었다. 그간 탤런트가 국회에 입성한 예는 많았지만, 코미디언은 처음이었다. '못생겨서 죄송합니다.'의 평상시 자기 멘트와는 달리 선거 포스터에 쓴 슬로건은 '얼굴이 아니라 마음입니다'였다. 1996년 임기를 마친 그는 '정치에서 코미디 많이 배우고 갑니다'를 남기고 방송계에 복귀했다. 육십 평생 통절한 슬픔도 겪었다. 미국 유학 중인 외아들이 교통사고로 비명에 간 것이다. 2002년 지독한 흡연으로 폐암 사망하기 전 일 년 간 금연 홍보대사를 맡아 금연 운동에 앞장섰다.

■ 코미디의 필요성과 존재 이유는 무엇인가

- '사람을 웃긴다'는 것은 얼핏 가볍게 보이지만 절대 쉽지 않다. 나에겐 재미있어도 남에겐 전혀 아닐 수도 있고, 아무리 웃겨도 선을 넘는 순간 즉시 폄하되는 장르다. 코미디언과 창작자들은 시청 반응과 트렌드를 철저히 연구하여, 평소 웃을 일이 없는 현대인들에게 조금이나마 웃음으로서 여유와 활력을 줄 수 있도록 노력해야 한다. 이것이 코미디의 존재 이유이자 기본 임무다.

- 우리 코미디는 전통적으로 촌극(콩트식) 모음 형식을 띠었다. 원래 코미디의 모체는 막간극이었다. 극과 극, 쇼와 쇼 사이에 단절감을 방지하기 위해 막간에 잠깐 출현하여 가교 역을 한 것이다. 하여 짧고 경쾌하며 우스꽝스러웠다. 이러한 막간 촌극이 에피소드 또는 코너(꼭지)라는 이름으로 굳어져 오늘에 이른다. 코너는 대개 10여 개가 모여져 50분 길이의 코미디 프로그램으로 장르화 되었다.

- 코미디는 그간 다섯 가지 굴레를 벗어나지 못했다. '작가 기근, 소재 제한, 아이디어 빈곤, 연기자 부족, 인식 왜곡'이 그것이다. 넘어지고 자빠지는 과장된 몸짓과 바보 흉내 등으로 억지웃음을 유발해 저질의 틀을 벗어나지 못했다.

- 우리 사회는 '코미디 대상 불가' 소재가 너무 많았다. 우선 정치인과 공무원은 물론, 군인, 의사, 교사, 재벌, 종교인 등 한이 없다. 건들면 즉각 항의한다. 명예훼손, 모독죄로 고소도 한다. 그러고 보니 만만한 게 건달, 도둑, 사기꾼, 멍청이, 거지 등이다.

- 박정희 유신정권 시절엔 '코미디 금지일'이 있었다. 전통적으로 6월 6일 현충일엔 무조건 방송 불허였다. 74년 육영수 여사의 죽음과 추모일 전후도 방송금지였고 79년 박 대통령 장례식 전후 며칠간도 가무(歌舞)와 코미디는 방송 불가였다. 오랜 가뭄이나 홍수 피해가 심하면 코미디는 조심스럽게 눈치를 살펴야 했다.

- 1980년까지 초창기 TV 코미디는 서영춘, 배삼룡, 구봉서, 백남봉, 남보원, 이주일이 주도했다. 이들은 악극단 아니면 극장 쇼에서 전국을 돌면서 객지 밥을 먹은 사람들이다. 이기동, 곽규석, 심철호가 뒤를 받쳤다. 고인이 된 이들의 공로는 기억해야 한다.

- 우리 코미디는 코미디언의 '외모'에서 특화된 배경을 갖는다. 우선 못생기거나 뚱뚱해야 한다. 배삼룡, 이주일, 임희춘, 정부미가 그렇고 백금녀, 오천평, 최용순, 이영자 등이 그렇다. 아이큐 50 이하의 바보형이 먹힌다. 영구 심형래, 맹구 이창훈, 마빡이 정종진, 멍때림 정준하가 대표적이다. 코미디는 '바보들의 행진', '못난이들의 엉뚱한 짓거리'로 인식되어 시청자의 폭소와 냉소를 유도해야 했다.

- 우리 코미디는 유독 콤비형이 많았다. 홀쭉이와 뚱뚱이의 양훈-양석천을 원조로 해서 송해-박시명, 이상한-이상해, 남철-남성남, 이용식-김병조, 배일집-배연정, 임성훈-최미나, 김한국-김미화 등이다. 최양락-팽현숙, 김학래-임미숙, 이봉원-박미선 콤비는 부부가 되었다.

- TV 코미디의 골격을 잡은 연출가로서는 대부 격인 MBC의 김경태를 비롯, 유수열, 심상수 PD, KBS의 김웅래 PD를 들 수 있다. 초기 작가로는 김일태, 백승찬, 김종달이 활약했다.

- '코미디는 동네북이다.' 이 자조적인 표현은 오래갔다. 전통적으로 코미디 프로그램이 칭찬받는 예는 거의 없었기 때문이다. 신문 매체에는 '유

치함과 비루함', '구태 반복'을 나무라는 혹평이 많았다. 하여 코미디는 얻어맞고 사는데 장기간 익숙 되어왔다.

■ 70년대 말 개그맨 시대의 개막, SBS 가세로 코미디 성황,

MBC는 개국 다음 해인 1970년대에부터 코미디 왕국을 실현한다. 대표주자 〈웃으면 복이 와요〉는 콩트 모음으로서 TV코미디의 전형을 만들어냈다. 김경태가 연출한 〈웃으면 복이 와요〉는 드라마 〈수사반장〉과 연동하여 일요일 저녁에 자리하며 1985년 4월까지 장장 16년을 독주했다.

7년 후인 92년에 옛 화려한 명성을 부활하여 2년간 방송했고, 11년 후인 2005년에 재부활하여 그 해 29회를 끝으로 자취를 감추었다.

구봉서, 배삼룡, 서영춘을 비롯 이기동, 백남봉, 남보원에서 이경실, 김보화까지 한국의 코미디언 1, 2세대는 거의 이 무대를 거쳤다.

이에 맞선 TBC의 대표 주자는 1976년부터 80년 언론 통폐합 직전까지 4년간 내보낸 〈고전 유머극장〉이었다. 동·서 고전 작품을 현대 감각과 해학으로 풀어내어 의상과 소품, 내용 면에서 차별화했다. 콩트 아닌 스토리텔링 식을 취하고 공개 코미디로 방청객의 웃음과 반응을 채록하여 새 면모를 보였다. 서영춘, 송해, 임희춘, 심철호, 최용순, 곽규석, 김영하, 배수남 등이 고정 출연했다. 이 프로는 81년 KBS로 건너가 〈유머극장〉으로 개명하고 85년까지 속개되었지만 이미 옛 정취는 상실한 상태였다.

1976년 TBC의 김웅래 PD가 이끈 〈살짜기 웃어예〉는 어설픈 신설 프로였지만 전혀 다른 모습을 띠었다. 우선 종전 코미디언을 볼 수 없었고 흔한 슬랩스틱이나 바보짓도 보이지 않았다. 그 자리는 젊은 새 얼굴, 참신한 아이디어, 감각적이고 재치 있는 언변이 매김 했다.

그들은 기존 코미디언과의 차별화를 위해 '개그맨'이라는 신조어를 사용했다. 개그(gag)란 '장난, 농담, 익살'이라는 뜻으로 코미디언 역할과 크게 다를 바 없다. 흐름에서 보면 자연스러운 세대교체이자 체질 변화였다. 개그맨들은 대학 출신의 고학력, 확실한 자기 루틴, 감성보다는 논리적 전개, 공개채용을 통한 입문, 스스로 개발한 아이디어 반영 등 종전 코미디언과는 태생적인 노선을 달리했다.

새 얼굴은 임성훈, 김병조, 박성원, 최미나, 송영길, 손철, 전유성, 고영수 등이 꼽혔다. 이후 개그맨들은 공채 기수별로 대를 이으면서 코미디는 물론 각종 오락 프로의 MC와 패널을 차지하고 TV 예능을 주도한다. 개그맨 공채는 3사가 각각 매년 시행했다. 기수당 10명에서 많게는 15명까지 뽑는다. 탤런트 선발처럼 경쟁률이 높았다. 2014년 KBS 29기(11명) 공채 땐 1,800명이 응시하여 160대 1의 경쟁률을 보였다.

1980년대의 주인은 단연 KBS의 〈유머 1번지〉다. 83년 4월에서 92년 10월까지 꼭 10년을 달렸다. 개그맨들의 종횡무진 잔치가 벌어졌다. 코너 행렬의 백가쟁명이 이뤄지고 재벌과 군대에 대한 금기된 풍자도 열렸다. '잘 돼야 할 텐데.' 김형곤이 외친다. '잘 될 리가 있나'로 재벌 회장의 독선을 꼬집는다. '지팡이가 썩었어,' 이는 민중의 지팡이인 경찰을 빗댄 풍자 멘트다. 이처럼 출연자의 개성이 맞춤형으로 돌출했다.

'회장님 회장님', '동작 그만', '변방의 북소리', '북청 물장수', '탱자가라사대', '맨손의 청춘', '꽃피는 봄이 오면', '추억의 책가방', '괜찮아유~'등이 기억에 남는다. 임하룡, 심형래, 최양락, 김학래, 전유성, 주병진, 김정식, 김한국, 이상운 등이 나왔고 유재석은 막내로 이름을 올렸다.

세기말인 90년대는 이른바 '미디어 빅뱅'과 SBS의 등장으로 출렁거렸다. 드라마, 예능을 포함한 PD와 연기자의 대이동은 불을 보듯 빤했고 3사의 경합은 한층 가열되었다.

KBS에서 최양락, 이봉원, 김학래, 이성미, 팽현숙 등이 건너가고 MBC는 김병조, 박미선, 최병서, 정재환을 포함, 양사 모두 20여 명이 SBS로 적을 바꿨다. 갈라진 개그맨들의 재편성은 KBS의 10년 장수 〈유머 1번지〉를 폐막시키는 등 코미디 판을 크게 바꾸어 놓았다.

전열을 새로 갖춘 SBS 〈코미디 전망대〉(91년~97년)가 야심 차게 출발했다. 미국 이민에서 귀환한 김경태 PD(당시 58세)는 사회(앵커역)까지 겸하여 용자를 드러냈다. 종합 뉴스 식으로 구성한 각 아이템은 사회 고발과 시사 풍자로 녹여냈다. 정치 현실을 빗댄 '모의국회'와 '모의청문회' 코너는 특출했다. 이와 어깨를 나란히 한 〈웃으며 삽시다〉(93년~98년)도 5년을 지속했다.

MBC의 〈오늘은 좋은 날〉(92년~99년)은 〈웃으면 복이 와요〉의 후신 격으로 자존심을 걸었다. '귀곡산장', '별들에게 물어봐', '소나기', '울

엄마', '월매전'등 코너가 히트했다. 더불어 〈일요일 밤에〉에서 코미디와 연예를 버무린 버라이어티 쇼를 개발했다. 주병진, 이휘재, 이영자, 이경실, 서세원, 이홍렬, 이경규가 두각을 나타냈다. 93년의 새 얼굴로 서경석, 이윤석, 홍기훈, 박명수 등을 확보했다. 씨름선수 출신 강호동이 합류하고 SBS 2기생 김구라가 등장했다.

■ IMF 여파로 코미디 꺾이고 리얼 버라이어티로 흡수되고

88올림픽 후, 민주화 물결과 신자유주의 따른 개방문화가 대두했다. 92년 서태지가 등장하여 가요계의 판도를 바꾸어 놓았다면, 코미디는 드라마 형식을 도입한 시트콤이 탄생하여 정체성을 흔들어버렸다. 오지명을 앞세운 SBS의 〈오박사네 사람들〉, 〈순풍 산부인과〉, 〈LA 아리랑〉에 이어 MBC의 〈테마 게임〉, 〈남 셋 여 셋〉, 〈세친구〉 등이 주역이었다.

1998년, IMF 여파로 가요와 코미디 등 연예 프로가 맥없이 감축되었다. KBS의 〈폭소 대작전〉도 없어지고 후속 〈코미디 세상만사〉도 자취를 감췄다. 그 와중에 예산 절감 안으로 대학로 무대 개그맨들을 모아 띄운 〈개그콘서트〉가 1999년 가을 개편에 KBS2에 상륙했다. 이것이 2019년 20년 1,000회를 넘긴 최장수 코미디가 될 줄은 아무도 예상치 못했다. 지금도 유명한 '달인', '봉숭아학당', '집으로', '생활의 발견', '대화가 필요해' 등 장수 코너가 여기서 탄생했다. 역대 PD도 16명을 헤아렸다. 16년 최장수 코미디인 〈웃으면 복이 와요〉의 기록을 가볍게 갈아치웠다.

초창기 멤버로 전유성, 김미화, 심현섭, 김대희, 김준호, 김영철, 박성호 등이었다. 철저한 공개방송, 자막삽입, 코너 사이마다 등장한 밴드음악, 타 분야 스타의 깜짝 출연, 방청객과 즉석 개그, NG영상 서비스 등은 신선한 시도였다. 정종철, 박준형, 강성범, 임혁필, 정형돈, 김병만, 이수근, 신봉선, 오지헌, 유세윤, 강유미, 장동민, 박성광, 황현희, 송중근, 윤형빈이 여기서 컸다.

2000년대는 한마디로 예능의 '빅뱅' 시대였다. '리얼 버라이어티' 시대가 본격화된 것이다. 예능은 타 장르의 벽을 허물고 소재와 인력을 혼합하여 TV 콘텐츠를 대표하는 종합 세트로 군림했다. 개그맨은 전속제의 굴레를 벗어나 개인별로 계약하거나 부문 간 경계 없이 넘나들었다. 2006년 종합예능 채널인 tvN이 개국하고 시트콤 〈막돼먹은 영애씨〉와 〈코미디 빅리그〉(2011~현재)를 신설하여 계보를 이었다.

2011년 종합편성 4사가 가세하여 예능의 땅을 훌쩍 넓혔다. 디지털 시대를 맞아 코미디는 리얼 버라이어티의 큰 우산 밑에 한 꼭지로 흡수되거나 자리를 양보해야 했다.

600회를 넘은 KBS의 〈개그콘서트〉, 컬투(정찬우, 김태균)의 '그때그때 달라요'를 앞세운 SBS의 〈웃음을 찾는 사람들〉(2003~2010), 김미려의 '사모님'을 내세운 MBC의 〈개그야〉(2006~2009)가 옛 명성을 회복하려고 애썼지만 이미 정통 코미디의 희소가치는 하락하고 있었다.

■ 서영춘, 배삼룡, 구봉서… 1세대 코미디언들 줄줄이 떠나다

1986년, 간암을 앓아온 서영춘이 59세로 잠들었다. 빈속에 소주를 물처럼 마신 애주가였다. 이듬해 1987년 이기동이 53세로 세상과 하직했다. 의욕적으로 벌인 사업의 연속 실패가 그의 명을 재촉했다.

1993년, '합죽이' 김희갑이 71세로 떠났고 1999년은 미국서 선교사 활동을 해 온 '후라이보이' 곽규석이 72세로 영면했다.

2000년, '뚱순이' 최용순이 54세로 하직했다. 오랜 당뇨병 때문이었다. 그는 백금녀-오천평에 이어 뚱뚱한 여성 코미디언의 계보자였다.

지독한 애연가 이주일도 폐암의 긴 투병 끝에 2002년 62세로 숨을 다했다. 같은 해 심철호도 63세 지병으로 떠났다. 사재를 털어 '사랑의 전화', '좋은 부모 되기' 캠페인 등 사회복지에 정열을 쏟았다. 2006년, 46세의 개그맨 김형곤이 실내 운동 직후 돌연사로 충격을 주었다. 심장마비로 추정되었다.

2010년엔 세 사람의 원로 코미디언을 지병으로 잃었다. 백남봉(71세, 폐암), 이대성(74세, 식도암), 배삼룡(84세, 폐암)이었다. 배삼룡도 사업에 쓴맛을 봤고 말년에는 입원비마저 없어서 고생했다.

'왔다리 갔다리' 춤으로 콤비를 이룬 남철과 남성남이 2년 터울로 세상을 떴다. 남철은 2013년 당뇨와 고혈압으로 쓰러져 80세의 생을 마감했고, 남성남 역시 노환으로 2015년 84세 일기를 마쳤다.

배삼룡과 동갑내기인 구봉서는 2016년 8월, 폐렴으로 입원했으나 열흘 후에 눈을 감았다. 90세의 일기에 웃음만 있었던 것은 아니었다.

2020년 1월, 원맨쇼의 달인 남보원은 폐렴으로, 3월, 성인 토크쇼의 달인 자니윤도 뇌질환으로 똑같은 나이 84세에 각각 고인 되었다.

코미디는 곧 코미디언(사람)이다. 코미디 1세대는 송해를 빼놓곤 모두 무대를 떴거나 세상을 떴다. 김병조, 전유성, 임성훈 등 6·25 즈음에 태어난 개그맨 1세대는 이제 70을 바라보며 다수 은퇴했다.

1958년~1960년생인 심형래, 주병진, 최병서, 이경규 등은 개그맨 2세대로 환갑을 넘었다. 1970년생 강호동, 김구라, 박명수 등 개그맨 3세대는 50줄을 헤아린다. 4, 5세대에 해당하는 30~40대 개그맨들은 중심부에서 활동 중이다.

KBS 〈개그콘서트〉는 일요일 방송에서 최근 토요일-금요일로 옮기면서 평균 시청률 3%대까지 떨어졌다. 2020년 6월 26일, 21년째 1,050회를 끝으로 마침내 폐지되었다. tvN의 〈코미디빅리그〉는 2021년 10년을 바라보며 용케도 버티고 있다. 순혈주의 마니아 코미디는 언제까지 독야청청할 것인가?

24. 세상을 바꾼 3종 예능 세트, 〈서태지, 무한도전, 방탄소년단〉

1992년 문제아로 등장한 3인조 '서태지와 아이들'은 가요계의 관행을 뒤엎고 차세대 아이돌 등장의 기틀을 마련한다. 2006년 '무모한 도전'이란 작은 코너에서 독립한 6인조 〈무한도전〉은 리얼 버라이어티의 새로운 틀을 창출한다. 2015년 혜성처럼 나타난 7인조 '방탄소년단'은 초국적 글로벌 파워로 빌보드 차트를 석권하면서 K팝의 무대를 전 세계로 확산하고 있다. 그들의 공통점은 자력 파워로 세상을 바꾸고 예능계의 판도를 혁파한 점이다.

■ 고교 중퇴생 서태지와 가출 아이들이 만든 이상한 매직

레게머리에 치마바지를 한 이상한 세 녀석이 나타났다. 이른바 '가요 게릴라'의 출현이었다. 푸념인지 가사인지도 모를 시부랑 노래 '난 알아요'를 지껄인 세 놈은 음지에 맴돌던 '랩과 록'을 끌고 나와 가요계의 근간을 흔들었다. 주현미, 송대관, 태진아, 현철, 설운도가 버틴 트로트 왕국과 이문세, 변진섭, 김현식, 신승훈으로 짜인 발라드 아성에 괴상한 소리와 몸짓을 하고 달려들었다. 곡조, 가사, 스타일, 패션, 춤사위 등에 뜳은 비평이 따랐지만, '로켓 반응'으로 순위 프로그램의 1위로 진격했다. 중·고 학생층이 열광했다. 그들의 감성적인 출구에 태워 하고 싶은 말과 주장을 거침없이 쏟아 내줘서다.

90년대 들어 민주화 물결과 경제적 여유로 기지개를 켠 상황이 되었다. 문화적 구매력까지 갖춘 젊은 층을 만족시킬 만한 콘텐츠가 없었던 때에, 서태지는 놀랍게도 '한국어 랩'과 '회오리춤'을 들고 나타났다. 랩 음악이 세계적으로 유행하는 시기였다. 틴에이저들이 원하던 글로벌 트렌드와 한국음악 사이의 간격이 기적처럼 좁혀지고, 억눌려져 있던 젊은 층의 수요가 한꺼번에 폭발했다. 단순히 랩의 반짝 유행이 아니라 가요 판도를 현대 댄스뮤직과 랩으로 완전히 바꿔버렸다.

생소한 음악으로 낯설게 하기의 전령사들은 '이런 음악과 춤도 있네…듣고 보니 괜찮네.'의 반향을 넘어 금기시해 온 사회적 메시지까지 던져냈다.

1991년에 결성됐다. 고교 중퇴생인 서태지가 네임 리더로서 보컬, 작사, 작곡 등 프로듀싱 전반을 책임지고 고졸인 양현석과 이주노는 서브보컬과 안무를 맡았다. 이렇게 서태지와 아이들의 매직은 시작되었다.

〈첫째〉

가요 프레임을 오디오에서 비디오 위주로 전환했다. 이어 뮤직비디오의 활성화를 통해 저작권, 초상권 개념을 확립했다. 당시 뮤직비디오가 하나의 장르로 편입할 무렵, 이를 최초로 자기표현 도구로 삼아 그 쓰임새를 확대했다. 그는 비주얼 파워로서 '춤, 노래, 영상'의 삼위일체를 도모하여 뮤직비디오의 완성도를 높였다. 1992년 9월, '서태지와 아이들의 판권 소송'이 불거졌다. 자신도 모르는 불법 비디오가 판매되는데 분개했다. 국내 최초의 비디오 저작권 분쟁이었다. 그리고 이 싸움에서 끝내 이겼다. 당시 저작권, 초상권은 몹시 낯선 단어였다. 그는 2006년부터는 음악저작권협회를 상대로 저작권료 반환 소송도 걸었다. 아티스트(가수)의 자존과 독립 선언이었다.

〈둘째〉

기획사와 방송사에 대한 가수의 종속 관계를 뒤집었다. 기획사는 수입증대를 위해 엄청난 스케줄을 강요했다. 서태지는 수직적 관계를 거부했다. 데뷔 3개월 만에 결별을 선언하고 온전히 자기 힘으로 기획사를 설립하여 일정을 관리하고 오히려 매니저를 선택, 고용했다.

기획사와 음반 업계, 가요 PD가 황제로서 군림해오던 시절, 이에 저항한 그들은 '괘씸죄'를 무릅쓰고 기득권의 시스템을 깨부순 소신의 아이콘을 자처했다. 이는 어떠한 가수도 하기 힘든 과제였다.

〈셋째〉

사회비판, 문화참여로서 자기 메시지를 분명히 띄워냈다. 3집부터는 단순한 음악적인 시도를 뛰어넘어 시대모순, 통일문제, 교육환경에 대한 비판의 목소리를 내며 '문화 대통령'으로 불리기 시작했다.

'교실 이데아'의 내용이 주목되었다. 매일 아침 일곱 시 삼십 분까지 구백만 학생들을 조그만 교실로 몰아넣고 머릿속에 모두 똑같은 것만 집어넣고 있는 현실, 그래서 시꺼먼 교실에서만 젊음을 보내기는 너무 아깝다고 비판해서다.

한편 '발해를 꿈꾸며'에서는 언젠가 이 작은 땅에 경계선이 사라지는 날 많은 사람의 마음속에 평화와 사랑이 오고 젊은 힘들이 모이면 세상을 흔들 수 있다는 소망을 노래했다. 역시 분단 현실을 짚은 내용이다. 제목부터 특이한 이런 시도는 대중성을 포기했지만, 마니아 팬들의 충성도를 결집했다. 인터넷, 케이블 전문 채널 없이 지상파가 유일한 홍보 매체였던 당시에는 상당한 타격을 입었으나, 오히려 담대한 뮤지션으로서 솟을 수 있는 계기가 되었다. 4집의 'Come Back Home' 같은 경우, 가출했던 청소년들이 집으로 돌아왔다는 뉴스까지 나왔을 정도다.

〈넷째〉

팬클럽의 조직화와 통일된 행위를 유도했다. 서태지의 팬들은 단순히 '오빠 부대'가 아니었다. 조직화하고 통일된 행동을 보였다. 이른바 팬덤의 시초였다. YOYO(요요)와 PWOT(포트)가 대표적인 팬클럽이었다. 응원 도구도 가지각색이었다. 휴대폰이 없었던 시절, 요요 팬클럽은 형광 우비에 노란 봉을 흔들었고, 포토는 보라색 우비에 흰 야광봉을 흔들었다. 이후 노란색은 자연스럽게 서태지의 상징색이 됐다. 은퇴 후 솔로 컴백 쇼 때도 노란 손수건이 팬덤의 응원 도구가 되었다. 패션 문화의 심벌도 되었다. 남녀를 가리지 않고 입는 유니섹스 디자인으로 거리 패션을 유도했다. 1집 '난 알아요'에서는 밝은 랩 댄스곡에 어울리도록 상표를 떼지 않은 원색 의상과 컬러풀한 티셔츠를 착용한 스쿨룩 패션을 선보였다. 2집 '하여가'에서는 힙합바지와 레게머리를 하여 청소년층에 주목을 이끌었다. 특히 2000년 그가 귀국 시 입고 온 삼지창 흑백무늬의 옷은 전국 가게에서 날개가 돋쳤다.

1996년 1월 말, 그들은 돌연 은퇴를 선언한다. '보여줄 것은 다 보여주었다.'는 간단한 이유다. 만 3년의 활약은 그렇게 일단락됐다. 한바탕 난리가 뒤따랐다. 하지만 그들이 남긴 자유와 도전정신은 죽지 않았다. 두 달 후 3월, 비영리단체 '서태지와 아이들 기념사업회(이하 서기회)'가 발족하여 전국적으로 13,000여 명이 가입했다. 그 후예들은 아이돌로서 한류의 주역이 되면서 방탄소년단까지 이어간다. 1세대 아이돌은 H.O.T.와 젝스키스, god, NRG, 신화 등이며, 여자는 SES, 핑클, 샤크라, 베이비복스다.

■ 〈무한도전〉 캐릭터 예능에 의한 리얼버라이어티의 효시

〈무한도전〉이 나온 것은 2006년이다. 당시 TV는 스튜디오 제작을 중심으로 코미디와 토크쇼가 인기를 끌었다. 〈개그콘서트〉의 '마빡이', 〈개그야〉의 '사모님' 시리즈와 〈상상플러스〉, 〈미녀들의 수다〉가 한창이었고 〈무릎팍 도사〉와 〈스타킹〉 등을 진행한 강호동은 종횡무진이었다. 김연아와 박태환이 국제 스타로서 시동을 걸었다. 모두 잘난 사람이 설치는 TV 속에 지질히도 못난 친구들이 나타났다.

무한경쟁 시대에 흙수저 아니면 C급들의 출현은 엇박자 아니면 역발상처럼 보였다. 잘 짜이고 세련된 프로에 대한 반발처럼도 보였다. 그러나 쓸모없는 자식들의 못난 짓거리로만 치부할 수는 없었다. 덜떨어진 여섯 명에게 거칠고 풋풋한 인간미가 넘쳤기 때문이다. 이것이 리얼 버라이어티 효시로서 대세로 군림할 줄은 아무도 예상 못 했다.

〈무한도전〉은 10년 가깝게 정상을 지키며 2000년대에 가장 성공한 예능이 됐다. 〈1박 2일〉, 〈패밀리가 떴다〉, 〈런닝맨〉, 〈진짜 사나이〉, 〈아빠 어디가〉 등 연예인들의 집단 미션(체험)을 소재로 하는 버라이어티 시대를 열게끔 했다. 예능치고는 드물게 열혈 팬덤도 이끌어 각종 팬시, 달력, 화보집 등 부가상품들이 쏟아졌다. 웬만해서 기웃거리지 않은 각계 유명인과 일류 스타들까지 팬이라며 출연을 자청했다. '무한도전 가요제'를 열면 음원 차트를 싹쓸이하는 권력도 발휘했다. 일종의 사회문화적 증후로서 콘텐츠가 아니라 그 자체가 플랫폼이라는 찬사까지 나왔다.

당초 대한민국 평균 이하를 표방한 6명 남자가 각종 미션을 수행하며 생고생을 하는 코너로 출발했다. 뻘밭에서 온몸을 던져 구르고 욕탕 물을 이 통에서 저 통으로 퍼 나르는 등 도대체 왜 저런 짓을 하나 싶은 그래서 애처롭기까지 한 도전들이 이어졌다.

처음 반응은 비아냥에 가까웠다. 동네 오빠처럼 포근한 리더인 유재석, 만년 2인자에 무기라곤 '호통' 밖에 없는 현실주의자 박명수, 헛똑똑이에 헛물만 켜는 마당쇠 정형돈, 묻지마식 입담과 유별난 패션의 건달 노홍철, 덜떨어진 어리바리 식신 정준하, 그리고 잔머리 굴렁쇠의 가수 출신 하하가 막내로 합류, 최종 고정 출연자로 결성되었다.

'캐릭터 예능의 효시'는 여기서부터 시작되었다. 이들은 프로그램의 안팎 경계를 무너뜨리고 캐스팅과 실제 성격을 일치시켰다. 다양하고 탄탄하게 구축된 동료들은 서로 충돌하고 갈등을 빚으며 매회 예측불허의 얘깃거리를 만들어 냈다. 전형적인 캐릭터 플레이의 틀이었다.

스튜디오를 벗어나 본격 야외로 나갔다. 대본이나 제작진들의 개입을 최소화했다. 수십 대의 카메라가 여섯 명 각각에 붙어 멤버들의 디테일한 호흡과 반응을 고스란히 담아냈다. 출연자들의 일거수일투족을 쫓는 집단촬영 방식은 이후 모든 예능 제작의 표준이 됐다.

사후제작인 편집과 자막삽입이 마술을 부렸다. 단지 시청각의 보조장치가 아니라 독자적인 메시지로 작용했다. 의미가 애매한 장면마다 코믹하고 감성적인 글귀를 넣어 일순 새로운 반전을 만들어 냈다.

무한도전은 3무(無) 주의를 표방했다. 도전의 무모함, 포맷의 무형식, 내용의 무방향이다. 하여 일견 '무쓸모, 무의미, 무목적'처럼 보인다. 딱히 정해진 방향 없이 매번 다양한 내용과 실험들을 시도했다. 정해진 것이라곤 6명의 캐릭터 플레이와 미션 도전 뿐이었다. 조정과 봅슬레이 등 각종 스포츠 도전을 비롯한 가요제, 게임, 드라마나 다른 예능프로 패러디, 패션쇼에서 정치풍자와 캠페인 등을 아울렀다. 방식도 현장의 역동성과 유연함을 활용해 맨땅에 헤딩하듯 일단 일을 저지르고 나서 새로운 포맷을 찾는 식이었다.

멤버들은 상황에 부합하는 생존의 기술을 보여 준다. 1등만 기억하는 세상, 수직적 관계로만 얽힌 현실 속에서는 좀처럼 찾기 어려운 수평의 공동체를 보여준다. 서로 협력하다가도 뒤통수를 치고, 변칙과 배신을 밥 먹듯 하며, 너 죽고 나 살자 식의 무한 혼란이 넘친다. 그러나 동지 관계를 잊지 않는다. 항상 엇박자만 내는 '꼴통들의 합창'은 루저에 대한 위로 혹은 잉여 존재들을 위한 응원으로 받아들여 시청자와 연대감을 형성했다. 웃음의 포인트도 바로 그 공감대에서 나왔다.

이들은 온몸을 던져 노동하는 연예인상을 제시했다. 그저 말장난으로 시간을 보내며 쉽게 가는 것이 아니라, 온몸을 던져 분투하는 모습, 그리고 못난 자에게도 사력을 다하여 관심과 기회를 배려하는 모습은 오히려 뭉클한 감동을 자아내기도 했다.

명실상부한 토요일 저녁의 대표 프로그램, 고정 팔로워 34만 명, '올해의 예능 프로그램상'을 여덟 번 수상, 2013년부터 한국 갤럽에서 조사한 '한국인이 좋아하는 프로그램'에서 1위 차지, 2018년 3월까지 평균 20%대의 시청률을 유지, 12년간 563부작으로 롱런한 체험 예능은 향후 나오기 힘들다. 숨은 공로자는 연출자 김태호였다.

■ 방탄소년단(BTS), 글로벌 〈공개, 소통, 교감〉으로 성공하다.

방탄소년단(BTS)은 어느 날 갑자기 바다 건너 왔다. 해외에서 성공을 거둔 7인조 아이돌쯤에서 반가운 소식을 전했으나, 그들 면면이 누구며 히트곡이 뭔지도 모른 채 역주행으로 들어온 것이다. 한국 무대가 좁아 외국에서 히트하고 역수입된 가수, 그래서 아직도 이방인처럼 느껴진다.

K팝 대첩-인터내셔널 슈퍼스타, 빌보드 차트 1위, 빌보드 뮤직 어워드 아티스트 상 수상, 세계에서 가장 인기 있는 보이그룹(World's Hottest Boy Band), 아메리칸 뮤직 어워드에서 아시아 뮤지션으로 유일한 초청 가수, 싸이 미국 진출 이후의 쾌거, 세계인들의 대중적인 기호와 접점을 만들어 언어의 장벽을 무너뜨림…. 이것은 2017년을 전후로 방탄에 쏟아진 기사다. 일견 보통내기가 아닌 사실임은 분명하다.

성공은 '어느 날 갑자기'로 이뤄진 것은 아니었다. 우연이나 행운도 아니었다. 요인은 팬들과의 지속적인 '공개, 소통, 교감'에 있었다. 방법은 '진지함, 솔직함, 꾸준함'으로 일관했다. 내용은 일상적인 느낌과 근황을 담은 짤막한 영상 편지를 비롯하여 앨범 작업 과정, 뮤직비디오 연습, 기념할만한 일, 상을 받은 날, 외국에 가게 된 날, 멤버들의 생일 날 등 어찌 보면 소소한 것들이다. 그런데도 하찮고 귀찮은 일을 데뷔 때부터 지금까지 빠짐없이 SNS에 업로드를 했다. 마케팅 차원에서 보면 소비자 중심주의에 의한 고객관리를 최우선 한 것이다.

이런 것이 쌓여 사람들을 위로하고 음악 속에 사회적 메시지를 발신하면서 그 이상의 가치와 신뢰감을 창출했다. 그 존재감은 5년간 시간과 노력 투자에 의한 것이었다. 뛰어난 가창력, 정열과 끈기, 독특한 노래와 춤… 등 이런 보편적인 요소는 다음 순위로 밀려났다. 매력의 포인트로서 〈개성, 팀워크, 진솔함〉을 드는 팬들이 많았다.

방탄은 한국을 넘어 여러 나라에서 새로운 출구를 찾았고, TV가 아닌 온라인으로 교감하여 미래가 불안한 젊은이들에게 희망과 용기의 메시지를 던졌다. 2013년부터 유튜브에 있는 '방탄밤'이라는 창을 통해 자신의 존재를 알리기 시작했다. 세계의 수많은 팬은 리액션 영상으로 재가공하거나 커버댄스 영상을 올리는 등 적극인 반응을 보였다.

일찍이 2012년 12월에 개설된 트위터는 현재 1,950만 명의 팔로워를 보유하고 있다. 100자 정도의 짧은 얘기의 채널이지만 이곳에서 유튜브 기사 링크, 사진, 뒷얘기 등을 직접 올려 BTS의 새로운 정보를 신속히 유통했다. 트위터는 지속적인 업로드 덕에 2017년 말, 국내 최초로 1천만 팔로워를 넘어섰다. 그리고 전 세계에서 가장 많이 트윗 된 그룹으로 2018 기네스북에 등재되었다.

방탄의 소속사인 '빅히트 엔터'는 음악 PD 방시혁이 이끈 소규모 회사다. 출발의 모든 것은 미미하고 보잘것없었다. 그러나 작지만 꾸준한 전략이 오늘의 결과를 만들었다. 그렇게 열정을 다하는 모습에 사람들도 감동하고 팬들도 응답하며 마음이 움직이게 된 것이다.

글로벌 7인은 나름의 특기로 역할을 분담하고 있다. 팀 리더로서 랩과 작사에 밝은 RM(김남준), 안무 팀장인 제이홉(정호석), 곡 작업의 프로듀서 슈가(민윤기), 비주얼 담당 진(김석진), 현대무용을 전공한 댄서 지민(박지민), 분위기와 표정 연기를 관리하는 뷔(김태형), 재간꾼이자 리드보컬의 황금 막내 정국(전정국)이 각각의 개성과 재능을 합쳤다.

"당신의 목소리를 내라. 여러분 모두에게 이름을 묻고 싶다. 무엇에 흥미를 느끼는지, 무엇에 심장이 뛰는지를 듣고 싶다. 당신이 누구인지 어디 출신인지, 인종도, 성 정체성도 상관없다. 당신의 이름을 찾고 당신의 목소리를 찾아 당신 스스로를 말하라."

이는 2018년 9월, 리더인 김남준이 유엔(UN)초청 연설에서 '스피크 유어 셀프(Speak Yourself)'를 주제로 한 말이다. 유엔은 평소 청소년에 대한 깊은 사랑, 그리고 유창한 영어 실력을 높이 샀다. BTS는 유니세프와 'Love Myself' 캠페인을 벌이고 있다. 그 수익 일부와 전 세계 팬들의 자발적인 기부를 통해 기금 11억을 마련했다. 이는 유니세프가 추진한 폭력근절(End Violence)사업에 쓰인다. 어쨌든 한국 아이돌이 유엔에 초대를 받은 것은 유례없는 일이었다.

방탄소년단에는 '아미'(Army)라는 고정 팬덤이 형성되었다. 물론 인종, 나라, 사상을 초월한 다국적 집단이다. 콧대 높은 팝의 본고장 미국에서 69주 연속 1위, 유럽과 아랍권에서도 돌풍, 혐한증을 초월한 일본 열풍 등은 바란 것 이상의 외교적 수확이다.

서태지와 아이들 그리고 〈무한도전〉은 옛 전설이 되었지만, 방탄은 현재 진행형이다. 그들의 외침과 음악은 열혈 춤으로 완성된다. 고도로 기획된 EDM과 한 치의 오차 없는 칼군무는 경탄 그 자체다. 이들은 지금도 성장 중이며 그 판세는 얼마나 커질지는 여전히 즐거운 기대 속에 있다.

25. 예삼제(藝三制)-영어예명 통제, 장발 미니스커트 제재, 아이돌 규제

박정희 유신정권이 한창 무르익던 1975년쯤이었다. 방송사는 정부의 뜬금없는 요청에 당황했다. '우리글 우리말'을 순화하고 선도해야 할 방송이 어찌하여 외국어 일색이냐는 것이다. 프로그램 이름부터 영어 표기가 대부분이고 외국 가요는 원어로 난무하고, 연예인의 예명도 서양 이름을 붙여 쓰고 있으니 어찌 매스컴이 이를 묵과하고 동조해왔는가? 기업명, 학교명, 간판명도 예외는 아니었다.

배경에는 한글학자 최현배의 뜻을 이어받은 한글학회가 있었다. '한글파괴, 외국어 표기 범람'을 원천적으로 봉쇄하기 위해 학회는 정부에 강력한 '한글사용'을 제안했다. 이것은 대구사범학교를 졸업한 박정희 대통령의 애국심과 민족주의를 자극하기에 충분했다. 시행령은 우선 연예인 영어 이름부터 우리말로 환원하고 프로그램 이름도 한글로 다시 고쳐 쓰라는 것이다. 이것은 권유 아닌 명령이자 강제였다. 아연 황당한 곳은 가수 집단이었다. 영어표기 예명이 가장 많았기 때문이었다.

■ 바니걸스는 '토끼 소녀'로, 어니언스는 '양파들'로 개명.

방송사는 연예인들에 한글명을 권유할 수밖에 없었다. 물론 따르지 않으면 방송 출연을 보장할 수 없으며 향후 연예 활동에 자초될 여러 가지 불이익을 적시했다.

가장 먼저 순 반응을 보인 가수는 귀요미 쌍둥이 자매 '바니걸스'였다. 직역한 이름 '토끼 소녀'로 개명하겠다는 것이다. 이어 화답한 가수는 여성 듀엣 '와일드 캣츠'였다. '들고양이'로 불러달라는 것이다. 검은 점퍼와 판탈롱 스타일에 고고 풍의 댄스 리듬을 실은 히트곡 '마음 약해서'는 당시 인기 만점이었다.

그다음 남성 듀엣 '어니언스'가 '양파들'로 통고했다. 본명 이수영과 임창제의 어니언스는 70년대 오빠 부대의 원조 격이었다. '야상곡'의 뜻을 가진 '세레나데'를 예명화한 김세레나는 절묘한 한글 이름을 내놓았다. '레'자만 빼고 '김세나'로 둔갑했다. '위키 리'는 본명 이한필로 바꿨다.

배우 '트위스트 김'도 본명 김한섭을 선언했다. 본명을 쓴 것이 가장 무난하다고 본 것이다. '후라이 보이'도 주저 없이 본명 '곽규석'으로 돌아왔다. 공군출신인 그는 '날으는 사나이'로서 예명 '후라이 보이'를 썼는데, 당시 '후라이'는 허풍쟁이 뜻도 있고 기름에 튀긴다는 뜻도 있었다. 코미디언 '쓰리 보이'는 역시 신선삼을 내놓았다. 후라이 보이나 쓰리 보이는 예명보다 별명에 가까운 것이었다.

남녀 혼성 '뚜와에모와'는 영어 아닌 불어명이었는데 직역한 '너와 나'로 전환했다.

못내 망설이는 가수도 많았다. 듀엣 '투코리언즈', '펄시스터스', '쿨시스터스', '李시스터스', '트윈폴리오' 그리고 4인조 합창단 '쟈니브러더스', '블루벨스', '히식스' 등이 여전히 못마땅한 표정이었다. 예명으로 굳혀진 이미지를 한순간 무너뜨릴 용기가 나지 않는 것이다.

직역하면 투코리언스는 '두 한국인'이다. 펄시스터스는 '진주 자매', 블루벨즈는 '푸른 종들', 히식스는 '남자 여섯', 트윈폴리오는 '쌍둥대'쯤 되었을까? 때마침 '커피 한 잔'과 '님아'로 폭발한 록풍의 펄시스터스는 동아그룹 최원석 사장과 결혼한 언니(배인순)의 은퇴로 자연 해체되고, 번안곡 '하얀 손수건'을 노래한 트윈폴리오의 송창식과 윤형주도 그 전에 각각 솔로가수로 흩어졌다.

'벽오동'으로 유명한 투코리언스는 김도향, 손장철을 줄여 '도향과 장철'로 되었다가 얼마 못 가서 해체되었다. 李시스터스는 '李 자매들'로 했다. 쿨시스터스는 '도토리 자매'로, '뜨거운 안녕'을 부른 '자니리(이영길)' 모델 가수 '루비나(박상숙)', '리타김'은 본명을 내놓았지만, 이후 활동이 뜸해지면서 세간의 기억에서 사라졌다.

원로가수 '신카나리아(신경예)'는 이런 면에서 원조 격이었다. 노래를 잘하는 목소리가 고운 새 '카나리아'에서 따왔다. 영어 예명의 효시였다. 그 할머니는 흘러간 가수로 지내시다가 2006년 94세로 별세했다.

■ 패티 김과 앙드레 김, 노골적인 불만, 버티기 작전

이런 조치에 노골적인 불만을 터뜨린 가수는 패티 김이었다. 주위에서 본명 '김혜자'를 권했지만 어림없는 소리였다. 패티 김은 어떠한 다른 이름도 완강히 거부했다.

36세의 대형가수 패티 김은 1959년 미8군 무대서 데뷔하여 한·미간에 쉽게 부르고 기억할 수 있는 이름이 필요했다. 본명 '김혜자'는 항차 유망가수의 행보에 결코 도움 줄 수 없다는 판단이었다.

그녀는 1950년대 당시 유명한 여가수 '패티 페이지'와 지성파 여배우 '수전 헤이워드', 섹스 심벌 '에바 가드너'를 놓고 생각을 거듭했다. '수전 김, 에바 김'을 저울질하다가 마침내 '패티 김'을 선택한 것이다. 그런 만큼 그녀는 방송 출연에 연연하지도 않았고 예명을 바꿀 생각도 없었다. 내 배 째라는 식이었다.

또 한 사람은 패션 디자이너 '앙드레 김'이었다. 본명은 김봉남인데 그 역시 한글 '창씨개명'을 단칼에 거부했다. 그는 패션 본고장인 프랑스 이미지를 앞세웠고 다수의 고객도 외국 대사관 부인들을 겨냥한 글로벌 디자이너로서 명성을 떨쳤다. 본명 사용은 오히려 자신의 마케팅을 훼손하는 우려를 낳았다. 앙드레 김은 예명 아닌 브랜드 그 자체였다. 패티 김도 마찬가지 주장이었다. 두 김 씨의 브랜드 네임은 목숨이나 다름없는 것이었다.

한글학회는 한술 더 떴다. 외래어로 이미 정착된 '라디오'는 '소리통'으로, TV는 '그림통'으로 바꿔 써야 한다는 주장이었다.

당시 인기 프로그램인 〈쇼쇼쇼〉, 〈게임쇼〉, 〈골든쇼〉, 〈데이트쇼〉, 〈모닝쇼〉, 〈코미디쇼〉, 〈퀴즈쇼〉, 〈힛퍼레이드〉 등이 문제가 되었다.

예능국은 속칭 '쇼 파트'로 불릴 정도였고 굳이 '쇼'를 번역해 쓰자면 '무대' '향연'이다. 코미디쇼는 '웃음 무대', 데이트쇼는 '쌍쌍 무대', 게임쇼는 '놀이의 향연', '힛퍼레이드'는 '인기가요 모음'이 된다.

방송사는 통사정했다. 이미 우리말로 굳혀진 외래어 사용은 어쩔 수 없으며 그 대신 향후 외국어 표기를 절제하겠다고 읍소했다.

살짝기 웃어예, 토요일 토요일 밤에, 가요 대행진, 화요일에 만나요,

인간 만세, 싱글벙글, 터놓고 말합시다 같은 우리말 제목이 잇달았다.

이화여대, 숙명여대 등 대학명도 세간의 입방아에 올랐다. '배꽃 계집 큰 배움터'나 '맑고 밝은 여자 큰 배움터'로 부르자는 비아냥도 들렸다. 동쪽 나라 큰 배움 터(동국대학), 단군나라 배움터(단국대학), 한가운데 배움터(중앙대학) 등등에 묘한 웃음과 표정이 잇달았다.

해태와 롯데에 이어 유제품 메이커였던 '퍼모스트'는 차제에 '빙그레'로 개명, 오히려 칭송을 받았다. 대기업인 선경이 SK로, 럭키금성이 LG로, 한국통신이 KT로 역행하는 오늘날과 비교해보면 대조적이었다.

서울올림픽, 세계화, 국제화 무드 그리고 오늘날 컴퓨터 인터넷 용어의 범람으로 '한글전용'은 옛 유물이 되었다. 45년 전에 벌어진 한바탕의 〈한글전용, 국어 쓰기 파동〉은 호랑이 담배 피우던 시절의 얘기다. 걸스데이, 엑소, 트와이스, H.O.T., A.O.A, 빅뱅, 원더걸스 등 젊은 가수들에게 이런 파동이 닥친다면 뭐라고 고쳐 쓸 것인가?

■ 70년대 장발, 미니스커트 단속, 82년 야간통금 37년 만의 해제

1970년대 중반, 유신 정부의 각종 통제 속에서도 복장이나 머리 길이 만큼은 자유롭게 하고 싶은 젊은이들의 표출의식은 단번에 된서리를 맞았다. 박 대통령은 두발 불량(장발)과 복장 불량(미니스커트)을 몹시 싫어했다. 1973년 2월 개정된 경범죄 처벌법에는 '신체의 과도노출과 성별을 알아볼 수 없을 정도의 장발을 한 남자'를 처벌 대상으로 명시했다. '히피성 장발 풍조가 부쩍 만연, 민족의 주체의식과 국민기강이 문란.' 이에 따라 치안본부는 전국에 장발 추방령을 내렸다. 단속기준은 옆머리가 귀를 덮거나 뒷머리가 셔츠 깃을 덮으면 무조건 장발로 간주했다. 경찰은 바리캉과 가위를 들고 '장발남'의 추격전을 개시했다.

1974년 6월 서울시경은 1주일간 1만여 명을 적발, 9,841명은 머리를 깎아 풀어주고 이를 거부한 262명은 즉심에 넘겼다. 76년 상반기에만 55,900여 명을 잡아내 24,900명을 즉심에 넘겼다.

경찰은 광화문, 종로, 명동 등 중심가와 대학가에 노천 구류소와 의자 서너 개의 간이 이발소를 설치했다. 줄 안에는 적발된 30여 명의 장발족이 빼꼭히 들어찼고 제대로 이발을 원하는 사람은 요금을 내고 깎았다. 돈이 없으면 뒷머리나 옆머리를 '고속도로'처럼 바리캉으로 밀어버렸다. 멀리서 단속 현장을 보고 골목길로 줄행랑을 치거나 경찰과 쫓고 쫓기는 광경은 서울 거리에서 으레 보이는 장면이었다. 대부분이 장발족인 연예인들은 직격탄을 맞았다. 1980년 들어 내무부에 의해 '단발령'은 중지된다.

미니스커트는 1967년 가수 윤복희가 첫 선을 보인 후 열풍이 일었다. 경찰은 한 손엔 가위, 다른 손엔 잣대를 들고 다녔다. 미니스커트 여성을 보면 그 자리에 세운 뒤 대자를 들이댔다. 17cm가 넘으면 치마 속단을 뜯어 내리도록 했다. 대로변에서 여자의 무릎 아래 경관이 꿇어앉아 허벅지에 잣대를 대고 재는 모습은 한판의 코미디였다. 몇몇 여성들은 평소 짧은 미니스커트를 입다 경찰이 보이면 치마끈이 엉덩이에 걸리도록 끌어내렸다. 남자들은 여자 친구가 큰길에서 치마를 밑으로 내리는 걸 도와주는 웃지 못할 일도 벌어졌다.

야간 통행 금지가 37년 만인 1982년 1월 5일에 해제되었다. 전두환 정권이 펼친 유화정책의 일환이었다. 1945년 9월 29일 美 군정은 치안 유지 명목으로 통금령을 내렸고 전쟁과 분단을 거치면서 붙박이가 됐다. 예외는 성탄절과 12월 31일이었다. 사람들은 해방감을 만끽하려고 거리로 쏟아져 나왔다. 자정부터 4시까지 억류가 풀리자 밤의 문화와 예능의 땅은 더 넓고 자유로워졌다.

■ '비슷한 외모의 아이돌 출연 줄여라. 신체 노출 자제해라.'

2019년 2월 여성가족부는 각 방송사에 '성(性) 평등 방송프로그램 제작 안내서'를 배포했다. 골자는 '비슷한 외모의 출연자가 과도한 비율로 출연하지 않도록 하며 지나친 화장, 혹은 밀착 의상, 신체 노출을 자제 해달라'는 것이다. '음악방송 출연 가수들은 모두 쌍둥이?'라는 소제목 아래, 출연자 대부분은 아이돌 그룹으로, 음악뿐만 아니라 외모 또한 다양하지 못하다는 내용이 담겼다. 이어 '거의 마른 몸매, 하얀 피부, 비슷한 헤어스타일, 신체가 드러나는 복장과 비슷한 메이크업을 하고 있다. 외모의 획일성은 남녀 모두에 나타난다.'고 지적했다.

이윽고 항의와 비판이 쏟아졌다. '쌍둥이처럼 비슷하게 생긴 걸그룹이 마음에 안 드니 싹 뜯어고치라는 게 성 평등이냐', '진선미 장관은 여자 전두환이냐, 외모의 객관적 기준을 왜 여가부 기준으로 단속하려

하나', '국민 외모까지 통제하는 국가주의 망령이다. 군사독재 시대 때 두발 단속, 스커트 단속과 뭐가 다르냐'고 꼬집었다.

여가부는 '대중매체를 통해 확산되는 외모 지상주의를 지양하자는 취지다. 방송 제작 시 이런 요소들을 고려해 달라고 제안하는 차원이었다. 아이돌 그룹을 사례로 든 부분 때문에 지나치게 오해를 받는 것 같다.'고 해명했다. 한 매체는 '되지도 않을 과잉 규제에 연예인의 외모, 시청자의 취향 등 사적인 영역까지 국가가 개입·통제하려는 국가주의적 발상은 위험하다'고 지적했다. 2018년 보건복지부가 '국민 비만'을 막겠다며 '먹방' 규제 방침을 냈다가 여론의 몰매를 맞았던 것과 흡사한 상황이었다.

제6부

글로벌 시대의 예능
(2010년 이후)

26. 젊은 그대들의 승리, 뉴 트로트 열풍 몬
〈미스 & 미스터트롯〉

트로트가 새바람을 일으켰다. 애초 '랩 경연'의 계획을 접고 전방위적 포괄성을 샀다. 2019년 〈미스트롯〉(2019. 2. 28~5. 2.) 그리고 2020년 〈미스터트롯〉(2020. 1. 2.~3. 14.)의 연계 파워는 전례 없는 열풍을 몰았다.

'2년간 남녀별 동류 이벤트'는 여풍남공(女風男攻)의 탄탄한 궁합효과로 맞물렸다. 모든 게 새로웠다. 새 화두, 새 얼굴, 새 볼거리를 창출했다. 최고 시청률 35.7%를 기록하여 새 역사를 썼다.

둘은 흔한 경마식 오디션과는 달리 트로트 정예 12명 선발을 통해 '국민 예능'으로 돌출했다. 총 25,000의 응모자, 10부가 넘는 마라톤 방송, 회차에 따른 가수들의 일취월장과 잔혹한 대결을 여실히 보여준 것이 적중했다. 뿐만 아니었다. 시청자 참여, 가요 자원의 개발, 트로트 외연 확대 등 바란 것 이상으로 수확하였다.

〈미스터트롯〉의 최종 결승(2020. 3. 12.)에 참여한 시청자 문자투표는 773만 1,781표에 달했다. 실시간 폭주 응모로 서버가 다운되고 순위 발표를 후일로 미루는 사태를 초래했다. TV조선이 이룩한 종합편성

사상 최초이자 최고 '사건'에 서로가 혀를 내둘렀다.

'6차원 입체 쇼의 창출' 이것은 성공 배경의 첫 항목이다. 출연진, 심사단, 방청석에 부여한 다기능, 여기에 6개월 시간 투자와 국민응원 및 문자투표의 변수가 유기적으로 교합됐다.

대장정에 적응한 합숙 훈련, 적나라한 팀 경연과 미션수행, 1대 1의 데스매치, 軍부대 실전 경연도 신선했다. 동료가 팀으로 결속되고 다시 경쟁자로서 당락이 교차하는 순간마다 환호와 탄식이 오가고 체념과 통곡이 엇갈렸다. 막상막하의 상황에서 시청자와 심사단 모두는 선별의 난감함에 고개를 흔들었고 심지어 한 작곡가(조영수)는 '신명은 나는데 안타까운' 눈물을 찍어내야 했다.

■ 〈콘테스트+퍼포먼스+페스티벌〉의 복합 콜라보

1) 출연자는 육색조(六色鳥)였다.

단순 싱어를 넘어 다양한 웨이브의 댄서로, 제 몫이 엄연한 팀 플레이어로, 희비를 표현하는 액터로, 자기 인생을 얘기하는 스토리텔러로, 라이브를 종합하는 엔터테이너로서의 역할을 수행했다. 그들은 트로트 중흥의 역사적 사명을 띠고 태어나 금세기 새 트렌드를 창출하는 동반자와 경쟁자로 얽혀갔다. 자기 음체와 성정으로 곡을 해석하여 슬픈 노래는 더 슬프게 때론 더 신나게 뒤집었다. 원곡자 뺨치는 천상의 목소리와 카리스마로 관객의 눈 호강, 귀 호강을 더했다. 당락을 초월하여 서로의 우정을 통해 보여준 끈끈한 브로맨스와 걸크러시는 또 하나의 훈훈한 휴먼 다큐멘터리였다.

2) 마스터단(심사위원단)의 4중주 추임새가 먹혔다.

가수, 작곡가, 연예인 등 13명까지 홀수로 구성된 마스터들의 역할은 채점과 평가에만 국한되지 않았다. 그들은 체통과 근엄함을 날려버리고 환호로 흥분하고 비명으로 감탄했다. 함께 일어나 덩실덩실 춤을 추는가 하면 한숨과 눈물을 쏟아내는 제2의 출연단을 자처했다. 또한 충만한 감성을 단평으로 재단하고 결과를 비교, 분석하는 음악 큐레이터로 화신했다.

3) 방청석은 구경꾼이나 박수부대를 넘었다.

기(氣)와 열(熱)을 북돋우고 우열과 순위를 가리는 중요 변수로 작용했다. 가수들을 방청석으로 끌어내려 혼연일체를 유도했다. 출연자의 가족들이 자리해 간절함과 절실함을 더했다. 최종 문자투표에 참여한 시청자 773만은 환상의 숫자가 아니었다, 전국 8도에 산재한 무서운 원격 조정자로 드러났다. 결정적 순간에 다수의 힘으로 '역전과 반전'을 가름한 민초주의 진수를 보였다.

4) 트로트에 역동적인 퍼포먼스를 융복합했다.

그것은 가만히 부른 노래, 조용히 듣는 노래가 아니었다. 새로운 에너지는 댄싱 연기와 장기자랑을 내세운 퍼포먼스에서 나왔다. 곡마다 달리한 맞춤 의상과 안무를 자신의 필살기로 장착하여 트로트 마당에 없던 그림을 그려냈다. 무대 공간을 지그재그 종횡하는 동선을 창출하여 '듣는 트로트'에서 '보는 트로트'로 바꿨다. 화면구성과 영상 전개의 코드를 정(靜)에서 동(動) 개념으로 전환하여 박제된 노래 사슬을 일거에 풀어버렸다. 트로트의 새 접근, 새 발견이었다.

5) 트로트가 젊어졌다.

〈올드 송-뉴 싱어〉의 엇갈린 조합은 먹혔고 편견은 깨졌다. 〈트로트-장노년층〉의 고정 틀을 통쾌하게 날렸다. 바람은 1020세대가 몰고 흥행은 3040층이 끌었다. 주(主)와 객(客)의 대부분은 '젊은 그들'이었다. 한마디로 젊은 약동에 의한 젊음의 승리였다. 화면 밖으로 흘러넘친 청춘 찬가에 장노년층이 합류했다. 약노년(若老年)이 아름답게 화합한 가요 보감에 일희일비(一喜一悲)가 연달았다.

제작진은 실시간 인터넷으로 생동하는 자막을 띄우고 팬 소통을 강화했다. 회가 거듭할수록 출연자 팬덤이 형성되면서 전 세대의 폭발적 반응을 끌어냈다. 트로트는 Ribbon(장식)이 아니라 Reborn(재탄생)이었다.

6) 5중 체루 쇼를 장착했다. 매회를 관통하는 것은 '눈물'이었다.

진출자보다 탈락자가 많아 매번 '이별 쇼'가 연속했다. 최후로 남은 12명 외 2만여 경합자는 차례로 '낙엽'이 되었다. 다섯 빛깔 눈물이 엇갈렸다. 패배자가 흘린 애통한 눈물, 자기 노래에 열중한 몰입의 눈물, 승자의 환희의 눈물, 마스터단에 이전된 고심의 눈물, 승·패자가 섞어낸 석별의 눈물이 순간순간 얼룩졌다. 우승 후보 지원이가 준결승 문턱에서 함빡 눈물을 훔치고, 소년 임도형(12)이 토한 노골적인 통곡은 아프게 울려왔다. 마스터들과 진행자(김성주)까지 울린 것은 극히 이례적이었다. 체루 쇼는 최종회까지 계속됐다. 눈물은 매양 연민과 동정을 고조하여 양극을 오가는 애락의 강도를 높였다.

7) 11부작 미니시리즈 드라마였다.

노래는 지은 사람(작곡. 작사)보다 부른 사람(가수) 따라간다. 아니다. 판을 만든 사람(연출) 따라간다. 장보다 역시 뚝배기 맛이다. 그 사실을 이번에 확실히 증명했다. 콘텐츠에 대한 시장분석의 철저한 사전 노력이 엿보였다. 길고 큰 그릇을 만들어 기승전결을 엮어낸 〈모양새, 짜임새, 이음새〉가 좋았다. 연출진은 애초 연예 장르를 다큐멘터리로 풀고 리얼리티로 얽은 다음 종합 드라마로 매조졌다. 형태는 목요 미니시리즈, 내용은 벼랑 끝 불꽃 멜로였다. 도입부와 위기, 클라이맥스와 반전을 거쳐 엔딩으로 가는 11부 구성이 극적이었다. 1등만을 위한 게 아니었다. 해피투게더는 미스 5명과 미스터 7명이나 됐다. 뿐인가, 김수찬, 나태주, 류지광, 신인선, 지원이, 김소유, 숙행 등 권 밖의 남녀도 함께 떴다.

8) 전국투어, 후속 프로로 피드백을 극대화했다.

행사 후 7개월간 행한 9명의 미스트롯 청춘 콘서트는 '찾아가는 트로트'로서 접점과 노출을 확대했다. 전국 15개 도시 순회는 끝나도 끝나지 않은 열기와 바람을 고스란히 보전하여 '미스터'로 승계했다.

2019년 7월부터 13부로 이어간 〈뽕 따러 가세〉는 뒤풀이 외전(外傳)으로 송가인, 홍자 일행이 시청자 사연과 신청곡 접수에 따라 현장을 찾아가 리퀘스트 쇼를 벌인다. 탄광 촌민, 고향 인들과 효(孝) 잔치로 어르신들을 위로했다. 코로나 사태로 전국투어가 막힌 미스터트롯은 〈신청 곡을 불러드립니다 – 사랑의 콜센터〉로 전환했다. 재소환된 톱 7인 들은 팔도 시청자 전화를 받아 즉석 대화와 소원 풀이 노래로 화답했 다. 〈뽕숭아학당〉은 교복 차림의 4인 꽃미남(영웅, 영탁, 찬원, 민호)이 운동 장, 버스 안, 논두렁을 가리지 않고, 방방곡곡을 돌며 노래 여흥을 함께 한다. '집콕, 방콕' 시청자에 더할 나위 없는 쌍방향 서비스였다. 제작 진의 "빅 헤드-롱 테일"(龍頭龍尾) 전략이 제대로 먹혔다.

■ 전 지역, 전 매체로 터진 '트로트 아워' 봇물

2019년 초 〈미스트롯〉이후 봇물이 터지자 트로트 바이러스는 태풍 속도로 번졌다. 물실호기에 우후죽순이라. '너도나도' 편식과 쏠림 현 상은 곳곳에 나타났다. 변방 족들이 숨죽이고 있다가 일제히 중원으로 달려가 앞다퉈 깃발을 꽂는 모습이다.

가장 먼저 반응한 곳은 MBC의 〈놀면 뭐하니〉다. 부제는 '뽕포유', 송가인 멘토, 뽕명 '유산슬'로서 유재석이 도전했다. 첫 곡 '합정동 5 번 출구'에 이어 '사랑의 재개발'이 그렇게 나오고 뽕가수로 차트에 올 랐다. KBS의 〈아침마당〉도 장윤정·도경완 부부를 MC로 세워 '노래가 좋아, 트롯트가 좋아'를 방송, 6주간 경연 끝에 우승자 조명섭을 냈다.

지방이 빠질세라, 부산·경남 대표방송인 KNN은 지역 아홉 민방과 〈골든 마이크〉를 공동기획, 전국 54팀이 라운드별로 트로트 매치를 벌 렸다. MBN의 〈보이스 퀸〉은 주부대상으로 좁혀 2019년 11월부터 판 을 벌였고 2020년 2월엔 자매 프로인 〈트로트 퀸〉, 3월엔 〈라스트 싱 어〉를 뽑고, 6월엔 유명인+연예인의 트로트 대결인 〈보이스 트롯〉을 펼친다.

MBC에브리원은 2020년 봄, 이덕화의 진행과 청중심사단을 내세운 〈나는 트로트 가수다〉에서 김용임, 조항조 등 7인 가수가 진검 승부를 펼쳤다. SBS 〈트로트신이 떴다〉(2020.3.4~)는 트로트 달인 6명(남진, 김연자, 설운도, 주현미, 진성, 장윤정)이 해외에 도전했다. 베트남 호찌민시에서 벌인 버스킹(거리공연)은 삼백 여 시민들의 낯선 분위기로 술렁였다. 4월 말부터는 무(無)관중 속에 360도 수백 개 얼굴 화면이 빼곡한 '랜선 화상'을 선보였다.

GTV 외 전문 5채널에 태운 〈트로트퀸 마스터〉는 '보이스 퀸'으로 뽑힌 세 가수가 전국에 숨어있는 트로트 명인들을 만나 노하우를 전수받는 '로드쇼'를 시도했다. 채널A 〈이제 만나러 갑니다〉의 433회는 '인민 트로트 대전'을 개설, 새터민 여성들의 트로트 솜씨를 폈다. 가녀리고 간드러진 북한 스타일의 음정은 전혀 다른 맛을 냈다.

MBC 〈편애 중계〉는 틴에이저들의 트롯 대결로 가수 매니저들이 결승 3인 중 1인을 찍는다. SBS 라디오 '붐붐파워-트로트 킹'은 트로트의 새 얼굴을 초대하여 속 얘기, 뒷얘기를 듣는다.

■ 아이돌 패권주의에 상대적 반발, 〈가요무대〉와 두 축 형성

트로트 바람은 아이돌 패권주의에 기울어진 가요 운동장의 각도를 줄이는 유일한 대안으로 떠올랐다. 10년이 넘는 아이돌 독과점에 대한 피로감 때문일까. 의란성 쌍둥이 같은 인형미, 화려한 집단 의상과 철저히 훈육된 루틴, 정형화된 댄싱, 반복 중얼대는 랩 가사 등 획일적인

그룹 송에 대한 식상증이다. '오랫동안 소외되 온 트로트 장르와 세대를 한 방에 녹여주는 한풀이가 먹혔다.' 송창의 예능PD는 한마디로 갈음했다. '엘리트 주위에 밀린 서민음악의 반란이자 승리'란 해석도 나왔다.

'미스·미스터 트롯'은 솔로의 야성과 매력을 중시했다. 〈1곡+1 가수〉로서 사람 냄새를 살리는 진남진녀(眞男眞女)의 캐릭터 쇼로 거듭났다.

한편 트로트의 오랜 둥지 격인 KBS의 〈가요무대〉는 오히려 단단해졌다. 지난 35년간 일관된 전통 방식으로서 자기 정체성을 지켜왔기 때문이다. 일부 역풍도 일었다. 가창(歌唱)의 빈곤함을 영상 쇼로 덧칠하고 위장하여 트로트 진가를 훼손한다는 비판이다. 그러나 '트로트 머신'에 쏟아진 '정말 잘한다~', '목소리 좋다~'의 연속 탄성은 그런 우려를 단숨에 날려버렸다.

■ 바람이 남긴 것, 세대 균형, 미래희망, 새 한류 가능성

- 기회는 평등했으나 경쟁은 치열했다. 과정은 공정했으나 선택은 잔인했다. 결과는 냉정했으나 결실은 풍성했다. 차세대의 트로트 미래와 희망을 봤다. 이벤트는 일회용이 아닌 정례행사로 갈 명분과 실리를 얻었다.

- 유스마케트(youth market)의 가능성이 텄다. '젊음과 새로움'은 지고의 가치다. 누구든 젊어지고 새로워지고 싶기 때문이다. 세대 균형도 일궜다. 톱 12명은 10대 1명, 20대 4명, 30대 6명, 40대 1명으로 황금분할을

이루었다. SNS, 유튜브 등 IT 플랫폼과 만나 트로트의 사이클을 확대하고 '떡과 판'을 키웠다.

- '트로트 새 사용 설명서'로서 영상 시대, 비주얼 세대에 상응한 3D 트로트를 정착했다. 댄싱과 퍼포먼스는 선택이 아니고 필수로 추인됐다. 기존 '트롯왕국'에 안주해 온 가수나 프로그램에 새로운 자극제가 됐다. 트로트 지형과 생태계를 바꿀 수 있다는 신호다.

- K팝과 양립하여 'K 트로트'로서 새 문화 산업재로 승격할 차례다. '뉴 트로트'로서 새 한류의 늦깎이 편입이다.

- '미스터트롯 방식이면 산다' 이는 한 일간지의 칼럼 제목이다. 21대 총선에서 참패하여 지도부 선출을 둘러싸고 자중지란에 빠진 미래통합당과 보수진영에 가한 일침이다. 현역부, 대학부, 신동부, 아이돌부, 유소년부 등 예·본선은 지워버리고 결선에는 옷(관록) 벗고 계급장(경력) 떼고 신발(나이) 풀고 똑같이 투명하게 보컬 실력 판정받고 국민경선까지 거치는 것이 바로 그 방식이었다.

트로트(trot)의 사전적 의미는 '총총 뛰는 걸음'이다. 1920년대 '희망가'를 효시로 본다면 트로트 100년을 맞는 셈이다. 해방 후 왜색 잔재로 '청산 대상'이 되고 60년대는 청승 가요로 '분리수거'의 표적이 되었다. 70년대는 번안 가요에 밀리고 80년대는 발라드에 눌렸다. 90년대는 랩송에 치이고 2000년대는 아이돌 그룹과 힙합에 가려졌다. 최근엔 K팝의 댄스뮤직에 밀려났다. 그러나 거센 시류와 외풍에도 죽지는 않았다. 바람보다 먼저 쓰러지고 바람보다 먼저 일어난 잡초 같은 것이었다. 대중 취향과 서민정서에 뿌리를 둬서다. 열풍이 지나가면 다시 온풍 미풍으로 남는다. 그 흐름은 강물처럼 유유하다가 때를 만나 일렁이고 목을 만나 굽이친다. 심리적 거리를 총총 좁혀 '코로나 19'에 맞선 유일한 항생제는 트로트 19, 이어 트로트 20이었다.

■ 고정 틀과 선입견 탈피, 당당한 '뽕짝' 이름으로 타 장르도 포용

트로트는 어차피 슬로우&스테디 푸드다. 1960년대 수입가요가 판칠 때 트로트는 '뽕짝'으로 격하했다. '도롯또'(일본발음)로 비하했다. 그냥 방귀 소리 '뽕~'으로 깔보였다. 뽕 따러 가세~는 뽕잎의 준말이었다. 뽕뽕 다리는 구멍 난 다리다. '뽕 밀매'란 마약 필로폰의 줄임 말이었다. 짝은 짝꿍의 준말이다. 그리고 남녀 간 좋은 반쪽을 뜻한다. 짝짝은 박수소리다.

이처럼 '뽕짝'에 서린 함의는 여럿이다. 뽕은 멜로디요 짝은 박자와 하모니를 뜻하는 의성어다. 트로트 붐은 뽕짝이란 한글 뜻을 찾아주고 격을 살려주었다. 이제 당당하게 써도 된다.

기쁠 때나 슬플 때나, 어느 누구든지 쿵짝 쿵짝 함께 부르는 노래-그 속에 울고 웃는 세상사가 모두 담겼다는 송대관의 '네 박자'는 트로트 본질과 기능이 무엇인지 답한다. 여기서 '쿵짝'을 곧바로 '뽕짝'으로 바꿔 부르면 만사형통이다.

1985년 KBS 〈가요무대〉는 트로트를 '전통가요'로 이름했고 MBC

는 '애가(哀歌)'로 칭했다. 다수 금지곡으로 묶었던 박정희 대통령도 '황성옛터'가 18번이었고 '그때 그 사람'을 듣고 마지막 눈을 감았다.

트로트의 허리와 관절은 의외로 부드럽다. 타 장르와 쉬이 동화하여 영롱한 색깔과 모양을 냈다. 발라드나 국악과도 친하고 락까지 어울렸다. 송가인은 판소리로 껴안고 김호중은 성악에 실었다. 홍자는 발라드로 풀고 정동원은 해맑은 동요에 태웠다. 푹~ 젖어 드는 블루 트로트를 뻥~ 뚫리는 화이트로 바꿨다. 때로는 붕~ 뜨게 하고 확~ 흔드는 힘을 발휘했다.

최근 괄목한 5대 가요프로인 〈슈퍼스타K, 히든싱어, 슈가맨, 불후의 명곡, 복면가왕〉을 관통하는 중심 곡은 트로트였다. 결코 녹록한 장르가 아니다. 꺾기, 떨림, 뻗침의 고난도, 세 옥타브에서 12박자를 오가는 광음역대, 꾸밈음과 강약으로 조율하는 다양한 창법을 전제하기 때문이다.

■ 이난영에서 송가인까지, 그리고 남인수에서 임영웅까지…

트로트의 뿌리는 깊고 마당은 넓다. 명곡으로 남고 추억으로 가는 텃밭이다. 백년설의 '대지의 항구'(1941년)는 미래 진취적 기상을 사 일찍이 한 대학의 과가(科歌)(중앙대 연영과)로도 불리고 있다.

2019년 가을, 전남 영암군은 100억을 들여 월출산 자락 끝에 '한국 트로트 센터'를 세우고 하춘화를 명예 관장에 임명했다. 600평 건물은 트로트의 과거-현재-미래를 집약한다.

이제 트로트는 시대 변화에 따라 새롭게 떠오르는 표준, 즉 뉴노멀

(new normal)이 되기 위해서는 20~30대를 공략할 수 있는 곡과 사람을 발굴해야 한다. 끼와 깡으로 꿈을 가꿔 꽃을 피우고 대중의 끈이 되고자 하는 히든싱어는 부지기수다. 10년 경력은 다반사이고 24년 차(장민호)까지 내공을 쌓은 재인들도 있다. 어차피 '남의 노래'를 부른 데는 한계가 있다. 자기 노래, 자기 스타일, 자기 마케팅이 아니면 홀로서기 어렵다.

오늘날 트로트의 소임은 힐링과 에너지, 즉 안식과 활력을 주는 것이다. 신파적 한풀이를 넘어야 하고 가사의 '퇴폐, 저속, 진부함'은 줄여야 한다. 그 자리에 '경쾌, 발랄, 신명'을 얹어야 한다. 주현미와 장윤정의 대부분 히트송처럼 말이다. 남진의 '임과함께', '둥지', 나훈아의 '홍시', '무시로', 홍진영의 '사랑의 밧데리' 등 얼마든지 그렇다.

트로트는 이번에 연부역강(年富力强)함으로 거듭났다. 담는 그릇에 따라 세모도 되고 네모도 됐다. 그래서 영원하다.

27. '먹기 위해 산다', '먹방 & 쿡방'에 점령당한 TV예능

'꽃보다 쿡'은 여전한 진행형이다. 기승전먹자판이다. 요즘 뜨는 예능의 중심부엔 요리가 자리하고 있다. 노출 빈도는 이미 뉴스나 드라마를 능가했다. 2015년, 닥치고 상을 차리는 콘텐츠는 무려 46개나 된다. 5년 후인 2020년에도 그 기세는 꺾이지 않는다. 먹방은 선택 아닌 필수다.

바야흐로 TV는 볼거리보다 먹거리다. 그리고 우리는 살기 위해 먹는 것이 아니라 먹기 위해 살고 있음을 우겨대고 있다. 시청자가 셰프를 따라 할 수 있는 실속 예능 리얼리티다. 하여 먹방은 스튜디오를 거대한 식탁 삼아 힐링과 소통의 공간까지 만들고 있다.

2018년 4월 27일 역사적인 판문점 남북회담에 김정은이 던진 '평양냉면'은 대번에 냉면 수요를 증폭했다. 냉면은 곧 회담에 대한 '공감과 참여'를 뜻하는 매개가 됐다. 2020년 아카데미 시상식에서 〈기생충〉이 4관왕을 차지하자 '짜파구리'의 판매량은 열흘간 55%가 늘었다. 시각의 끝은 미각인가? 역시 마감은 '먹자판'이었다.

■ 먹방이 많기보다는 모든 프로그램의 '먹방화'가 문제

하루 세 끼 이상 먹는 일상 속에 먹는 즐거움은 원초적 본능의 회귀를 뜻한다. 여기엔 무슨 시비와 타박이 있으랴. 2000년대 들어 웰빙 신드롬의 선두는 단연 건강식, 보양식이 차지한다. 식약동원(食藥同源)의 사상으로 음식은 보약이자 영양학, 건강학의 기둥이 된다. 저성장과 불황의 반사작용으로 쌓인 스트레스는 '먹고 뜯고 씹고 마시는' 행위로 해소한다. 4대식 기본에다 요즘은 유럽식, 인도식, 태국식, 라틴식이 추가되고 이들 간의 퓨전까지 개발되어 백가쟁명을 이룬다. '더 맛있게, 더 새롭게, 더 푸짐하게'는 언제든 환영이다.

문화 수준 향상에 비례하여 먹거리 관심은 라이프 사이클에 큰 비중으로 편입되었다. 미식과 식도락 차원을 넘어 레저 붐과 외출·외박 빈도는 집밥보다 외식에 점을 찍는다. 여행지별, 계절별, 지역별, 이벤트별로 새로운 맛과 분위기를 달리해 준다. 게다가 쇼핑 채널의 주방 기구, 요리기구의 광고마다 맛깔스러운 요리가 그득하다.

먹방은 제작비가 저렴하고 제작 방법과 절차가 간단하다. 오붓한 실내에서 알뜰한 행동 선에 따라 압축 제작, 연속제작이 가능하다. 섭외가 용이하다. 남녀노소의 낯가림이 없다. 일반인이나 연예인 심지어 외국인까지 포용한다. 출연에 거부감과 부담감이 없는 것도 큰 장점이다. 식탁은 말이 필요 없는 조그만 우주가 된다.

재방, 삼방에도 때를 타지 않고 시간과 공간에 구애되지도 않는다. 음식을 소개하고 먹고 즐기는 데는 국가, 사상, 이념, 종교를 모두 초월한다. 쿡방은 화면효과가 일품이다. 입의 감성은 눈, 귀보다 훨씬 원초적이다. TV 영상은 우선 시각에 치중한다. 식자재가 갖는 다양한 빛깔과 모양새가 어우러져 환상적인 조화를 이룬다. 무지갯빛과 오방색을 두루 갖춘 한식의 색동효과는 오감까지를 자극한다.

예로부터 우리 민족은 음식 앞에서만은 관대하고 여유로운 심성을 지녔다. 먹을 때는 개도 건드리지 않는다. 밥상은 동질감과 동등감을 주는 공간으로서 곧 친화와 안식을 의미했다.

먹방은 이런 덕목을 창출하는 관통재자 중간재며 또한 마감재다. '먹자판'으로 마감하는 것은 가장 개운하고 자연스럽다. 그래서 오락, 교양, 정보 부문까지 장르와 포맷을 가리지 않고 출몰하고 있다. 〈6시 내 고향〉이나 〈정글의 법칙〉도 이 속성을 충실히 따르고 있다. 〈나는 자연인이다〉는 산과 들에서 채취한 무공해 먹거리를 함께 나누는 '나는 자연식'이다. 〈내 몸 사용 설명서〉, 〈천기누설〉, 〈알토란〉 등은 생로병사와 건강 문제를 일상식품에서 재발견하고 응용토록 한다.

독신 시대, 1인 세대는 스스로 끼니를 해결해야 한다. 지금은 남녀 불문하고 '두잇 유어셀프'에서 곧 '쿡잇 유어셀프'다. 그것은 레시피 차원을 넘어 만들어 먹는 실용적인 즐거움을 더한다. 이젠 무얼 먹냐 와 어떻게 먹느냐에서 누구랑 먹냐와 어디서 먹냐로 다변화되어 간다. TV는 온통 식사며 식단이며 식탁이 되고 있다.

■ 최근 신드롬, 셰프의 스타화와 백화쟁명의 쿡방

음식 프로는 2011년 종합편성(4개 채널)의 출범 이후 다양한 형식으로 출몰했다. 전국에 산재한 맛집과 해외 유명식당을 찾는 방문형이 가장 많다. 지상파의 '잘 먹고 잘사는 법', '식사했어요', '팔도 맛 지도', '찾아라! 맛있는 TV', '오! 이 맛이야', 케이블 채널의 '맛있는 녀석들', '테이스트로드', '식신로드', '백년식당' 등이 여기에 속한다.

"고소해요, 담백해요, 아삭해요, 살살 녹아요." 출연자는 연예인, 일반인을 막론하고 미리 짜놓은 표정 연기와 호들갑을 쏟아낸다.

그다음은 유명 셰프와 출연자가 요리 조리를 함께 한 뒤, 맛 체험과 품평을 곁드는 포맷이다. '최고의 요리비결', '집밥 백선생'이 그것이다.

'냉장고를 부탁해', '한식 대첩'은 요리 만들기의 한판 대결형이다. '닥터 셰프', '기적의 밥상', '구원의 밥상', '힐링의 품격'은 건강과 체질 에 따라 요리하는 맞춤형이며 '오늘 뭐 먹지', '집밥의 여왕', '한끼의 품 격'은 자신만의 요리를 선보이는 도전형이다. '주문을 걸어'처럼 시청자 가 원하는 메뉴를 만들어 배달까지 해주는 쌍 방향형까지 등장했다.

tvN의 '수요미식회'는 음식에 대한 다양한 해설과 품평을 늘어놓았다. 음식에 대한 해박한 지식과 정보 그리고 유래와 역사, 사회 문화적 평가를 교차했다. 전현무, 신동엽의 진행에 미식가, 요리 연구가, 비평가 등이 출연하여 전문성을 더 했다.

'아내의 맛'은 유명인 부부들의 독특한 요리 비법과 식탁의 공개를 통해 맛의 즐거움을 함께 나눈다. '오늘 뭐 먹지'는 다양한 글로벌 레시피로 요리하는 즐거움을 주기 위해 스스로 만들어 먹도록 유도한다. 김수미의 '수미네 반찬'은 당초 밥도둑이 된 우리 고유 반찬의 진미와 가치를 새긴다. '배고픈데 귀찮아'는 집에서 원스톱으로 해먹을 수 있는 초간단 식단이다. '밥블레스유'는 김숙, 박나래 등 개그우먼 4총사의 스킨십과 먹방+수다를 조합한다.

■ 지방 기행, 해외여행의 화두와 끝판은 모두 먹거리

해외에서 펼치는 한국 요리도 이국 풍광과 어울렸다. 2017년에 등장한 '윤식당'은 스페인 남부 섬(테네리페)에서 한식당을 연 쿡 윤여정과 서버 이서진의 실전기다. 갈비구이, 닭강정, 비빔밥, 잡채, 김치볶음밥 등 메뉴는 세계 관광객의 별미로 발길을 끌어 시즌 3까지 이어졌다. 2018년 '국경없는 포차'는 박중훈, 안정환, 신세경이 크루가 되어 파리 에펠탑 밑에서 한국의 맛과 정을 전하는 내용이다.

'현지에서 먹힐까'는 이연복 셰프와 일단의 연예인들이 태국, 중국, 미국 등 현지에 푸드트럭을 놓고 한식으로 도전한다. 2019년 '스페인하숙'도 차승원 유해진, 배정남이 산티아고 순례객들을 위한 식단을 마련한다. 제육 덮밥, 꼬리곰탕, 만두, 라면 떡볶이, 해물 된장찌개가 나온다. '이탈리아 오징어순대집'은 '냉장고를 부탁해'의 후속으로 이탈리아인 알베르토 등 세 외국인이 밀라노에서 오징어순대와 갈비찜 장사를 벌였다.

'한국인의 밥상'은 유일한 다큐멘터리로 지역 음식과 밥상을 통한 한국의 재발견 시리즈다. 재래음식의 정체와 내력을 풀어낸 푸드 다큐멘터리로 신토불이 사상을 겸한다. 토속적인 식재와 어울린 식사에 깃든 공동체 의식, 전통적 조리 방식, 맛의 원류를 지키는 촌부와 아낙들에서 우리 식단환경의 정수를 발견할 수 있다. 2011년 1월부터 KBS1의 장수 프로로 자리한 것은 우리 밥상에 대한 정통성과 과학성 그리고 원로 최불암의 친밀한 현장 진행 덕분이다.

'서민 갑부'는 돈가스, 만두, 매운탕 등 오로지 자기만의 일품요리로 성공한 전국 식당주인을 찾아가 그 비법을 엿본다. '식객 허영만의 백반 기행'은 만화가 허영만이 전국 맛 기행에 나서 지역의 별미를 마주하면서 문답식 해설을 곁들인다. '신 대동여지도', '알짜왕'은 정보 쇼를 앞세워 주로 먹거리를 다룬다. 강호동 1인 쇼인 '라끼남'은 오로지 라면 먹는 여행기며 '호동과 바다'는 항구와 어촌을 돌면서 푸짐한 해산물을 탐식하는 시푸드 리포트다.

■ 종횡무진 백종원, 추종불허 먹방 스타로 서다.

먹방 스타는 단연 백종원(54)이다. 일찍이 '집밥 백선생'과 '한식 대첩' 시리즈로 존재를 알린 그는 미식가, 사업자, 해설가, 리포터를 겸한 관련 업종의 준재벌급 오너다. 이름을 딴 프랜차이즈만 10개가 넘는다. '배틀트립', '먹고 자고 먹고'에 이어 그를 앞세운 프로그램은 오늘도 시즌별, 주야로 나타난다. 예컨대 '푸드트럭'은 소자본 창업 트렌드에 맞는 메뉴를 내세워 영업요령을 알려주는 멘토 역이다.

트럭에서 골목 상권 활성화로 변신한 '골목식당'은 후미진 식당을 찾아 맛 살리고 손님 끄는 비법을 조언한다. 그가 다녀간 식당은 대번에 활기를 띤다. '스트리트 푸드파이터'는 세계 도시의 맛집을 찾아 시식과 해설을 엮는 현지 르포다. '양식의 양식'은 지식인들과 어울려 음식의 원류와 미각의 근본을 탐색하는 담론을 펼친다. '맛남의 광장'은 지역 특산물을 이용하여 새 차림표를 개발하고 역, 휴게소, 공항의 여행객들에 선보인다. '요리는 과학이다.' 그가 한 말이다.

■ 국민 비만율 걱정하는 정부, 폭식 조장하는 먹방 경계

2018년, 정부는 2022년 41.5%까지 증가할 것으로 추정되는 비만율을 34.8% 수준으로 유지하겠다고 밝혔다. 이 중 건강한 식품선택 환경을 조성하기 위해 폭식 조장 미디어(TV·인터넷방송 등) 광고에 대한 가이드라인을 개발하고 모니터링 체계도 구축한다는 대목이 눈길을 끌었다.

과민 반응이 나타났다. 이른바 '먹방'이 폭식을 조장하니까 지침을 개발하겠다는 뜻으로 느껴져서다. 이를 두고 '사실상 먹방 규제가 아니냐'는 의혹이 불거졌다. 보건복지부 측은 '먹방을 법으로 규제할 수는 없다. 다만 국민 건강증진 차원에서 먹방 콘텐츠의 기준을 정립하고 사회적 합의를 통해 가이드라인을 만들어 보자는 취지다'라고 말했다. 누리꾼들의 갑론을박은 계속되었다. '먹방은 그저 보고 즐기는 것, 방송은 보는 사람의 자유다', '먹방 규제하면 비만도 사라지나?', '먹방 때문에 비만도가 높아지는 건 아니다' 등 부정적 반응을 보였다.

반면 일부는 '불필요한 먹방이 너무 많아 규제할 필요는 있다', '남이 먹는 모습을 보면 군침이 돌 수밖에 없다'는 소리도 들렸다. 우리에게 초근목피와 보릿고개의 시절은 언제였나 싶다.

'당신이 먹는 게 바로 당신이다.' 음식은 사람 따라 경우 따라 다르다. 때론 인격화되어 신분과 계급의 심벌이 된다. 그래선지 어느덧 이미지 정치의 상징도 되었다. 선거 유세 때 시장 음식 먹기는 지역 정서를 포용하는 중요한 코스프레다. 국밥은 서민과의 친근감을 강조하고 김밥은 젊은 활동성을 나타낸다.

금강산도 식후경이다. 바야흐로 보는 TV 보다 먹는 TV가 먼저다, TV는 '바보상자'라는 이론을 상기한다면 쿡방은 한술 더 떠서 '벙어리상자'가 되는 중이다. 먹방은 일시적 신드롬을 넘어 '먹학'으로 롱런할 기세다. 요리는 생리학으로 출발하여 의학, 사회학, 심리학을 거쳐 철학, 예술학까지를 포함하기 때문이다. 사람은 먹은 만큼 행복하다.

28. 예능 시장-여전한 순위조작, 인기 조작, 투표조작

2019년 7월 19일, 엠넷의 〈프로듀스X101〉은 최종회 방송 직후부터 투표조작 의혹에 시달렸다. 시청자들이 온라인 문자투표로 101명의 연습생 중 순위를 매겨 최종 11명을 뽑아 아이돌 그룹으로 데뷔시키는 프로다. 1위와 2위의 표 차이가 29,978표인데 3위와 4위, 6위와 7위도 똑같은 표차인 29,978표로 나왔다. 우연일까. 이상한 점은 또 있었다. 1위부터 20위까지의 득표수가 모두 7494.442의 배수로, 순위 간 득표 차가 일정한 점이 수상한 근거가 됐다.

일부 극성팬들의 주장이라 여겨졌던 의혹은 하태경(바른미래당) 의원까지 가세하며 확산했다. 하 의원은 페이스북을 통해 "투표조작은 명백한 취업 사기이자 채용 비리"라고 주장했다. 팬들이 뭉친 '프로듀스 X101 진상규명위원회' 역시 제작진을 사기 혐의로 고발할 예정이라고 밝혔다.

엠넷은 닷새 만에 해명을 내놨다. '최종득표수 집계 및 전달과정에서 오류가 있었지만, 최종순위는 변함이 없다'는 요지다. 득표수 간격이 일정해진 이유는 "소수점 둘째 자리로 반올림된 득표율로 환산된 득표수"라고 설명했다.

논란은 더 커졌다. 하 의원은 25일 "소수점 둘째 자리가 0 아니면 5로만 나올 확률은 로또 두 번 당첨될 확률보다 적다"고 받아쳤다. 진상규명위원회(260명) 역시 "원본 데이터 공개와 함께 명확한 해명"을 요구하고 나섰다. "반올림한다는 발상 자체가 문제"라는 지적도 나왔다. 항목별 비율(%)에 맞춰 자동계산이 가능한데도 제작진이 투표 결과에 개입, 시청자 참여 오디션의 기본원칙을 스스로 무너뜨렸단 얘기다.

'프로듀스' 시리즈는 2016년 시작부터 투표에 참여하는 시청자의 역할을 '국민 프로듀서'라고 강조했다. 국민 프로듀서들이 화가 난 것은 지지하는 연습생이 최종 멤버로 선발되지 못해서가 아니다. 100% '국민투표'로 만들어진 그룹이라 여겼던 믿음이 무너져서다.

　재발 방지대책은 물론 아예 이 시리즈 존폐를 검토해야 한다는 소리까지 나왔다. 엠넷은 10년 전 '대국민 오디션'을 내건 '슈퍼스타K'를 시작으로 '쇼미더머니', '언프리티 랩스타', '고등 래퍼' 등 오디션 프로그램이 줄줄이 성공하면서 지상파 부럽지 않은 명성을 얻었다. 생방송 문자투표 참여자는 10년 전 16만 명에서 이제 140만 명으로 9배가량 늘어났다. (중앙일보, 2019. 7. 26.)

　이로써 엠넷은 방송 권력을 넘어 음악산업의 지배자로 군림하고 있다. 어차피 그 영향력을 무시하기 힘든 기획사들은 병아리 연습생을 단숨에 스타덤에 올릴 수 있고, 실패한 아이돌의 재기 기회를 주는 고마운 채널로 간주하고 있다.

　엠넷 측은 내부 자체 조사에 한계를 느껴 서울지방경찰청 사이버수사대에 수사를 의뢰했다. '해당 투표 결과는 일주일간 진행된 온라인 투표와 140만 표가 넘는 문자투표로 도출된 것이라고 보기엔 너무나 부자연스러운 것'이라는 해석은 타당하게 들렸다.

　일찍이 서인국을 배출한 '슈퍼스타K'는 공정한 경쟁이 이뤄지지 못하는 현실에 절망하는 대중에게 오디션은 오로지 실력으로만 판단한다는 '공정성의 판타지'를 제공했다. 2010년 '슈퍼스타K2'에서 환풍기 수리공이었던 허각(당시 25세)이 우승하여 만들어낸 신드롬이 대표적인 사례였다.

■ 음원차트 순위조작, 신곡 발표 1시간 만에 1위로 등장하기도

어떻게 무명가수의 노래가 음원 발표 1시간 만에 그동안 톱이었던 트와이스의 〈Dance the Nigth Away〉를 제치고 1위에 오를 수 있단 말인가?

2018년 7월, JYP엔터테인먼트의 대표 박진영이 음원차트 순위 조작과 관련, 문화체육관광부, 공정거래위원회에 조사를 의뢰했다.

최근에 지명도가 높지 않은 가수 N이 주요 음원차트에서 장기간 1위를 차지하여 사재기 의혹이 일었고, 한 밴드의 멤버 S의 새 미니앨범이 쟁쟁한 가수들의 신곡을 누르고 1위에 오르면서 순위조작 논란이 일었다. S 가수 측은 음원 사재기나 불법 프로그램(매크로나 킹크랩)을 활용해 조작하지 않았다며 의혹을 부인했다.

일부분은 S의 인디 팬덤 때문이며 단지 타깃 층 분석을 통한 SNS 마케팅 효과라고 주장하면서 악의적인 일부 네티즌의 상습적인 게시물로 단정 짓고 명예훼손으로 맞섰다.

그동안 음원 사재기가 공공연한 비밀이었다. 이는 연예기획사와 팬들이 합세해 소속 가수들의 차트 순위를 높이기 위해 해당 음원을 대거 사들이는 것으로 신·고참 가수를 막론하고 사재기로 인해 음원 순위가 왜곡되고 있다는 소문이었다.

음원 발표 1시간 만에 1위에 오를 수 있는 비결은 사재기였다. 음원이 출시되면 음원 사이트 집계방식에 최적화된 스트리밍 방식을 찾아내 조직적으로 순위를 올린다. 즉 개인당 3개까지 생성 가능한 시스템의 한계를 이용해서 나도 모르는 사이에 ID가 만들어지고 실제 결제까지 되어 조작에 이용되는 것이다.

실제로 S의 팬 삼만 명을 분석 결과, 1,300개의 가짜 추정 ID가 발견된 것으로 알려졌다. 비단 S의 경우만도 아니다. 거의 모든 연예기획사가 참여하고 있다고 봐도 과언이 아니다. 대형 기획사의 대부분 가수에서 최소 수백에서 많게는 십만 개에 달하는 동일 패턴 ID가 발견되는 현실이다.

대형 기획사 가수의 노래는 발표 즉시 차트를 점령했지만, 중소형 기획사는 자금줄이 짧아 배팅에 한계를 느끼게 마련이다. 여기서도 약육강식의 악순환이 반복되고 있다.

4대 가요프로인 KBS의 〈뮤직뱅크〉, MBC의 〈쇼! 음악중심〉, SBS의 〈인기가요〉, 엠넷의 〈M 카운트다운〉은 저마다 순위를 매긴다. 발표하는 인기 순위도 일정치 않다. 그 나물에 그 밥 같은 노래가 계속 반복되지만, 어느 가수는 어느 채널과 가깝고 또는 멀다는 느낌이 시청 중에 드러난다. 음원 시장 구조도 한 몫한다. 순위에 관련된 국내 음원사이트는 다섯 개 뮤직사와 X넷, S바다를 꼽는다. 이 중 M뮤직사가 차지하는 비중이 절반을 차지해 이번 S의 경우도 거기서 1위를 차지함으로써 불거졌다. 미국의 경우 각 방송사는 차트 순위를 자체적으로 매기지 않고 빌보드 차트에 전적으로 의존해 공신력을 넓혀주는데 우리는 단일화가 되지 않고 있다. 그래서 만들어진 게 한국음악콘텐츠협회가 운영하는 '가온 차트(Gaon Chart)'지만 인지도가 약하다.

프로그램 제작진과 연예기획사 사이에 어우러진 커넥션의 결과에 팬들은 허탈감에 빠졌다. 그러나 아무도 얘기하지 않는 한 의혹은 여전히 계속될 것이다.

■ 2010년, 연말 방송 연예 대상에서 나온 '가산점' 논란.

2010년 12월, 'MBC 방송 연예 대상'에서 인터넷 투표로 최고 프로그램 상을 뽑기로 했다. 당시 경합 후보는 〈무한도전〉, 〈세바퀴〉, 〈무릎팍도사〉, 〈놀러와〉다. '시청자 직접 참여'로서 최고상 선출은 기대감이 충만했다. 투표가 막바지를 맞았다. 이미 10만 표를 넘은 〈무한도전〉은 압승을 예고했다. 그러나 막상 뚜껑을 열고 보니 1위는 4천 표를 조금 넘은 〈세바퀴〉였다.

결과적으로 〈무한도전〉의 십만표가 5만 표로 쪼그라들고, 4천 표의 〈세바퀴〉는 순식간 5만 7천 표로 둔갑했으니 어찌 된 일인가?

네티즌들의 항의와 논란이 가속되자 MBC 측은 '나이별 가산점'의 차이를 정밀하게 반영한 결과이며 조작은 있을 수 없다고 해명했다.

나이별 가산점의 계산 방식이란 무엇인가? 어떻게 가산점을 주어야 4천 표가 5만여 표가 되는 것인가? 일단 나온 수치들을 토대로 계산할 경우, 〈무한도전〉에 투표한 시청자의 1표는 0.5표로 환산되고, 〈세바퀴〉에 투표한 시청자의 1표는 무려 11.4표로 증폭되어 가중치는 23배 차이가 난다. S 월드에서 공개한 4,000명 중 3,000여 명을 일일이 추적하고 그 결과를 요약했는데, 예상대로 10대가 제일 많았고 60대 이상의 경우 0.2%에 불과했다. 가산율의 편의적 적용은 기상천외한 것이었다. 연소자의 투표수는 반으로 줄이고 고령자는 10배 이상을 곱했으니 말이다.

그동안 〈무한도전〉이 각종 상을 독식했으니 노골적인 〈세바퀴〉 밀어주기였다는 소문이 돌았다. 그럴 바에야 MBC가 자체선정을 해서 〈세바퀴〉를 배려했다면 이런 논란은 없었을 것이다.

■ 인천, 경기 케이블 채널 가요순위 조작, PD 등 140명 무더기 적발

2011년 7월, 방송 출연과 순위조작 대가로 신인가수로부터 금품을 받은 케이블방송 대표와 지역공동체 라디오 방송국 PD 등이 경찰에 무더기로 적발됐다. 경찰청은 약 4개월간 연예인 불법행위 집중단속을 한 결과, 인천·경기 등에서 관련자 140명을 검거하고 5명을 구속했다.

- 인천지역에서는 가요차트 순위조작 등의 대가로 신인가수들로부터 4억여 원을 받은 전국 방송국 사용 음악 집계 가요순위 사이트 운영자 A씨 등 29명이 검거되고, 경기도에선 연예인 지망생들 119명으로부터 보증금 명목으로 10억여 원을 가로챈 혐의로 기획사 대표 등이 검거됐다.

- A씨는 신인가수로부터 가요차트 순위를 6개월간 10위권 내에 진입해 있도록 조작해 주는 대가로 3,800여만 원을 받는 등 지난 2007년부터 신인가수 7명으로부터 차트 순위 관리, 광고비 등의 명목으로 금품을 챙긴 혐의를 받고 있다.

- 경찰은 또 지난 2009년 4월부터 1년여간 음악프로에 우선적으로 출연
  시켜준다며 신인가수 100여 명으로부터 1억5천만 원을 받은 인천 모 케
  이블방송 대표 B씨 등 방송 제작자 4명을 배임 혐의로 입건했다.

- 경찰은 특정 가수의 노래를 주 1회 이상, 1일 최고 4회까지 방송해 주는
  조건으로 신인가수 20여 명으로부터 5천만 원을 받은 지역공동체 라디
  오방송국인 C 방송국 가요 프로그램 제작진 12명과 실제 방송에 나오지
  않은 특정 가수들의 노래를 나온 것처럼 허위로 선곡표를 작성한 D 방송
  국 관계자 6명도 적발했다.

- 경찰청 관계자는 "연예인 지망생이라는 사회적인 약자를 상대로 한 범죄
  행위에 적극 대처한다는 차원에서 집중 단속을 진행했다"며 "서울과 경
  기 등 광역시 광역수사대에 마련된 신고센터를 활성화해 연예계 불법 행
  위에 대한 수사를 확대해 나갈 것"이라고 말했다.(경도일보 2011. 7. 22.)

■ 시대별로 다양화된 조작의 수법과 형태

가요계에서 순위조작은 비단 어제오늘의 얘기가 아니다. 그 수법과
형태는 시대별, 환경별로 다양한 변천을 거듭해 오고 있다.

첫째, 금전과 뇌물 공세다. 해당 프로그램의 프로듀서나 DJ 등에 돈
과 선물을 주거나 각종 향응으로 공략하는 방법인데 가장 간단하면서
도 핵심을 찌르는 고전적인 수법이다.

1950년대 라디오 전성기에 미국 대중 음악계의 최대 추문으로 낙인된 '페이올라'(Payola)사건을 상기할 필요가 있다. 돈을 지불한다는 페이(Pay)와 RCA빅터 사가 생산한 축음기 빅트롤라(Victrola)의 합성어로서 레코드 업자들이 DJ나 PD에게 특정 곡을 틀어달라고 금품을 주는 행위를 뜻한다. 당시 미국은 DJ들이 진행하는 음악 순위 프로그램이 음반 판매의 척도가 되었던 시기다.

따라서 음반업자들은 판매고를 올리기 위해 라디오 관계자에 적극적인 공세를 폈다. 이 사실이 알려지자 미국 의회는 1959년 조사위원회를 구성했고 '조직적 범죄사건'으로 추인했다.

이 과정에서 로큰롤을 전파한 일등 공신인 DJ인 앨런 프리드(Alan Freed)와 딕 클락(Dick Clark)은 치명상을 입고 한 날에 몰락했다.

오늘날에도 업자들의 홍보비, 네트워크 관리비, 접대비로 책정된 상당한 예산이 여전한 페이올라 형식으로 존재한다는 점이다.

둘째, 인기와 순위의 척도를 관제엽서 수로 정했다. 70년대에서 90년대까지의 아날로그 시대에 으레 성행했던 방법이다. 흑백 시절의 차트 프로(순위별 인기가요)를 장악하기 위해 음반사와 가수, 가요 관련자는 팔도에 사람을 풀어 무더기로 엽서를 발송했다. 스튜디오에는 전국에서 답지한 엽서를 산더미처럼 실은 용달차가 나와 위용을 과시했다. 순위조작은 훨씬 간단했다. 순간적으로 검증할 시스템이 없기 때문이었다.

'금주의 인기가요', '가요톱10' 등 80년대 중반부터는 소위 '오빠 부대' 등 팬클럽이 가세하면서 새로운 힘의 진앙으로 자리했다. 연예기획사 간 경쟁이 치열해지자 이들은 더욱 기승을 부렸고 판세를 좌우할 만큼 '동원대상, 결탁대상'이 되었다.

객관성과 공정성을 유지하기 위해 결정 주체의 다변화를 시도했다. 예컨대 시청자 참여 30%, 음반 판매고 30%, 전문가평가 25%, 예능국 PD 종합의견 10%, 기타(스타성, 미래성, 기여도 등) 5%로 구성했다. 그러나 여기에도 주관적인 해석이 개입될 여지는 더 커졌다. 방송사나 제작자의 의도가 상당 부분 작용했다. 담당 PD에게 상납, 골프 접대, 심지어 기획사의 주식까지 안겨줬다가 검찰 수사를 받은 적이 한두 번이 아니었다.

셋째, 문제의 음원, 음반 사재기다. 2000년대 디지털 시대에 아이돌 가수에 대한 팬덤 현상이 일면서 온라인이나 모바일에 의한 새로운 구매형식으로 부각한 형태다.

넷째, 시청자 참여에 세대별로 변별력을 두어 표의 가감률을 조정하는 방법이다. 문자투표 등 인터넷 투표는 1020 세대가 압도적인 편향성을 보인 만큼 소외된 5060이상 세대의 표수에 가산점을 부여하는 계산법이다. 하여 주니어 100표는 50표로 축소되지만, 시니어 10표는 100표~200표까지 가중된다. 이는 조작이 아닌 '수작'에 해당한다. 2010년 'MBC 방송 연예 대상'에 적용하다가 혼쭐이 났다.

수작(手作), 공작(工作), 자작(自作) 등은 모두 조작과 이웃하는 엉큼한 뜻의 어휘들이다. 이들은 〈차트, 베스트, 오디션, 서바이벌, 콘테스트〉 프로그램마다 기생하고 번식한다.

조작은 유혹이 아니라 본능에 가깝다. 조직이든 개인이든 '이득과 영달'을 획득하기 위함이다. 이 두 가지에서 자유로운 사람은 별로 없다. 조작은 시청자의 잠재욕 해소와 맞닿아 있다. 1, 2, 3등 또는 금, 은, 동 등 우열과 서열을 확인해야 직성이 풀리는 시청자 심리 말이다.

우리는 '조작 환경'에 상당히 길들여 왔다. 군사정부 시절에 자행된 간첩 조작, 여론조작을 비롯한 선거 조작, 통계조작, 논문조작, 유전자 조작, 데이터 조작 등 오랜 뿌리를 갖고 있다. 결국 공기관의 불신으로 연결되고 의혹의 꼬리를 남겼다.

조작의 기술은 은밀하게 진화하고 교묘하게 발전한다. 그래서 IT 첨단시대에도 조작 변수는 평행이론처럼 항존한다.

29. K팝 중심의 한류 콘텐츠 파워, 걸어 다니는 대기업

'인기와 위세'의 수준은 형용사나 부사로 표현하고 있지만 이를 수치화하거나 액면가로 나타내면 매우 간명해진다. 억억하던 숫자는 이제 조조로 환승되고 있다. 1천억 원이 열 개면 1조 원이다. 동그라미는 몇 개며 그 무게는 얼마쯤일까? 서민들로서는 크기조차 실감 나지 않는다. 한류 콘텐츠 시장의 규모가 그렇고 방탄소년단의 몇 차례 공연의 경제효과가 그렇다고 한다. 무지개 같은 숫자 놀음 같지만, 전문가들은 환상이 아니라 실체라고 한다. 거부하고 싶지 않은 유쾌한 놀음이다. 투자와 노력은 필수지만 문제는 변화무쌍한 국제상황 속의 지속성 여부다.

■ 방탄소년단 2019년 서울 콘서트 경제효과 1조 원 육박

방탄소년단이 2019년 10월 말 사흘간 서울 잠실올림픽주경기장에서 연 콘서트의 경제효과가 1조 원에 육박하는 9천 229억 원으로 추산된다. 방탄소년단(BTS)은 지난 5월부터 6개월간 미국과 남미, 유럽, 아시아, 중동 등 세계 곳곳에서 투어를 했고 그 피날레인 서울 콘서트에서 3일간 약 13만 명의 관객을 모았다. 직접 효과 규모를 3천 307억 원, 간접효과 규모를 5천 922억 원으로 각각 분석했다.

3년 평균 매출이 1천 500억 원 이상이면 '중견기업'으로 분류되는 국내 기준상 BTS가 3일간 콘서트로 창출하는 경제효과는 중견기업 6개의 연 매출을 합한 규모다.

이상은 고려대학 편주현 경영대 교수팀이 밝힌 〈방탄소년단 이벤트의 경제적 효과 - 2019 서울 파이널 공연〉 보고서의 요약이다. 12월 22일 전후로 각 신문과 방송은 이 사실을 집중적으로 보도했다. 이쯤 되면 BTS는 '걸어 다니는 대기업'에 해당한다.

- 직접 효과는 티켓 판매비와 브이라이브 중계료, 공연장 대관료, 무대 설치비용, 중계극장 대관료, 각종 인건비, 관객 숙박비 및 교통비, 관광지출

등 콘서트가 직접 창출한 수익을 합쳐 추정됐다. 간접효과에 포함된 항목은 직접 수익 창출이 가계 소득의 일시적 증가로 이어져 생긴 소비증가 효과, 생산파급 및 부가가치 유발 효과, 외국인 관객의 한국 재방문 효과 등이다.

- 특히 편 교수팀은 외국인 방문객이 만든 경제효과에 주목했다. 해당 콘서트를 관람한 외국인 방문객 356명을 설문 조사해 서울 거주일수, 관광 지출, 동반자 수, 서울 재방문 의사 등을 확인했다.

- 조사 결과 본 콘서트로 총 18만7천여 명의 외국인 방문객이 유입된 것으로 추정됐다. 직접 공연을 관람한 외국인은 2만3천여 명이고 한 사람당 평균 3.28명과 동행해 10만여 명이 서울을 방문한 것으로 추산됐다.

- 이들 외에도 방탄소년단 콘서트가 만들어낸 한국 홍보 효과로 외국인 방문객 8만 7천여 명이 더 방문한 것으로 분석됐다.

- 한국관광공사가 밝힌 2018년 평창동계올림픽 당시 외국인 방문객은 약 28만 명으로, 방탄소년단 콘서트는 이 숫자의 67%에 육박하는 외국 방문객을 모은 셈이다. 항공 등 교통, 숙박, 외식, 쇼핑 등에 들어간 직접비용과 향후 재방문 의사를 밝힌 외국인이 5년 내 소비할 금액 등을 합한 직·간접 경제효과는 약 6천 321억 원으로 추산됐다.

- 편 교수팀은 눈에 보이지 않는 경제 효과도 들여다봤다. 심층 인터뷰에서

대부분 응답자는 방탄소년단 팬이 된 후 한국 문화와 한국어를 배우는 등 한국에 관심을 두게 됐다고 답했다. 특히 방탄소년단을 계기로 한국에서 공부하거나 직업을 찾기를 원하는 외국인들이 다수 존재해 다양한 외국인 인적 자본을 국내에 불러들이는 효과가 있을 것으로 파악됐다.

- 결론으로 '질 높은 문화 콘텐츠가 올림픽과 비견할 만한 해외관광객을 유치해 새로운 형태의 서비스 수출 활로를 열 수 있음을 시사한다'면서 '국가경제발전에 크게 기여할 수 있을 것'으로 전망했다.(연합뉴스 2019. 12. 22.)

■ 북미 최대 한류 축제 '케이콘' 성황… LA에 8만 팬 모였다

"K콘이 LA에 왔는데 한국 K팝이 난리예요! 정말 엄청나요, 제목도 모르는 한국 아이돌 춤까지 완벽하게 따라 하며 노래하는 미국 애들을 보며 소름이 끼쳤어요, 진짜 한국 말, 한국 화장품, 한국 제품 사랑과 구매로 이어지니 문화 강대국 의미를 체감하고 있어요."

2019년 8월 18일. 미국에 거주하고 있는 딸(해림)이 보내온 소식이다. 이미 3년 전부터 이런 '난리'는 시작되었다. 2017년 실황을 복기해 보자.

- 북미 최대규모 한류 축제 '케이콘(KCON) 2017 LA'가 8월 19~20일 도심 스테이플스 센터와 LA 컨벤션 센터에서 열렸다. 세계 최대 K 라이프스타일 축제로 자리매김한 이번 이벤트에 미주 전역에서 8만 명이 운집했다. 케이콘 주최사 CJ E&M은 '케이콘 첫해(어바인, 1만 명) 대비 관객 수

가 8배 증가해 역대 최대를 기록했다. 공연장은 축구장 4배 크기인 2만 7천㎡(8천 200평)로 확장했다'고 밝혔다.

- 도요타, 아마존, AT&T, 스테이트팜 등 글로벌 기업들이 파트너사로 참여했다. 케이콘은 K-팝이라는 문화 콘텐츠를 중심으로 국가 전체 페스티벌 모델을 제시한 최초 사례로 평가되었다. 갓세븐, 걸스데이, 빅스, 세븐틴, 슈퍼주니어 D&E, 아스트로, 우주소녀, 워너원, 카드, 헤이즈, NCT 127, SF9 등 한류스타 14팀이 출연해 팬들의 환호를 끌어냈다.

- CJ는 2012년부터 케이콘에 400억 원을 투자했고 누적 관객 수는 20만 명을 돌파했다. 컨벤션에서는 K-뷰티, K-패션, K-푸드 등 116개 프로그램이 펼쳐졌다. CJ 컬처플렉스에서는 CJ E&M이 '도깨비', '쇼미더머니' 등 핵심 콘텐츠를 활용한 게임·콘테스트를 진행했으며 CGV는 4DX, 스크린X 등 첨단영상 체험 기회를 제공했다. 글로벌 한식 브랜드 '비비고'는 만두, 김치, 장류로 한식 세계화 가능성을 확인했다. 두 달 전, 케이콘 뉴욕 관람객(1,918명) 설문에서 한국문화 관심도는 K-팝(98.0%)과 K-푸드(77.1%)가 가장 높은 비중을 차지했다.

- 케이콘은 3월 멕시코, 5월 일본, 6월 뉴욕, 8월 LA 이벤트에 이어 9월 최초 호주 시드니에서 대장정을 마무리한다. (연합뉴스, 2017. 8. 21.)
  CJ E&M에 따르면 6회를 맞이한 케이콘의 2017년 연간 누적 관객 수는 23만 500명이다. 참여기업은 485곳에 달하며 407개의 다양한 프로그램을 통해 K 라이프스타일을 전파했다. 이동 거리의 합은 약 38,779km

로서 지구 한 바퀴를 도는 길이다.

■ 주요 수출 대열에 오른 한류 콘텐츠, 수출액 사상 첫 가전제품 추월

- SNS와 유튜브 등 다양한 플랫폼 서비스의 발달로 BTS를 비롯한 K팝, 한국 드라마 등 한류 콘텐츠의 위상이 크게 높아지고 있다. 규모 확대와 수출의 증대를 통해 2018년 문화 콘텐츠 수출액이 한국의 수출 주력 품목 중 가전(家電) 수출액을 처음으로 넘어선 것으로 나타났다.
반도체, 기계류, 자동차 등 상위권 수출 품목에 이어 한류는 열두 번째 순위로 올라섰다. 콘텐츠 수출로 인한 생산유발 효과도 40조 2000억 원에 달할 것으로 추산됐다.

- 2019년 6월, 한국수출입은행 해외경제연구소의 '한류 문화 콘텐츠 수출의 경제효과' 이슈 보고서에 따르면 지난해 한국의 지식정보, 방송, 광고 등 콘텐츠 산업 매출액은 116조 3000억 원으로 전년(110조 5000억 원) 대비 5.2% 증가했다. 최근 5년간 연평균 5.2% 성장세다.

- 아울러 2018년 한국의 콘텐츠 수출액은 75억 달러로 1년 전(68억9000달러)보다 8.8% 늘었다. 수출은 2014년 이후 최근 5년간 연평균 9.2% 성장했다. 2018년 우리나라 전체 수출 증가율 5.4%, 2014~2018년 수출 연평균 성장률 1.4%와 비교하면 한국 콘텐츠 시장의 수출 증가세가 더욱 두드러진다.

- 특히 전체 수출액에서 문화 콘텐츠 수출이 차지하는 비중은 약 1.2%로 나타났다. 연구소는 "비중은 여전히 낮지만, 2018년 13대 수출 주력 품목 중 가전 수출액(72억 2,000만 달러, 전체 수출의 1.2%)을 처음 넘어서며 문화 콘텐츠가 한국의 대표 수출상품으로 진입했다"고 평가했다.

- 또 한류 문화 콘텐츠 수출이 100달러 늘면 다른 소비재 수출 약 250달러 증가를 견인한다는 분석 결과를 내놨다. 2011~2016년 우리나라의 한류 문화 콘텐츠 수출액과 화장품, 식품, 의류, 가전 등 소비재 수출액으로 구성된 데이터를 분석한 결과, 한류 문화 콘텐츠 수출액 100달러 증가 시 소비재 수출액 248달러 증가를 견인하는 무역 창출효과를 검증했다는 것이다.

- 분야별로는 음악 수출의 견인 효과가 가장 높았다. 음악수출 100달러가 늘어나면 소비재 수출은 무려 1,777달러 증가를 견인하는 것으로 계산됐다. 이런 분석결과를 토대로 생산유발효과를 추정하면, 2018년 발생한 콘텐츠 수출액 75억 달러가 소비재 수출액 186억 달러(20조 5000억 원)를 견인했으며, 소비재 수출생산의 생산유발 효과까지 포함하면 40조 2000억 원(365억 1000만 달러)의 생산유발액이 발생했다.

- 연구소는 "동일한 문화상품의 소비가 취향이 개입되는 소비재에 대한 선호도를 증가 시켜 무역을 촉진한다는 기존 가설을 다시 한번 뒷받침했다"라고 설명했다. (세계일보, 2019. 6. 19.)

30. 예능은 팬덤이다. 예능이 팬덤 만들고 팬덤 예능을 바꾸다

팬덤은 광신자를 뜻하는 패내틱(fanatic)의 '팬(fan)'과 영지 또는 나라를 뜻하는 접미사 '덤(~dom)'의 합성어이다. 특정한 인물이나 분야를 열정적으로 좋아하는 사람들 또는 그러한 문화 현상을 말한다. 통상 연예계나 스포츠계의 팬 집단을 일컫는다. 흔히 광(狂)팬, 또는 '오빠(누나) 부대'로 불리기도 한다.

국내 팬덤의 시초는 70년대의 인기가수 남진, 나훈아를 쫓아다니던 '오빠 부대'에서 찾는다. 이윽고 1980년대 가수 조용필, 92년의 서태지와 아이들을 거쳐 96년도의 HOT, SES, 핑클의 팬클럽이 뒤를 잇는다.

일찍이 1969년 10월, 이화여대 강당에서 벌인 영국 가수 '클리프 리차드'의 내한 공연은 열광하던 여성 팬들이 속옷을 벗어 던져 커다란 반향을 불러일으켰다. 1992년 미국의 5인조 보이밴드인 '뉴키즈 온 더 블록'의 올림픽 체조경기장 공연 때는 여고생 한 명이 깔려 죽고 오십 명이 기절하거나 부상하는 등 참사가 일어났다. 두 외국 가수 공연에서 이미 팬들의 광기가 드러났다. 이제는 할머니, 어머니가 된 그들이 요사이 팬덤을 '별종'이라고 탓할 수만은 없을 것이다.

'하라는 공부는 팽개치고 딴따라 꽁무니만 쫓아다니는 철없는 애들 패거리'의 인식은 그리 오래가지 않았다. 팬덤의 형성은 서태지의 등장을 계기로 본격화되었다. 90년대는 의식주에만 급급했던 시대를 벗어나 음반, 드라마, 영화 등 연예계로 관심이 확산하였고 미디어에서도 광팬들을 주목하기 시작했다. 70년대의 오빠 부대가 함성을 지르거나 편지, 선물 공세를 폈다면, 80년대는 방송사나 행사장을 찾아가 사인을 요구하는 등 공격적으로 변했다. 90년대 이후는 팬클럽을 구성해 끼리끼리 교감하는 밀착 관계를 구축했고, 2000년대 들어서는 좋아하는 연예인들의 모든 것을 관찰하기 위해 '사생 뛰는' 신종 부대로 발전했다.

장내를 빼꼭히 메우고 떼창을 하고 야광봉을 흔들고 집단적 응원구호를 외치고 시상식 때 몰려가고…. 이런 기본 풍경이 빠지면 흥행이 성립되지 않을 만큼 팬덤의 존재는 선택이 아닌 필수가 되고 있다.

그들은 진화하여 '조직화, 연대화, 행동화'된 집단으로서 움직임을 보였다. 예컨대 서태지의 '시대 유감'의 가사가 완전히 삭제되는 것에 강력히 반발하여 결국 사전심의 제도의 폐지를 이끌어 냈다. 아울러 '서태지 마니아'클럽은 '이승환', '조용필', 'god'의 팬클럽과 연합하여 '대중음악 개혁을 위한 연대모임'을 결성하고 2001년 논란이 많던 방송사의 가요 순위 프로그램 폐지 운동에 앞장서기도 했다.

■ 팬덤의 덕질, 내 새끼 키우기 거액 쾌척, 대형광고, 새 앨범 펀딩

- 2019년 5월, 네이버 실검 1위에 '수호야 생일 축하해'라는 문구가 올랐다. 엑소(EXO) 멤버인 수호의 생일 축하를 위해 팬들이 검색어 이벤트를 진행한 결과다. 이들은 송금 앱의 '행운 퀴즈'를 이용해 실검 순위를 움직였다. 앱에 퀴즈를 내고 지정한 검색어를 포털 창에 입력하면 답을 알려주는 방식이다. 새로 나온 기업광고 플랫폼이 아이돌 팬덤의 덕질 플랫폼

으로 활용된 것이다. 상금을 걸어야 하기에 돈이 들지만, 팬들은 100만
~200만 원을 쾌척한다. "내가 행복하기 위해"라는 것이다.

- 좋아하는 스타 출연 영화의 손익분기점 넘기기 위해 N차 관람을 넘어
  '영혼 보내기' 운동이 불거졌다. 이는 비록 극장에는 못 가도 티켓을 구매
  함으로써 마음으로 응원하는 것이다. '스윙키즈'(2018) '형'(2016) 등 엑소
  의 디오가 출연한 모든 영화에 여러 차례 영혼을 보냈다는 팬들은 '디오
  출연작 상영관을 유지하기 위함'이라고 했다.

- 이처럼 '덕질'이 실검을 바꾸고, '팬덤'이 세상을 바꿨다. 소극적인 추종
  자나 소비자에 불과했던 팬이 지금은 전문가 수준으로 파고드는 '덕후'로
  영향력을 행사하며 새로운 문화를 만들어내고 있다. 낮에는 생활인, 밤에
  는 '덕후'로 변한다. '덕질'은 백수의 시간 때우기를 넘어 쏠쏠히 돈이 든
  다. 2015년 엑소에 입덕한 한 팬은 "성수기(활동 기간)에는 수입의 80%를
  덕질에 쓴다"고 털어놓았다. 콘서트는 물론 해외 투어까지 따라가고, 팬
  사인회 당첨 확률을 높이기 위해 음반 100장을 구매한 것도 예사다. 음
  원 청취가 대세인 시대에 아이돌 앨범이 100만장 넘게 팔리는 이유다.

- 덕질은 해당 연예인에 대한 '서포트'로 이어진다. 팬 커뮤니티를 중심으
  로 포토 카드, 달력 등 자체 생산한 '굿즈'를 판매하는데, 각자가 디자인·
  일러스트 등을 재능기부로 제작하고 수익금은 '서포트'에 사용한다.

- '서포트' 활동도 다변화되고 있다. 2018년 4월에는 지하철 7호선의 8량

전체를 엑소 시우민 광고로 도배한 '시우민 열차'가 등장했다. 이들은 한결로 "덕질의 즐거움을 극대화하기 위해 서포트를 한다"고 했다. 2019년 5월 엑소 세훈의 생일에는 중국 팬덤이 티웨이 항공기 외부를 세훈의 사진으로 도배한 '세훈 비행기'를 선보였다.

– 엑소 첸은 2018년 스코틀랜드 귀족 작위증을 얻었다. 스코틀랜드 특정 지역의 땅을 매입하면 작위를 주는 환경보호 단체의 기부 이벤트에 팬들이 첸 명의로 땅(1제곱 피트, 약 0.03평)을 산 것이다. 이를 실행한 홈마 '모닝스타'는 "선물을 받는 사람도, 주는 사람도, 보는 팬들도 모두 즐거운 좋은 기부의 형태라 진행했다"라고 밝혔다. (이상 중앙선데이, 2019. 8. 12. 요약)

■ 발언하고 행동하는 집단, 팬덤 비즈니스로 세력화 권력화

"다른 거 바라는 건 없고요, 강다니엘! 너 하고 싶은 거 다 해!!"

이 말은 최근 아이돌 팬덤의 방향성을 보여준다. "내 새끼 하고 싶은 거 다 해"라는 마인드다. 2019년 7월, 서울 광진구 예스24라이브홀엔 2,000여 명이 가수 강다니엘을 보기 위해 모였다. 공연장 외벽에 걸린 초대형 포스터 사진부터가 위압적이었다. 맹목적 광기가 아니다. 발언하고 행동하는 이들은 서로를 전우처럼 느낀다. 반년 가까운 강다니엘의 공백기에 팬들은 각개전투식 활동을 벌였다고 했다. 그룹 '워너원'에서 솔로로 전향한 뒤 공식 팬클럽이 만들어지지 않은 상황에서 트위터, 포털사이트 카페, 소속사 팬 페이지로 소통했다. 특히 트위터에 '강다니엘 음원총공팀', '강다니엘 이벤트팀' 등 계정을 만들어 팬들의 단체 행동을 독려하는 게시글을 꾸준히 올렸다. 일부 팬들은 컴백에 맞춰 121만 725원(12월 10일 강다니엘 생일과 7월 25일 컴백 일을 조합한 숫자)을 모아 한국백혈병어린이재단에 전달하기도 했다.

- 팬덤이 단순한 '스타 추종군(群)'에 그치지 않고 세력화, 대중화되는 현상을 포착한 기업들은 참여형 마케팅의 일환으로 적극적으로 활용하기 시작했다. 이는 팬덤을 소비자가 아닌 기업 파트너 또는 지지자로 간주하는 이른바 팬덤 비즈니스 전략이다.

- 아모레퍼시픽(화장품)은 방탄소년단의 자발적 팬덤 '아미'를 화두로 꺼내며 'K뷰티의 위기를 팬덤 구축을 통해 헤쳐나가자'는 메시지를 전했다. 유통업계 편의점 CU는 각종 킬러 콘텐츠의 캐릭터인 어벤져스, 건담, 명탐정 코난, 스파이더맨의 피규어 등 덕후를 겨냥한 제품들을 출시하며 발 빠르게 대처하고 있다. 모두 팬덤 비즈니스를 실용화한 것이다.

- 2019년 7월 초 넷플릭스는 미국 드라마 〈기묘한 이야기〉 시즌 3의 방송을 맞아 홍대 앞에서 드라마 배경을 실사로 옮긴 팝업 존을 운영했다. '덕후몰이' 전략이었다. 주택 한 채를 통째로 빌려 아케이드 존, 방 탈출 게임 등 다양한 체험 공간을 꾸몄다. 연일 3~4시간의 대기행렬이 생겼고, 개장 1주일 만에 방문객 1만 명을 돌파했다.

- 팬덤 파워는 단종된 상품도 부활시킨다. '○○과자가 맛있었는데 지금은 추억의 과자가 되었네요.' 인기 아이돌의 이 한마디는 단종된 제품을 냉

큼 부활시킨다. 추억의 과자가 될 뻔한 몇몇 제품이 2018년에 재출시됐다. 발바닥형의 치토스 화이트, 바게트형 과자 썬칩, 불닭 강정형의 치킨팝 등이 그렇게 살아났다.

- 그러나 팬덤은 변심도 빠르다. 깜찍한 외모와 패션센스로 인스타그램 팔로워 81만 명을 거느리던 인플루언서 '임블리'의 추락이 대표적이다. 쇼핑몰을 운영하면서 단독 팬 미팅을 열 만큼 인기를 누렸지만 '호박즙 곰팡이' 사건이 터지면서 고객 대응에 실패했다. '교환만 가능, 환불은 불가' 대책이 팬심을 크게 흔들어 순식간에 안티로 돌아섰고 사업도 위기에 빠졌다. 팬덤 자산과 신뢰도의 중요성을 보여준 예다. 정보는 투명하게 공개하고 실수도 바로 인정해야 한다. 어떤 경우에도 고객과의 약속을 지키고, 사회적 책임을 실천하는 경영 마인드가 요구되는 것이다.

- 10대 위주이던 K팝 팬덤의 연령층이 다양화되고 SNS라는 발언 창구가 발달하면서 팬덤에서도 '할 말은 해야겠다'는 분위기가 충만했다. 연습생을 발굴하고 그룹을 만들어준 소속사에 느끼는 팬들의 감정은 애증이 교차한다. 즉 데뷔 초기 성공 가도를 타면서 인기가 전 세계로 확장되면 국내보다 국외 활동이 잦아진다. '본터'를 비우는 날이 많아질수록 볼멘소리가 터진다.
방탄소년단의 해외공연 빈도를 놓고 팬덤 '아미'는 늘 불만이다. 2018년 8월부터 4월까지 진행한 월드투어 '러브 유어셀프' 기간 동안 한국은 두 번, 일본에선 아홉 번이었다. 해외 콘서트 횟수가 훨씬 많아 국내 아미들이 차별대우를 받고 있다는 비판이다.

– 엑소엘(엑소 팬)은 소속사가 12월 일본 미야기현의 투어 계획을 발표하자 2011년 후쿠시마 원전 사고가 발생한 인접지역으로 수산물 수입금지 조치를 취하고 있는 곳이라며 '보내지 말라'고 반발했다. 트위터에는 '엑소_미야기콘_취소' 해시태그 달기 운동도 벌였다. 멤버들의 건강에 해를 끼칠 수 있는 일정을 강행하는 것은 소속사가 돈벌이에만 급급하다는 비난이다.

■ 엘리트 공동체 방탄소년단 팬덤 '아미'(ARMY)의 경우

– 2013년 데뷔, 2014년 미국에서 첫 존재감을 드러낸 방탄, 이후 6년간 공식 팬의 인원은 150만, 한국과 미국에 약 300만 집중, 트위터 기본 팔로워 1,000만, 이벤트에 따라 2,000만까지 확대, 국내보다 해외가 압도적으로 많다.

– 1020은 물론 3040 중년여성과 남성, 아시안, 라틴, 흑인, 성 소수자, 지식인층까지 다양한 인구로 구성. 신곡이 나오면 24시간 종일 유튜브에 몰입, 수천만의 뷰어로서 집단동력을 폭발, 주요 방송사의 집중 보도를 유도한다.

– 그들은 비주류(마이너리티) 또는 약자(언더도그)의 기질을 내면화하는 신자유주의의 경향을 띤다. 낮은 곳에서 출발한 방탄과 정체성을 같이 하자는 뜻이다. 소속사에 팬 매니저는 있으나 팬덤을 대표하는 회장은 없다.

- 〈아시안, 비영어권, 보이밴드〉라는 악조건을 뒤집고 꿈을 현실로 만들었다. 아메리칸 뮤직 어워드, 빌보드 차트 진출 등을 실현했다. 2017년 미국 50개 주의 '아미 연합 50'이 지역 라디오 DJ를 공략, 보수적인 라디오 매체에 방탄 노래를 흐르게 했다. 즉 서포터 역할을 넘어 프로모터 기능까지 수행하고 있다.
- 〈백인 우월, 미국 중심, 메이저 독식〉의 오랜 일방성에 쐐기를 박았다. 영화 〈기생충〉이 오스카를 석권한 배경과도 비슷하다. 2019년 줄곧 폐쇄적인 입장을 고수해 오던 프랑스, 독일, 이탈리아 차트까지 움직이게 했다. 팬덤 문화의 수출로서 '제2의 비틀스'의 별칭을 획득케 했다.

- 자체 내 다양한 계정의 설정 운용으로 팬덤의 원활한 커뮤니케이션에 기여한다. 이벤트 및 투표행사의 참여를 격려하는 독려 계정, 앨범 발매일과 판매처를 알려주는 정보계정, 심리학도 모임인 심리상담 계정, 국내외 문화적 차이를 해석해 주는 컬처 계정, 기부를 위한 자선 계정, 실시간 인터뷰와 기사를 번역해주는 번역계정 등이다.

- 아미는 타 아이돌을 좋아하는 '겸덕'이 드물다. 오로지 방탄에만 집중하는 강한 로열티와 충성도를 갖는다. 방탄과 아미는 서로의 영향력으로 본질을 구축하면서 또한 성숙해 간다. 내부의 많은 변화와 갈등에도 자정 능력이 놀라울 만큼 높다.

이상은 방탄의 팬덤인 아미의 특징이다. 방탄 콘서트장 출입 때 신분증을 확인한다. 그 많은 팬이 질서정연하다. 안전사고(폭행 등)가 거의 없다. 방탄 굿즈(아미봉, 티셔츠 등)에 가짜가 없다. 2018년엔 고질적 병폐가 된 시상식에 투표를 거부했고 문제점(돈 잔치)을 알렸다. 팬덤 문화 자체를 바꾸는 일을 아미가 하고 있는 것이다. 요컨대 방탄과 팬덤은 한솥밥의 가치를 공유하고 수평적인 유대관계를 유지한다. 이 모두가 다른 나라에서는 흉내 낼 수 없는 그들만의 시스템이다.

최근 소속사(빅히트 엔터)는 팬클럽 모집 형태를 상시 모집으로 전환했다고 밝혔다. 매년 일정기간에만 가입하는 기수제(期數制)를 폐지하고 언제든 가능한 방식으로 변경했다. 글로벌 시대에 진입장벽을 낮추겠다는 취지다. 기수제 모집은 2018년 4월 '아미 5기'를 끝으로 사라졌다.

2020년 1월 4~5일, 런던 킹스턴대에서 열린 'BTS 국제학술대회'는 30개국의 '아미'학자 140명이 자발적으로 참석했다. 철학·문학·음악·미술·심리·경영·정치학 분야를 포함했다. BTS 위상을 확인하는 자리였다. '방탄은 촛불혁명 시대의 밥 딜런이다. 사람들의 마음을 움직여 변화를 일으키는 영성(靈性)이 있다.'는 주장에 모두 공감했다.

아시아계, 무슬림계, 흑인계 등에서는 방탄이 보여주는 다문화주의가 자신들의 문화적 뿌리에 어떤 자긍심을 주는지, 백인 중심에서 비롯된 억압과 편견이 어떻게 파편화 되어가는가의 방식과 파장을 언급했다. BTS의 특성에 대한 음악학적 탐구, 방탄이 보인 마초적이지 않은 새로운 남성성에 대한 젠더 연구, 비디오 아티스트 백남준과 BTS 뮤직비디오 이미지의 미학적 비교, BTS를 중심으로 바라본 한·일 역사의 문제까지 그 분야는 실로 다양했다.

아미 학자들은 지금까지의 지배적 담론이었던 서구-백인-남성-영어 중심주의에 대한 비판을 당연하게 공유하고 있었다. 그들은 방탄비디오를 보며 함께 노래하고 춤추는 이례적인 에필로그를 연출했다.

(중앙일보, 2020. 1. 28.)

■ 소비, 유통, 생산 주체로서 팬덤의 정체성과 사회적 기능

'미쳐(狂)야 미친(及)다.' 현대인들에게 팬(fan)으로서의 정체성은 대중문화를 소비하는 지배적인 방식 중 하나가 되어가고 있다. 우리는 인터넷 웹사이트, 커뮤니티, 블로그, 소셜미디어 등의 공간에서 무엇엔가, 누군가의 팬이거나 팬이 되고 있다. TV, 영화, 음악, 스포츠 스타에 선호 대상이나 정도의 차이가 있을 뿐, 열렬히 좋아하는 것들에 대해 다른 사람들과 이야기하고, 공유하고, 즐거워하는 유사한 행동 양식을 보이는 것이다. 팬들은 순진무지하고, 반사회적인 강박관념을 지니고 있는 일종의 문화적 중독자로만 치부할 것은 못된다.

요즘엔 젊은 층에만 그치지 않고 세대를 초월하여 작동하고 있다. 나훈아의 공연 티켓을 연출자(차성모 PD)도 구매할 수 없을 만큼 '아줌마 팬덤'은 장노년층에 까지 확산하고, '미스터트롯 7'을 좋아 보고 또 보는 할머니, 할아버지층은 못 말리는 바람이 되었다.

마케팅 구조상 팬덤은 〈생산-유통-판매-소비〉에서 더 하위 개념에 머물지 않는다. 극성스럽게 유통하고 떼로 판매하며 요란하게 소비하면서 그 효과를 다시 생산으로 환원한다. 의견표명, 비판주장, 행동 통일에 자발적으로 참여하고 적극적으로 관여한다.

안 보일 듯 보이고, 안 들릴 듯 들리는 팬덤은 안티(anti) 종속주의의 행태를 띤다. 한 조직에 지배되거나 의무적 일과에 종속된 집단이 그 수직적 관계를 파탈하고 자기 주체성을 회복하기 위해 다른 수평적 현상에 몰입하는 것이다. 개인화된 집단으로서 다양한 스펙트럼의 공동체가 형성된다.

지나친 과시욕, 경쟁심, 사생활 관여 등 일탈 행위도 적지 않은 팬덤은 향후 어떻게 진화하고 변모할지 그것은 사회문화적 과제가 된다.

글을 마치고

방송현업 30년, 관련 업무와 강단 생활 십여 년 동안 예능 관련 사항을 주목했다. 각 콘텐츠의 모니터링을 비롯한 시청자 반응과 여론의 향배, 신문 기사 등을 통한 주요 이슈와 내용을 적고 모았다. 버리기 아까운, 남기고 싶은 자료와 기억을 추슬러서 정리했다. 아이템 선정에 기억의 소환은 절대적인 펌프 장치였다.

60년대 예능은 오로지 가요와 민요, 만담이었다. 70년대는 노래와 코미디를 주축으로 퀴즈와 게임, 80년대는 각종 연예 행사와 이벤트, 90년대는 시트콤과 토크쇼가 대두했고 2000년대는 리얼 버라이어티와 아이돌의 K팝이 큰 흐름이었다.

가요는 시대를 막론하고 관통한 주요 장르였다. 당초 의도는 아니었지만, 30개 항목 중 18개가 가요 관련으로 60% 이상을 점유했다. 가요, 가수에 관한 언급이 많은 분량을 차지한 이유다.

예능의 목적을 '킬링타임'으로만 간주하여 찰나적인 소비로 폄하할 일은 아니다. 고급문화, 대중문화의 이분법에 따라 평가절하하는 시기도 지났다. 미래수출의 허브로서 수천만의 초국적 팬덤을 창출하고 있는 한류의 저력, 직간접 경제 효과 1조 원 대를 넘본 BTS의 글로벌 파워, '알쓸신잡', '삼시세끼', '신서유기'를 연출한 한 예능PD(나영석)의 35억 상여금… 이런 현상을 일과성 폭풍처럼 간주해도 되는가.

예능의 확장성은 어디까지인가. 다중의 정서를 지배하는 방송 예능에 대한 트렌드와 신드롬(증후군)의 현상학은 서른 개 아이템으로는 턱없이 부족하다.

어두운 이야기도 썼다. 아픈 상처도 들췄다. 폄훼하고 싶어서가 아니다. 여기서 언급된 모든 연예인은 여전히 애정 어린 관심권 내에 있다. "도박, 탈세, 마약, 사기 혐의, 폭력 등 연예인 칠거지악"(4부 17항)에 연루된 연예인들은 모두 영문자로 이름으로 대신했다. 누구냐 보다는 사실과 행위의 인과가 더 중요하기 때문이다.

이들은 그런 흑역사의 시련을 통해 거듭나 스타로 발돋움했고 연예계의 반면교사 겸 소금이 되었다. 이들의 일시적 행적을 공개하는 것도 타산지석의 실례(實例)를 공유하기 위함이다. 대저 칠악(七惡)이란 일반인들에게도 똑같이 적용되는 범례가 아닌가. 상해, 협박, 납치, 해킹 등으로 피해를 본 연예인들(3부 12항)의 호사다마나 차트의 순위조작(6부 28항)에 관련된 회사도 마찬가지 이유다. 모두 항차 예능의 역사도 되고 전설도 될 것이다. 이들에 대한 변함없는 성원과 격려를 보낸다.

세월은 가도 가슴에 남는 아쉬움, 옛 예능에 끌리는 것은 무언가를 회상하고 반추하고 싶기 때문이다. 한 건, 한 곡마다 잃어버린 추억과 향기가 되살아난다. 과거 예능을 통해 현재를 재단하고 미래를 유추하는 것도 소중한 온고지신의 계기가 된다. 그 시간여행은 전혀 다른 느낌이자 새로운 발견이 될 것으로 믿는다.